九州文库

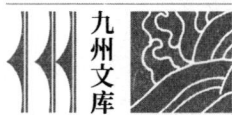

企业知识竞争力评价
——理论构建与实证研究

许照成 著

九州出版社
JIUZHOUPRESS

图书在版编目（CIP）数据

企业知识竞争力评价：理论构建与实证研究／许照
成著. -- 北京：九州出版社，2024.8.
ISBN 978 - 7 - 5225 - 3231 - 8

Ⅰ. F124. 3

中国国家版本馆 CIP 数据核字第 2024EN0666 号

企业知识竞争力评价：理论构建与实证研究

作　　者	许照成　著
责任编辑	肖润楷
出版发行	九州出版社
地　　址	北京市西城区阜外大街甲 35 号 （100037）
发行电话	（010）68992190/3/5/6
网　　址	www.jiuzhoupress.com
印　　刷	唐山才智印刷有限公司
开　　本	710 毫米×1000 毫米　16 开
印　　张	15. 5
字　　数	278 千字
版　　次	2025 年 1 月第 1 版
印　　次	2025 年 1 月第 1 次印刷
书　　号	ISBN 978 - 7 - 5225 - 3231 - 8
定　　价	95. 00 元

前　言

在当今全球化背景下，日趋激烈的国际竞争逐渐转向以科技、创新、人才等知识为基础的竞争，而知识又是经济主体获取竞争优势最为根本的源泉，并且越来越成为最重要的战略性竞争资源。以知识为基础的竞争是经济主体生存与发展的根本驱动力，也是未来市场竞争的必然趋势。事实上，自20世纪90年代，经济合作与发展组织（OECD）就率先提出了以知识为基础的经济（即"知识经济"）这一概念。如今，知识已经成为一种越来越重要的内生性生产投入要素，其他生产要素都要依靠知识才能得以更新和提高。知识也已成为一种被广泛认同并用以提高经济主体竞争力的关键要素。更进一步地，企业知识基础观理论认为，知识是企业竞争力的内在决定性因素，也是导致企业异质性的最根本来源。企业依靠知识赢得市场竞争、博取经济利润的能力，可称为"企业知识竞争力"。然而，知识到底如何作用于企业再生产过程，知识与企业具有何种内在关系，或者企业知识竞争力的决定机制问题，一直是管理学家和经济学家们关注的焦点。与此同时，不难发现，如何科学地测度与评价企业知识竞争力，也越来越引起人们的关注，企业知识竞争力评价仍然是一个学术热点领域。但是从现有研究来看，有些指标较为简明，但指标主观性较强；有些指标客观性较强，但指标过多，体系繁杂，可操作性不强。其共同缺陷在于，评价指标体系背后的理论基础较为薄弱。大道至简，探索一个客观、简明而又有坚实理论支撑的企业知识竞争力评价体系显然是未来亟待解决的问题，也正是本书所要探索并希望突破的关键之处。

本书首先对企业本质、知识内涵、分类及知识优势等基础理论，以及企业竞争力的理论发展脉络、来源、概念、作用机制等方面进行了回顾，进一步对企业知识竞争力概念演化、内涵，以及知识对企业竞争力作用机制相关研究进行了阐释。更进一步地，对企业知识竞争力评价相关研究进行了回顾和评述，包括企业竞争力评价、企业知识竞争力评价及企业知识竞争力动态评价，指出现有研究存在的不足，明确企业知识竞争力评价研究的学术价值和实践意义。

1

其次，把企业的知识运动过程和生产过程有机结合起来，以过去生产理论和知识价值链理论为基础，构建了企业的知识再生产模型，并在此基础上揭示了决定企业转型升级的知识进化机制，进一步构建了企业知识竞争力的理论模型。第三，对企业知识竞争力评价的逻辑脉络进行全面梳理，然后在对现有与知识竞争力有关的评价指标体系分析的基础上，由企业知识竞争力理论模型导出了相应评价指标体系，并对其进行了详细阐释。第四，采用"熵值法"对各个评价指标确定了熵权，同时依据"厚今薄古"的思想考虑时间序列并确定了时间权向量，选取中国ICT上市公司进行了静态和动态评价分析，并对企业知识竞争力与企业竞争力关系设定计量模型进行了实证分析。最后，从三层次知识分别提出了企业知识竞争力保护和提升的对策建议。

据此，本书得到以下几点研究结论：

第一，企业再生产过程是以知识为基础的，不是生产规模的简单重复（简单再生产）或扩张（扩大再生产），而是伴随着知识进步的螺旋上升式循环过程。再生产过程中的物质和能量是守恒的，只有知识是唯一的变量，因此企业再生产本质上就是知识再生产。企业的投入环节对应于知识的"获取—吸收"过程，输入通用性知识；企业的生产运行环节对应于知识的"应用—创新"过程，输出专用性知识；企业的产出环节对应于知识的"积累—积淀"过程，凝结专有性知识。企业的知识再生产循环推动企业的知识进化和转型升级，依次经历"模仿性竞争"（知识结构以通用性知识为主）、"差异性竞争"（知识结构以专用性知识为主）和"寡占性竞争"（知识结构以专有性知识为主）三个知识发展阶段。能够完成这一知识进化过程的企业，最终成为所在行业的龙头企业，占据食物链的顶端。

第二，基于"通用性知识—专用性知识—专有性知识"三层次知识，采用"熵值法"和时间序列法对中国ICT上市公司进行了静动态评价分析，研究结果表明：（1）静态评价：从横向维度来看，中国ICT上市公司的知识竞争力水平处于较为严重的"强者愈强、弱者愈弱"两极分化现象，数据鸿沟也进一步加剧。中国ICT上市公司知识竞争力水平分布的不平衡性十分显著，即便是得分前十位的企业也存在相当大的差异性。从纵向维度来看，中国ICT上市公司企业知识竞争力总体趋于均值水平，发展较为平稳，且出现整体趋好的态势。中国ICT上市公司的知识竞争力差异性在逐步缩小，企业间差距在减少，上下波动逐年变小。（2）动态评价：中国ICT上市公司的企业知识竞争力处于较为严重的"马太效应"，样本ICT上市公司之间的企业知识竞争力差距仍然非常大。有些企业当前知识竞争力排在了较高位次，但因其他层次知识处于较低水平，未来可能会出现发展后劲不足情况。还有些企业虽然短期内企业知识竞争力水平较低，但由于其专用性知识指数当前处于较高位次，未来终将转化成为企业竞争力而变成今后发展的潜力股，是投资者未来投资的主要方向。

第三，从上市板块、所属区域和成立年限等方面对中国 ICT 上市公司企业知识竞争力进行了异质性分析，结果表明：主板上市的 ICT 公司企业知识竞争力水平高于中小板和创业板的，而中小板和创业板上市的 ICT 公司变化程度较小且表现出较高的成长性；中国 ICT 上市公司主要集聚在环渤海湾、长江三角洲和珠江三角洲等沿海城市区域，其中，环渤海湾京津地区 ICT 上市公司的企业知识竞争力整体高于样本企业的平均水平，长江三角洲和部分中西部地区 ICT 公司的变化程度较小，发展态势良好，具有较高成长性；2002 年之前成立的 ICT 上市公司企业知识竞争力整体水平显著高于 2002 年之后成立的，而 2002 年之后成立的 ICT 上市公司变化程度较小且表现出较高的成长性。

第四，企业知识竞争力与企业竞争力关系的回归分析表明：企业知识竞争力（即相对知识水平）与企业竞争力呈显著正向关系，并且在考虑了内生性问题，改变被解释变量和补充控制变量以后的回归结果依然是稳健和可信的。进一步分析表明，知识对企业竞争力具有滞后效应，各个层次知识与企业竞争力之间均呈现正相关关系。相比于主板和中小板，创业板上市的 ICT 上市公司的企业知识竞争力对企业竞争力的影响效应更强。不同集聚区域的 ICT 上市公司的企业知识竞争力对企业竞争力的影响效应存在差异，主要集中在环渤海湾、长江三角以及珠江三角等沿海城市区域。2002 年之后成立的 ICT 上市公司的企业知识竞争力对企业竞争力的正向影响效应更强，对企业竞争力具有更大的正向促进效应。

许照成

2024 年 5 月于上海

目　录
CONTENTS

绪　论

第一节　研究背景与意义

一、研究背景

（一）知识成为经济主体越来越重要的战略性竞争资源

21 世纪是伴随互联网和信息技术快速发展的崭新时代，同时更是一个知识不断更迭和创新的经济时代。自从 18 世纪，特别是人类所经历三次科技革命以来，人类知识更迭速度越来越快，更新周期也变得越来越短，给人类社会生活带来了巨大变化。根据联合国教科文组织的一项调查研究，信息通信技术（Information 和 Communication Technology，简称为 "ICT"）的迅猛发展不断加快了人类知识更新和提高的速度，如表 1 所示（张军和许庆瑞，2015）。尤其是在当前 "互联网+"、移动互联网、大数据技术、人工智能产业等高科技迅猛发展的社会大环境下，知识更新周期可能不再以年为单位，而是缩短为月或天。由此可见，这对于经济主体不断提升自身知识吸收能力，迅速更新和完善知识库，实现知识更新换代，及时抓住机遇和规避风险，进而赶超竞争对手提出了巨大要求。

表 1　不同时代知识更新周期统计表

时代	知识更新周期
18 世纪	80~90 年
19 世纪—20 世纪	30 年
20 世纪六七十年代	5~10 年

续表

时代	知识更新周期
20世纪八九十年代	5年
21世纪初	2~3年

资料来源：联合国教科文组织（张军和许庆瑞，2015）

在而今日趋激烈的市场竞争中，知识是组织的一种非常关键的战略性资源，而且越来越成为经济主体培育和赢得竞争优势的根本源泉（Agarwal等，2010；Phelps等，2012）。事实上，从20世纪80年代开始，竞争的重心就逐渐由有形资源转向了知识等无形资源，并且其正逐步演变成投资人一项重要的价值组成（希勒等，2019）。野中郁次郎（Nonaka，1991）此前也指出，知识毫无疑问是企业在"不确定"因素的市场环境下，培育和打造可持续竞争优势的根本源泉。大量研究表明，经济主体往往可能会通过选择旨在提高知识水平的内部研发（R&D）投资方式来寻求竞争优势，进而提升经济主体竞争力水平（Ahuja 和 Katila，2004；Arrow，1962；Peters，2009）。近年来，国家一直都在致力于加大科技经费投入，始终将科技投入作为国家创新战略发展的关键举措，不断提升经济创新力和竞争力。根据科技部发布的《全国科技经费投入统计公报》统计数据，2010年至2023年中国科技研发投入经费一直保持每年逐步攀升的增长趋势，同时研发投入强度也呈现逐年稳步增长态势，如图1所示。《国家创新驱动发展战略纲要》指出，将科技、人才和创新等知识要素作为国家繁荣兴盛最关键性的战略资源，创新是其中最为核心的要素。如今，知识的确已经成为经济主体在外部市场竞争中越来越重要的内生性生产投入要素，其他生产要素都要依靠知识才能得以更新和提高（Audretsch，2009；Audretsch 和 Thurik，2001；Caiazza等，2015）。与此同时，知识也已变成一种被广泛认同并用以提高经济主体竞争力的关键投入要素（Agarwal 和 Hoetker，2007；Carayannis 和 Grigoroudis，2014）。因此，未来的竞争必将是知识的竞争，知识越来越成为决定经济主体竞争优势的根本来源，越来越多经济主体也逐渐认识到知识对获得竞争优势具有决定性作用。

（二）以知识为基础的竞争成为国家、区域及企业发展的根本驱动力

在目前全球化世界里，国家、区域或企业等经济主体之间的竞争无处不在。然而，在如今日趋激烈的竞争中，最根本的是以科技、人才等知识要素为基础的综合实力之间的博弈，本质上正是不同经济主体之间的知识竞争。大量研究也强调了资源在形成组织竞争优势主要驱动力方面具有重要作用（Barney，

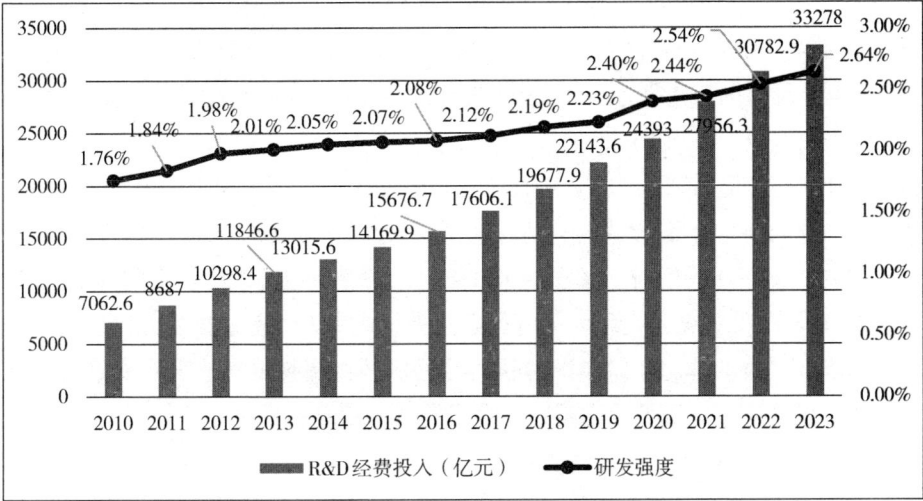

图 1 2010—2023 中国 R&D 投入经费总体情况图（亿元）
资料来源：国家统计局（https：//www.stats.gov.cn/sj/）

1986；Wernerfelt，1984）。更进一步地，基于知识基础观的研究成果表明，知识最有可能成为组织获取可持续竞争优势的源泉，产生经济租金，提高组织在所在行业中的竞争地位，进而影响组织的竞争战略（Barney，1991；Henderson 和 Cockburn，1994；Liebeskind，1996）。与此同时，1996 年，国际经合组织（OECD）最早提出"知识经济"的概念，并指出知识是提高经济主体生产力和实现经济增长的核心要素（OECD，1997）。相比于农业经济、工业经济，知识经济通常被视为知识在社会再生产过程中产生支配作用的、更高级别的经济形态，无论在社会效应上，还是在商业价值营造上，都具有较大的比较优势（OECD，1997）。随即，彼得·德鲁克（Peter F. Drucker，1999）强调，知识将逐渐代替以往的土地、机器设备、劳动和资本等生产要素，越来越成为经济主体高质量发展以及在经济竞争中出奇制胜的最根本驱动力量，同时也是一个国家或区域综合竞争力的重要衡量指标。各组织也已经意识到，获得知识并有效地使用知识是其在市场上驱动发展，并能赢得可持续竞争优势的唯一途径（Mahdi 等，2019）。

随着经济全球化的不断深入，国际市场环境愈演愈烈，如中美贸易战、新冠肺炎疫情等相继出现，经济主体之间的竞争问题依旧是人们持续所关注的重要议题之一。《国家创新驱动发展战略纲要》提出，要促进经济主体发展方式向依靠持续的知识积累、技术进步和劳动力素质提升转变，推动经济向形态更高级、分工更精细、结构更合理的方向发展，经济主体国际竞争力大幅度提升①。2024 年《政府工作报告》指出要提高知识产权保护力度，提升科技创新能力，支持企业创新型发展，增强国际竞争力。《中国制造 2025》提出，增强关键核心技术知识产权贮存，激发企业采取知识产权加入市场竞争，造就一些拥有知识产权雄厚技能的优势企业，切实提高制造业企业的核心竞争力和可持续发展能力。中共十九届五中全会和党的十九大报告均指出，要把科技作为国家发展的战略支柱，加强知识产权创造、保护和运用，提高经济主体的技术创新能力和竞争力。由此可见，"知识就是力量""知识就是竞争力"等已经越来越成为人们普遍接受并用以指导经济主体长久发展的理念，以知识为基础的竞争必将超越以其他生产要素为基础的竞争，成为国家、区域及微观企业发展最根本的内在驱动力。

（三）企业知识竞争力研究是国家、区域竞争力研究的重要内容

国家竞争力研究是基于微观企业竞争力研究，区域竞争力也同样如此（Porter，1990）。这是因为，国家或区域竞争力是不同国家或区域在国际市场竞争中对外所体现的一种竞争能力，本质上是每个国家或区域里所有企业之间的一种综合竞争能力。也就是说，一国或区域在全球或地区市场上的竞争力表现实际上要依托于该国或区域每个企业在市场中经营业绩与其他国家或区域各个企业经营业绩的综合比较结果。另外，国家经济竞争力和创新力，取决于国家整体经济表现，依托于各个地区经济增长，而这些区域经济又取决于不同类型微观企业市场经济实力的综合表现。然而，无论哪个层面竞争力问题，其竞争基础都在于科技、人才、创新等知识资源要素。因此，国家或区域竞争力研究实际上是建立在以科技、人才、创新等知识要素为基础的微观企业竞争力研究之上的。

国家竞争力是一个非常复杂的概念，人们已经从不同方面对其评价开展了一系列的广泛研究。例如，目前已经形成较为完善的波特国家竞争优势理论以及一些世界著名机构在此基础上发展起来的国家竞争力评价理论。目前，关于国家竞争力评价研究的权威机构主要包括洛桑国际管理发展学院（IMD，2020）和世界经济论坛（WEF，2019）等。虽然这些国家竞争力评价体系主要是从国家层面出发，但是也包括了企业劳动力市场、生产力与效率、管理实践、市场规模、创新能力、产品市场等微观企业的多个维度。关于区域知识竞争力研究，最早是由罗伯特·哈金斯协会（RHA，2002）较为系统全面展开的，他们早期对全球主要区域的知识竞争力进行了测评。该评价指标主要是在包括了不同行

① 中共中央，国务院. 国家创新驱动发展战略纲要［EB/OL］.（2016-05-20）. http：//www. gov. cn/xinwen/2016-05/20/content_ 5074905. htm.

业不同类型人员规模、人员接受教育程度、企业研发人均支出等方面选取得到的，较大程度借鉴了企业层面相关的研究内容。与此同时，国内关于区域知识竞争力评价研究除了充分借鉴了国外研究之外，评价指标也较多地考虑了微观企业影响因素，例如，曹如中（2008）、林善浪和王健（2008）、韩东林等（2012）等人的研究。因此，企业作为经济主体的微观单元，企业知识竞争力研究是国家、区域竞争力研究的重要内容。

（四）量化研究企业知识竞争力是直观表达竞争力水平的重要方式

企业竞争力是一个非常复杂的概念，不仅要用经济管理领域研究方法进行定性分析，而且更应该要运用科学的定量方法才能够将其清晰地呈现出来（金碚，2003）。特别是在实践应用领域，人们更希望能用数字来反映企业竞争力状况，并将企业竞争力水平及其影响因素直观地表达出来。竞争力指数正好可以被用来提供一个数字信号，用于比较和判断各地区经济主体发展潜力的动态变化（Bhuiyan，1993）。企业知识竞争力同样需要科学计算得到竞争力指数，以直观地表达出企业知识水平，进一步展现企业知识竞争力水平。但是，由于知识本身所具有独特性，要想将其纳入一般生产理论模型之中并加以计算，通常并非一件容易的事（Grant，1996）。那么，要想以量化形式表达企业知识竞争力，就需要借助科学的方法，选取符合客观实际且反映本质的评价指标和合理的评价方法，进而构建企业知识竞争力评价指标体系。由此可见，深入探讨企业知识竞争力概念内涵、内在决定机制以及评价体系，公正、客观地评价企业的竞争力水平，对于企业正确识别自身的优劣势，准确做好企业自我定位和制定未来战略规划，改进和提升企业在市场中的竞争力水平显得尤为重要。

二、研究意义

（一）理论意义

1. 拓展了企业竞争力评价的研究视角和方法

企业竞争力评价的现有研究，主要是从企业在市场中竞争结果的视角出发，对企业竞争力问题进行定性和定量分析。然而，知识经济时代，企业本质上是一个集成和整合知识的组合机构，企业与企业之间的竞争实际上是关于知识的竞争。虽然部分现有研究也有从知识角度研究企业竞争力的评价问题，但并未能从企业自身的知识角度出发，构建企业知识竞争力评价体系。因此，本研究以知识为基础，剖析了企业的知识构成，构建了企业知识竞争力理论模型，并据此导出了企业知识竞争力评价体系，将企业竞争力评价研究真正地落实到企业的知识层面，具有一定的前瞻性，并拓展了研究视角和方法。

2. 构建了企业知识竞争力评价理论

本研究在过去企业竞争力评价理论研究的基础上，对企业的本质、知识分类、企业竞争力等问题进行了较为全面地诠释，进一步探究了企业知识竞争力的概念演化、内涵，知识对企业竞争力作用机制，以及企业知识竞争力理论模型，为形成较为完善的企业知识竞争力理论体系和研究范式奠定基石。

3. 丰富了企业知识竞争力评价内容

本研究在分析企业知识内涵及构成的基础上，从通用性知识、专用性知识和专有性知识三层次知识的数量和质量维度，构建了企业知识竞争力评价体系，一定程度上扩大了企业竞争力研究范围，丰富了现有企业知识竞争力评价理论，具有非常重要的理论意义。

（二）实践意义

本研究探究了企业知识竞争力的理论模型，据此构建了相应的评价体系并进行了实证分析。进一步地，本研究提出企业知识竞争力保护和提升的对策建议，有助于企业在自身发展过程中发挥自身潜能优势，制定合适的竞争战略，改善经营管理。因此，研究企业知识竞争力评价问题对于企业提升管理水平和维护利益相关者利益均具有重要的实践价值。

1. 企业竞争力定量评价信息有助于企业战略决策的制定

通过企业知识竞争力研究，深入阐述企业知识竞争力的关键影响因素以及决定机制，进一步寻求保护和提升企业竞争力的路径，为中国企业改进和提升竞争力水平提供新思路和新路径。通过科学方法对企业知识竞争力进行测评，有助于企业认识自身优劣势，同时也有利于帮助企业外部投资者减少甚至规避相应的决策风险，保护利益相关者利益，这些都会对企业中长期的整体性规划的设计和制定产生长远的实践指导意义。

2. 为企业知识竞争力评价提供科学合理的测评方法

过去的企业竞争力评价体系大多指标繁杂或主观性较强、难具可操作性，而且评价指标并不都是从企业的知识特性角度选取的，难以反映企业之间的竞争本质。通过对企业知识构成的剖析，揭示知识与企业之间的内在关系和企业竞争力的决定机制，构建符合企业知识竞争力评价体系。通过科学方法建立评价理论，对科学合理评价企业竞争力水平，保护和提升企业竞争力具有重要的现实意义。

3. 为企业利益相关者对企业长久可持续发展提供了决策依据

由于知识指标转化成为市场产品并产生经济利润存在一定的滞后性，当前处于较低竞争力水平的企业未来可能一跃成为所在行业的后起之秀。企业知识竞争力评价指标就会具有一定的前瞻性，有助于投资者挖掘未来具有发展潜力的企业进行战略投资。因此，企业知识竞争力评价研究不仅能够帮助企业各类利益相关者准确识别和判断企业的发展状况，而且能够使政府、股东、外部投资者等更好地获取企业未来发展的信息，也便于企业制定出更好、更加可行的战略决策，对我国企业可持续发展具有重要的现实指导意义。

第二节　研究目标与内容

一、研究目标

第一，通过对国内外有关企业知识竞争力研究现状进行全面梳理和总结，能够准确把握企业知识竞争力研究动态和进一步研究方向，凸显本研究的学术价值，为接下来的深入研究确立了理论基石。

第二，通过对知识和企业竞争力过去相关研究的梳理、概括和总结，能够从理论上厘清知识与企业竞争力的关系，并能够深入挖掘企业知识竞争力的内在作用机理。

第三，构建企业知识竞争力理论模型和评价指标体系，为今后推进企业知识竞争力研究的合规前进和进一步发展，夯实坚实的理论根基。

第四，能够从通用性知识、专用性知识和专有性知识三个维度提出企业知识竞争力保护和提升的对策建议。

二、研究内容

本研究首先对企业知识竞争力评价问题的研究背景和意义进行深入分析，进一步对国内外关于企业知识竞争力评价理论与实证等相关研究进行详细阐述，指出现有研究不足以及本研究所要研究的主要内容，再选择相应的研究方法，确定研究思路并勾勒出对应的技术路线。据此，指出本研究拟解决的主要问题，主要包括以下几个部分：

（一）企业知识竞争力理论模型

本部分主要是基于以往相关研究成果，构建企业知识竞争力理论模型。首先，对马克思再生产理论、新古典生产理论和新熊彼特内生增长理论等生产过程研究的主要相关成果，以及企业知识价值链的内涵、构成要素及模型的演化发展进行阐述，指出目前存在的问题和不足。其次，在此基础上试图构建企业的知识再生产模型，并据此揭示企业的知识进化机制。最后，构建企业知识竞争力理论模型，并对企业的知识结构模型和企业知识竞争力形成机制进行深入分析。

（二）企业知识竞争力评价体系

本部分主要是在分析现有与知识竞争力有关的评价指标体系的基础上，根据企业知识竞争力评价理论模型，导出企业知识竞争力评价体系。首先，厘清企业知识竞争力评价的逻辑脉络。其次，对现有与知识竞争力有关的评价指标体系进行深入探讨，指出现有评价指标体系的优缺点，为后续本研究所要导出的评价指标体系提供支撑。然后，根据企业知识竞争力的理论模型，导出企业知识竞争力评价指标体系，并对评价指标进行详细说明。最后，通过对现有评价方法的对比分析，选择合适的评价方法，进一步确立企业知识竞争力评价体系，为后续实证研究奠定理论基础。

（三）企业知识竞争力评价体系实证研究——以中国 ICT 上市公司为例

本部分主要是对企业知识竞争力评价指标体系进行实证分析，进一步从现实数据佐证本研究所建立的评价体系。首先，选择具有代表性的中国 ICT 上市公司为研究对象，对 ICT 产业的定义及分类、全球 ICT 产业的发展概况以及中国 ICT 产业的发展现状等进行阐述。其次，基于前面所确立的企业知识竞争力评价体系，对 2012—2019 年中国 ICT 上市公司进行静态和动态评价，进一步对不同维度指标评价结果进行深入分析，以此判断行业整体竞争力状况以及未来改进的方向。第三，分别从上市板块、所属区域和成立年限等方面对样本企业的知识竞争力水平进行异质性分析。最后，建立计量回归模型，对企业知识竞争力与企业竞争力关系进行实证分析，并对回归结果进行讨论。

（四）企业知识竞争力保护和提升的对策建议

本部分主要是结合前面的评价结果，分别从企业整体知识水平、通用性知识、专用性知识以及专有性知识等方面给出具体的企业知识竞争力保护和提升的对策建议。

第三节　研究方法与思路

一、研究方法

（一）文献调研法

对国内外有关企业竞争力和企业知识竞争力学术成果和相关数据资料实行

广泛查阅和搜集，理清其发展脉络，持续跟进新的动态与信息，为系统详尽地研究企业知识竞争力系列课题做准备。

（二）模型研究法

从企业知识竞争力理论模型出发，构建企业之间竞争活动的评价模型，用科学规范的研究方法对企业知识竞争力的形成机制问题进行科学分析。

（三）静态和动态相结合法

在对企业本质、知识的定义、分类，企业竞争力的发展脉络、来源、概念界定，以及企业竞争力作用机制、企业知识竞争力作用机理相关研究进行回顾和评述时，主要采用静态分析方法。在对企业知识竞争力综合评价方面，主要侧重于动态分析方法。例如，使用面板数据对企业知识竞争力进行动态评价，进而观察企业知识竞争力动态变化情况，以便能更好地找出企业知识竞争力变化的过程和规律。

（四）定性和定量相结合法

首先，对知识与企业竞争力之间关系进行理论分析，选择具有代表性的行业企业对知识与企业竞争力关系进行实证分析；其次，对企业知识竞争力评价指标体系进行实证分析，得到综合排名并进行对比分析，进一步论证评价理论模型和指标体系相比于以往评价体系更具客观性、科学性与前瞻性。

二、研究思路

本研究主要遵循的逻辑主线是："研究背景及意义→文献综述→评价理论模型→评价指标体系→实证评价分析→对策建议"。具体而言，首先，对本研究的背景和意义展开阐述，揭示研究问题；其次，对国内外关于企业知识竞争力评价的理论和实证评价研究现状进行系统梳理回顾和述评；第三，在对企业生产过程的传统描述和企业的知识价值链概述的基础上，构建企业的知识再生产模型，据此揭示企业知识进化机制，在此基础上构建企业知识竞争力理论模型；第四，在对现有与知识竞争力有关的评价指标体系分析的基础上，根据企业知识竞争力的理论模型，导出企业知识竞争力评价指标体系并选择合适的评价方法，进而确立企业知识竞争力评价体系；第五，选择代表性行业企业，对已导出的企业知识竞争力评价指标体系进行静态和动态实证评价分析，同时对知识变量和企业竞争力关系进行回归分析，进一步佐证本研究所构建的评价指标体系；最后，分别从企业整体知识水平、通用性知识、专用性知识以及专有性知识等方面给出竞争力保护和提升的对策建议。本研究试图系统梳理企业知识竞争力相关理论，借助缜密的逻辑推演，推导出企业知识竞争力理论模型，为客观、简明的企业知识竞争力评价体系提供理论支撑，同时也为政府、行业和微观企业提供决策参考。具体技术路线图，如图 2 所示。

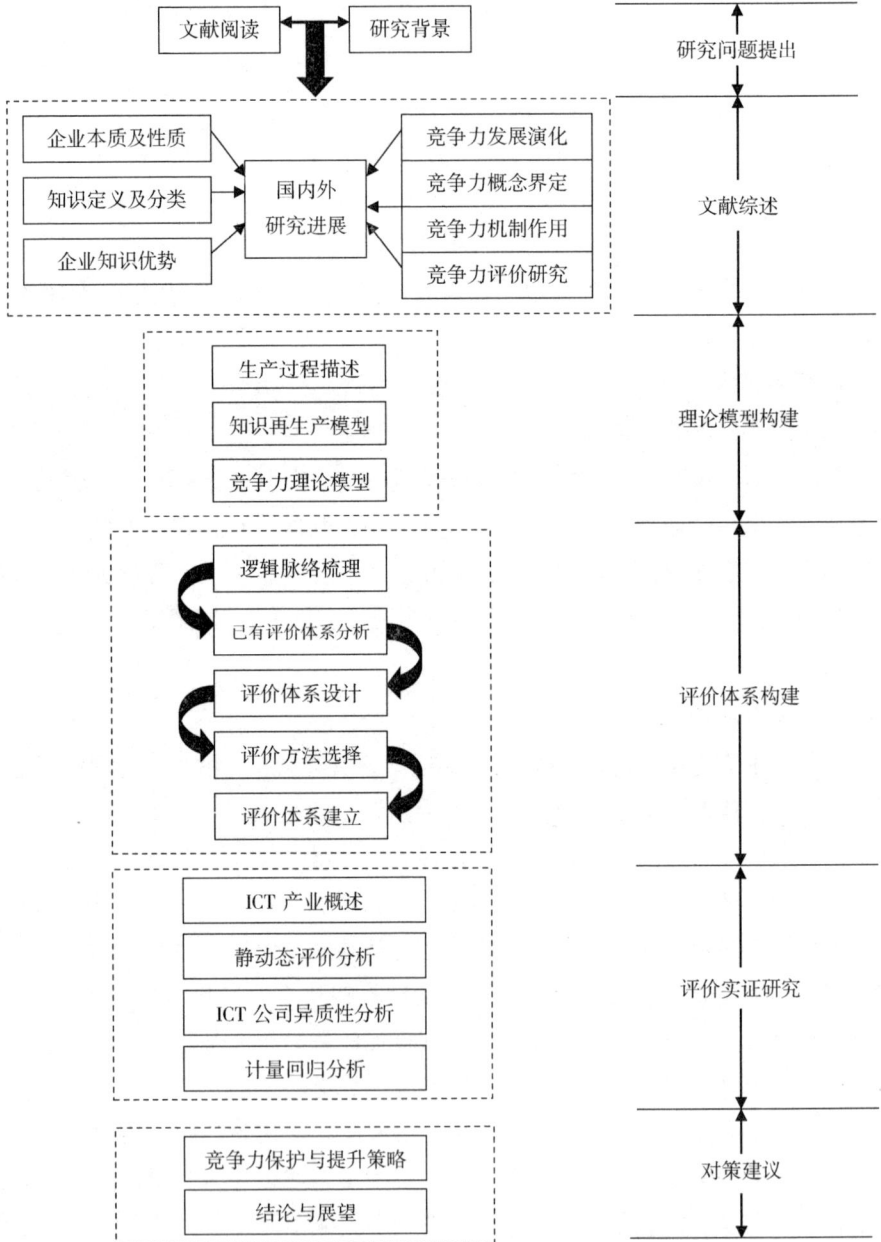

图 2　技术路线图

第四节　本研究创新之处

本研究的创新之处主要体现在以下几个方面：

第一，从知识与企业再生产过程的关系出发，构建了企业的知识再生产模型，并在此基础上揭示了决定企业转型升级的知识进化机制。企业再生产过程是以知识为基础的，不是生产规模的简单重复（简单再生产）或扩张（扩大再生产），而是伴随着知识增长和价值增值的正反馈过程。再生产过程中的物质和能量是守恒的，只有知识是唯一的变量，因此企业再生产本质上就是知识再生产，循环推动企业的知识进化和转型升级。把企业再生产过程与知识运动过程有机结合起来，抽象出了企业再生产的一般过程，揭示了企业的知识再生产过程和知识进化机制，弄清知识对企业价值创造的作用机理，为企业做大做强和经济转型升级提供理论指导。

第二，根据企业的知识再生产模型，解剖"通用性知识—专用性知识—专有性知识"三个层次知识结构，并对企业知识竞争力决定机制问题进行深入分析，进而构建了企业知识竞争力的理论模型。企业竞争力实际上就是企业在市场上对价格争夺（"合争力"）和市场份额争夺（"分争力"）的一种综合博弈能力。其中，定价权力（决定产品价格）和市场份额（决定市场规模）取决于企业的知识优势（包括质量优势和数量优势）。这种知识优势只有被应用于再生产过程中，转化为满足市场需求、具有较强竞争力的产品，最终才能决定企业竞争力。本研究通过对企业知识构成的分析，探讨了决定企业知识竞争力的内在机理，丰富了已有与知识竞争力评价理论相关的研究。

第三，基于企业知识结构是企业竞争力的先行指标，将知识竞争力评价简化为对知识优势的识别和衡量。由知识优势转化为企业竞争力的过程可知，知识优势（包括质量优势和数量优势）决定企业的定价权力和市场份额，即企业竞争力。依靠知识优势而形成的竞争力，就可称之为"知识竞争力"。对知识竞争力的评价，主要就体现在对知识优势的识别和衡量上。定价权力、市场份额等可视为企业竞争力的同步指标，作为竞争力外化结果的营业额、净利润、资产回报率等指标则属于滞后指标；而这些同步或滞后指标最终都要取决于企业的知识优势，即知识优势是企业知识竞争力的先行指标。事后诸葛亮式的评价，意义不大；先知先觉，才最有价值。虽然已有研究越来越注意到了先行指标对企业竞争力的决定性作用，且评价指标逐渐由同步或滞后指标转向先行指标，但现有评价指标体系都是将这三类混合在一起，导致评价结果不具客观性、准确性与科学性。正因于此，本研究对与知识竞争力有关的评价指标体系的现有研究进行取长补短，梳理并构建一个客观、简洁又有坚实理论基础的企业知识竞争力评价指标体系，为企业的知识竞争力评价问题提供理论依据。

第四，在以往与知识竞争力有关的评价方法研究上，大多采用层次分析法等主观赋权法，具有较强的主观随意性，缺乏足够的科学依据，不能较好地反映客观数据信息。同时，在企业竞争力评价的现有文献中，考虑了基于时间序列的动态评价方法，却鲜有研究将其应用于企业知识竞争力评价。本研究选取了科学客观的指标赋权法对企业知识竞争力进行静态评价，同时采取了基于时间序列的动态评价法对其进行动态评价，不仅能够有效反映不同层次知识对企业竞争力作用的差异性，而且还能体现时间因素对企业竞争力的影响，使得评价结果更加科学、合理。

第一章

文献综述

企业竞争力是企业在日趋激烈的现代市场环境中胜出并获利的非常重要因素，企业竞争力评价也因此变成一项关键的学术领域而取得普遍关注。近年来，企业竞争力评价中的知识要素越来越受到国内外学者们的重视，也出现了与企业知识竞争力相关的一系列研究成果。要想研究企业知识竞争力评价问题，就需要搞清楚国内外相关研究现状，便于为后续建立企业知识竞争力评价理论奠定基础。

有鉴于此，本部分首先对企业知识的相关研究进行深入论述，包括企业的本质、知识的界定、企业知识分类、知识的可测度性以及知识优势等问题。其次，对企业竞争力相关研究进行回顾，包括企业竞争力理论的发展脉络，企业竞争力的来源、概念界定，以及演化视角下企业竞争力作用机制等问题。第三，在此基础上，对企业知识竞争力理论的相关研究进行系统回顾，包括企业知识竞争力的演化规律、概念界定、内涵，以及知识对企业竞争力作用机制等问题。最后，对国内外企业知识竞争力评价相关研究进行了综述，包括企业竞争力评价、企业知识竞争力评价以及企业知识竞争力动态评价等。

第一节　企业知识相关研究

一、企业的本质

企业的本质实际上就是探讨"企业是什么？""企业为什么存在？"等基本问题。能否正确剖析企业的本质问题将直接关系到是否能够准确阐明企业知识和企业竞争力相关理论。因此，研究企业知识竞争力评价问题首先务必要从正确认识企业的本质开始。对企业本质的研究，也就是企业理论的研究，一直都备受人们的广泛关注，并且已经分别出现了基于不同研究视角的阐释和理解。

从目前研究来看，企业理论的发展演进，大致可以划分为传统企业理论和现代企业理论两个阶段。传统企业理论主要包括以 Smith、Marx 等为代表的古典经济学企业理论和以 Marshall、Schumpeter 等为代表的新古典经济学企业理论两大学派，现代企业理论主要是包括企业契约理论、企业资源理论、企业知识理论等理论学派，如图 1-1 所示。

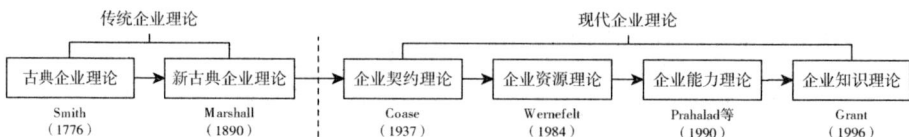

图 1-1 企业理论发展的演进路径图

（一）古典企业理论

企业理论最早起源于以 Smith、Ricardo、Malthus、Mill 等为代表的古典主义学派。其中，1776 年 Smith 在《国富论》中提出的劳动分工理论，是古典企业理论的思想源泉，奠定了企业理论发展的基础。该理论强调分工的重要性，将企业看成是土地、劳动力等生产要素完成转化的生产单元，把劳动分工与生产力结合起来，率先系统详实地论述了劳动分工对提升劳动生产率具有非常重要的作用。马克思（Marx）1867 年在《资本论》中提到企业起源等问题，认为企业是生产协作的组织，强调资本主义企业生产方式的基本形态是协作，分工与协作对生产率具有促进作用，深刻揭示了资本主义企业生产的内在规律。古典企业理论从探讨劳动分工开始，研究了企业的起源、劳动和分工协作等问题。

（二）新古典企业理论

新古典企业理论源自以阿弗里德·马歇尔（Marshall，1890）为代表的新古典主义经济学派，从"经济人"假设出发，结合萨伊（Say，1803）"三要素"论，把企业看成是各种生产要素转化的载体，将生产过程抽象成生产函数，来描述投入和产出的关系。熊彼特（Schumpeter，1912）的创新理论则认为，企业就是为了实现新的生产要素再一次组织起来，创造新的价值（即创新）。创新内生于生产过程中，是驱动资本主义经济快速发展和增进的决定性力量。但它们都视企业为一个生产函数，把企业当作一只"黑箱"，忽视其内部结构和运行过程。特别地，关于企业的理解很难阐释"企业为什么存在？"和"企业为何是异质的？"两个关键问题。

（三）企业契约理论

不同于传统企业理论，现代企业理论始于对市场契约的阐述，进而探讨企业的本质以及不同生产要素之间相互关系的理论。

新制度经济学始祖罗纳德·科斯（Ronald Coase）在 1937 年发表的著名论文——《企业的性质》标志着现代企业理论的诞生，再次掀起了企业理论的研究热潮（Alchian 和 Demsetz，1972；Chueng，1983；Cyert 和 March，1963；杨小凯，1994）。科斯认为，企业本质上是一种市场交易的契约，企业的存在是为了降低市场交易费用，企业是一系列市场契约关系的联结，这些象征了现代企业理论的开始。

随后，相继出现了与其相关的团队生产理论（Alchian 和 Demsetz，1972）、委托代理理论（Ross，1973）、不完全契约理论（Grossman 和 Hart，1986；Hart 和 Moore，1990）等。这些理论虽能较好解释企业存在的合理性，但在面临"企业之间为何存在差异性？""在相同环境或相似激励条件下，为何有些能在市场竞争中获胜而有些却败北？"等疑问时难以解答，主要包括"企业资源理论""企业能力理论""企业知识理论"等。

（四）企业资源理论

企业资源理论诞生于沃纳菲尔特发表的《基于资源的企业观》一文（Wernerfelt，1984），强调由外部市场向企业内部来考察竞争优势，由迪耶克斯和库尔（Dierickx 和 Cool，1989）、巴尼（Barney，1991）、康纳（Conner，1991）、彼得罗夫（Peteraf，1993）、科里斯和蒙哥马利（Collis 和 Montgomery，1995）等人逐步发展而成。其核心思想在于将企业看作是一个由各种独特资源所组成的整合机构，将获取各类具有特性的资源和战略要素作为企业的主要战略目标，资源的异质决定了企业竞争优势的差异。企业资源理论虽然将产生企业竞争优势的根源转向了企业内部，但对资源的界定过于宽泛，未能抓住本质性的因素。

（五）企业能力理论

企业能力理论最先源自马歇尔（Marshall，1890）提出的企业内部成长论，后经普拉哈拉德和哈默尔（Prahalad 和 Hamel，1990）、伦纳德-巴顿（Leonard-Barton，1992）、哈默尔和海内（Hamel 和 Heene，1994）、蒂斯等（Teece 等，1997）等人发展成型，是对企业资源理论的推广。该理论的主要观点是认为企业本质是一个能力体系，竞争优势来自企业对独特资源的保护能力。这种能力是企业拥有的一种重要技能、隐性知识和智力资本，决定了企业经营绩效。其中，核心能力是企业中的积累性学识，尤其是怎样协调各类生产技能和较好联合不同的技术流（Prahalad 和 Hamel，1990）。企业能力理论注意到了企业资源背后的能力是竞争优势的来源，但与企业资源理论一样空泛和抽象。

（六）企业知识理论

企业知识理论是企业资源与能力理论的深化，最早可追溯到哈耶克的"企业知识论"（Hayek，1937），后经"企业成长和新知识积累机制"（Penrose，1959）、"企业决策行为"（Cyert 和 March，1963）、"知识仓库"（Nelson 和 Winter，1982）、"知识基础论"（Demsetz，1988）、"知识管理"（Drucker，1988）等理论的发展，直到 Grant（1996）提出较为系统的"以知识为基础的企业理论"才得以正式确立。而后，又出现了基于波特价值链理论的"知识价值链"理论（Holsapple 和 Singh，2001；Lee 和 Yang，2000；Weggeman，1997；Yang 和 Chiu，2010）。以 Grant（1996）为代表的企业知识理论认为，企业是一个整合知识的组织。企业知识理论始于对知识特有性质的阐释，指出企业的知识具备缄默性（Tacit）、可转移性（Transferability）、专业性（Specialization）和专用性（Appropriability）等特性。企业知识理论正好比较全面地阐释了企业理论所关心的问题，即企业的性质、企业间的异质性问题、企业内部的决策权分配等。显然，它对企业的特性和行为作了较为崭新的诠释，回答了以往企业理论没能回答的问题。

从企业理论的上述发展过程不难看出，知识与企业的内在关系越来越受到重视，人们渴望打开"企业"这个黑箱，深入了解企业生产与价值创造的内在过程，弄清知识在这个过程中的真正作用。然而，时至今日，这一目标还远远没有实现，对企业知识运动过程的描述和划分都未能取得共识，更不用说揭示知识运动过程与企业价值创造过程的相互作用机理了。

二、知识的界定

从一般意义上来讲，知识是一个具有非常丰富含义的概念，知识的内涵也十分宽泛。迄今为止，关于知识的定义都还没有一个一致而公认的界定。国内外有关知识的研究源远流长，国外主要是以柏拉图为代表的本源论知识观（柏拉图，2018）、以培根为代表的经验主义知识观（培根，2020）、以杜威为代表的实用主义知识观（杜威，2011）以及波兰尼（Polanyi）为代表的个人知识理念（Polanyi，1958）等。国内主要是以权威专著和机构为代表，如表 1-1 所示。

表1-1 国内外对知识的定义整理表

有关"知识"定义		来源
国外	被验证了的、真实的信念	柏拉图、王晓朝译
	人类的实践经验	培根
	认识一个事物和各方面的联系	杜威、王承绪译
	一种情感、信念和寄托	波兰尼
国内	人类认识的成果和结晶，是后天在社会实践中形成的对现实的反映	《辞海》
	人们在社会实践中所获得的认识和经验的总和	《现代汉语词典（第六版）》
	经过人的思维整理过的信息、数据、形象、意象、价值标准以及社会的其他符号化产物，不仅包括科学技术知识——知识中最重要的部分，还包括人文社会科学的知识、商业活动、日常生活和工作中的经验和知识，人们获取、运用和创造知识的知识，以及面临问题做出判断和提出解决方法的知识	《关于知识经济与国家知识基础设施的研究报告》

资料来源：作者整理

综上所述，国外有关知识定义的研究，经历了不同的派别，大体可分为两大类：一类是柏拉图和波兰尼等人的研究，认为知识是一种信念；另一类是杜威和培根等人的研究，认为该信念产生于人类的社会实践。虽然国内权威机构已经较好地将国外关于知识的含义进行了有效结合，但是关于知识的外延尚且也还没有较为深入地进行阐释。有鉴于此，本研究基于以往研究成果，将"知识"定义为"人们在社会实践中获取（感知）、并加以序化（编码）和强化（赋能）的客观信息"。

这一定义主要包括三点内涵：第一，知识是一种客观信息；第二，知识是人们从社会实践活动中获取（感知）的；第三，知识通过序化和强化的方式向着更加深层次演进。该定义与以往定义相比，最大的改进之处在于，指出了知识是人们通过序化（编码）和强化（赋能）形成发展起来的（许照成和侯经川，2020）。

所谓序化，包括三层含义：第一层是符号化，用符号、公式、文字、图形、图像、计算机机器语言等方式对人们在实践中产生的认知进行编码，易于实现知识的记录、存储和传播，即最底层的序化；第二层是分门别类，将杂乱无章的知识按照一定规则、流程和方法有规律地组织起来，如通过主题词、分类表、音序法、地序法等方法实现序化，即比符号化更高一层的序化；第三层是重组，不仅要对各类知识进行分析、选择、归纳、整理，而且还应根据实际需求或应用价值，按照一定规则进行排列组织，在不同知识之间产生关联，创造出新的知识，从而使知识由量到质发生增值，即最高层的序化。

所谓强化，也包括三层含义：第一层是固化，通过文献、硬件存储设备等载体，将符号化的知识进行固化，是知识生产和应用的前提，即最底层的强化。第二层是实用化。让不同类别的知识在各自领域里活化，与生产工具或原材料有机结合，实现更广泛的用途，并以专用或专有技术文件、专利、操作手册等形成存储下来，即比固化更高一层的强化。第三层是品牌化，累积的知识优势逐步转变为高品质、有竞争力的产品，满足社会需求和期望，进而转化成为顾客对产品或服务的信任度、忠诚度和美誉度等。知识就把生产要素转化成为无形资产，以文字或非文字标识、商标等多种形式积淀下来，即最高层的强化。

现实生活中，数据、信息与知识是三个不只是存在密切关联，而且还是一组具有较大差异性的概念。数据是对客观事实的总结归纳，是未被生产加工的原始材料。信息是对数据进行挑选、精炼、分类、汇总，是一种被处置过的数据。信息是管理者在一定时期为制定决策所使用的有效数据，具有一定的时效性。信息是数据的内在表现，是一种有价值、有意义的数据；而数据是信息的载体和外在表现，体现为符号、数字、视频等。从知识的定义可知，知识是一种被实践所证实的客观信息。只有对信息进行再加工并深入总结提炼，才能得到有用的知识。知识可以与意见、猜测、信仰或其他未经证实的信息加以区分开来（Liebeskind，1996）。因此，知识同时体现和包含了信息和数据，而信息和数据不一定都能成为知识。

三、企业知识分类

根据前面分析可知，企业本质上是一个知识的集成和整合组织（Grant，1996）。而组织实际上是关于组织的一套知识体系（Spender，1989）。正因于此，企业知识的构成类型一直是被广泛关注的学术热点，出现了基于不同研究视角的分类方法。

下面，从时间维度分别对企业知识分类方法的现有研究进行逐一阐释，以便于后续更好更深入地对企业知识构成展开分析。

波兰尼（Polanyi，1958）率先提出"隐性知识"概念，并将其划分为显性知识（Explicit Knowledge）和隐性知识（Tacit Knowledge）两大类（Polanyi，1966）。

Becker（1964）根据知识对企业的价值，将知识划分为通用知识（General Knowledge）、企业特有知识（Firm-Specific Knowledge）和产业特有知识（Industry-Specific Knowledge）。国内学者（贾生华和邬爱其，2003）、马璐（2004）等人是在 Becker 关于知识分类的基础上对知识分类展开的研究。

Nelson 和 Winter（1982）根据知识所依附载体的不同，将其划分为个人知识、群体知识、组织知识三大类。

Nonaka（1991）根据知识的创造过程，将其划分为经验性、概念性、常规性、系统性四类知识，如表1-2所示：

表1-2　Nonaka（1991）划分的四种知识类型整理表

经验性知识	概念性知识
◇ 通过共同体验分享默会知识	◇ 明晰知识通过形象、象征和语言表达清楚
◇ 个人技术技能	◇ 产品概念
◇ 关怀、爱心、信任、安全感	◇ 设计
◇ 精力充沛、热情、紧张	◇ 品牌价值
常规性知识	系统性知识
◇ 常规化地、渗透进组织行为与实践中的默会知识	◇ 系统化与程序化的明晰知识
◇ 日常运作技能	◇ 文件、说明书、手册
◇ 组织常规	◇ 数据库
◇ 组织文化	◇ 专利与许可证

Kogut 和 Zander（1992）将知识划为信息（Information）和知道如何（Knowing-How）。信息是指只要知道解密所需的句法规则，就可以在保持完好的情况下传输知识；而知道如何是关于知道如何做某事的描述，是能够提高效率的必须学习和掌握的专有技术。

Kogut 和 Zander（1992）更进一步把"信息—知道如何"和 Nelson 和 Winter（1982）的知识划分手段很好地连接在一块，形成了一种新的企业知识矩阵，如表1-3所示：

表 1-3 Kogut 和 Zander（1992）企业知识矩阵整理表

	个人 Individual	团体 Group	组织 Organization	网络 Network
信息 Information	事实	谁知道什么	利率、会计数据、正式或非正式的组织结构等	投入品和产出的价格与哪家公司联络各个公司的专有资产和特长
知道如何 Know-how	"沟通的技能解决问题的技能"	群体协作与组织的方法，如泰勒的科学管理或工艺品生产的分工	如何协调团体或转移知识的高阶组织原则（相对于群体诀窍）	如何与网络内其他公司协作如何买和卖

Hedlund（1994）将知识划分为明晰的和默会的两个纵向维度，以及个人、团体、组织、组织间领域四个层次横向维度的八种类型，如表 1-4 所示：

表 1-4 Hedlund（1994）对知识的分类表

	个人	团体	组织	组织间领域
明晰的知识	可以言说的个人知识	跨档案化的团队绩效分析	组织图	供应商的专利和文本化的惯例
默会的知识	跨文化谈判技巧	复杂工作中的团队协调技能	企业文化	顾客对产品的态度和期望

Leonard-Barton（1995）基于企业的知识载体视角，将其划分为员工知识和嵌入在物理系统中的知识。

Spender（1996）从知识特性的角度出发，将其划分成有意识的和无意识的、客观的和集体的四种类型知识，如表 1-5 所示：

表 1-5 Spender（1996）对组织知识的分类表

		知识的分布性	
		个人	社会
知识的 默会性	显性	Conscious（有意识的知识）	Objectified（客观的知识）
	隐性	Automatic（无意识的知识）	Collective（集体的知识）

OECD（1996）进一步将企业知识分为事实知识（Know-what）、原理知识（Know-why）、技能知识（Know-how）、人际知识（Know-who）。

应力和钱省三（2001）两种知识分类，根据企业的经营过程，将其分为战略层、管理层和作业层的三层次知识；根据其对企业产生价值的不同将分为核心知识、基本知识和一般知识。

马淑文（2007）基于本体论视角，根据野中郁次郎知识理论，将知识归纳为个体知识、团队知识、组织知识和核心知识四种类型。

曹兴等（2009）将企业知识分为公共知识、基础知识和核心知识三个层次。

综上所述，本研究对国内外知识分类的现有研究成果进行简要的总结和概括，如表1-6所示。

表1-6　企业知识类型划分表

提出者	类型	时间
Polanyi	显性知识和隐性知识	1966
Becker 等	通用知识、企业特有知识和产业特有知识	1964
Nelson 和 Winter	个人知识、群体知识、组织知识	1982
Nonaka	经验性知识、概念性知识、常规性知识、系统性知识	1991
Kogut 和 Zander	信息（Information）和知道如何（Know-how）	1992
Hedlund	"纵向维度（明晰的知识、默会的知识）×横向维度（个人、团体、组织、组织间领域）的八种类型"	1994
Leonard-Barton	员工知识和嵌入在物理系统中的知识	1995
Spender	有意识的知识（Conscious）、无意识的知识（Automatic）、客观的知识（Objectified）和集体的知识（Collective）	1996
OECD	事实知识（Know-what）、原理知识（Know-why）、技能知识（Know-how）、人际知识（Know-who）	1996
应力和钱省三	"企业的运作过程：战略层知识、管理层知识、作业层知识；知识对企业的价值：核心知识、基本知识和一般知识"	2001
马淑文	个体知识、团队知识、组织知识和核心知识	2007
曹兴等	公共知识、基础知识、核心知识	2009

资料来源：作者整理

四、知识的可测度性

由上述关于知识定义的分析可知，人类知识只有通过存储在一定的载体上才能记录和流传下来，进而实现其自身价值。尽管知识形态万千、特征不一，也是非常复杂和抽象的，但从现有研究来看，仍然可以采用一定的科学方法对知识进行测度。

目前，国外普遍认可和使用的测量方法是 1996 年 OECD 关于知识进行测度的基本分析框架（OECD，1996），如图 1-2 所示。随后，国内也出现了一系列知识测度的研究。例如，高新亚和邹珊刚（2000）首先对知识进行了界定，并从知识的存量和流量、知识测度的标准出发，提出了依据生产者和使用者区分的知识产品价值评估方法。许崴（2005）认为，某一时点的知识水平只能由当下的知识存量来决定，而不是知识增量，因而只能通过该时点的知识存量来测度，这也是知识测量的一部分。杨仲山和屈超（2009）对现有"知识测度"的方法误区进行了深入剖析，然后从统计学角度出发，对信息经济测度中的"知识测度"方法进行了深入思考。魏瑞斌和武夷山（2012）从文献计量角度出发，通过对现有知识测度研究文献的计量分析，不仅对现有成果由数量到内容进行了深入分析，同时也提出了知识测度研究的想法。

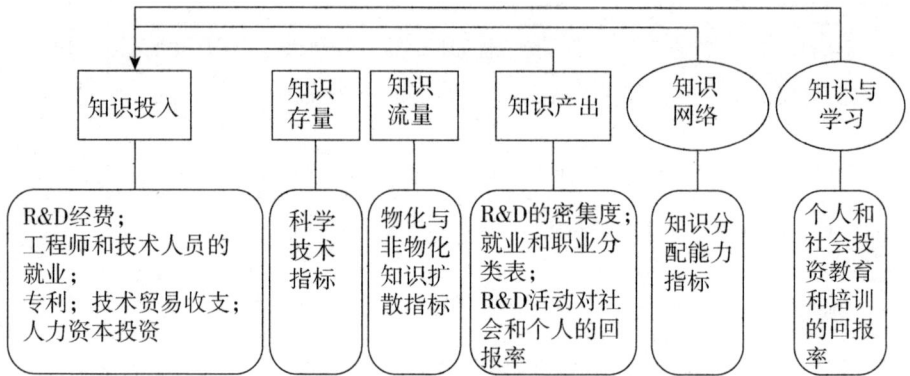

图 1-2　OECD（1996）对知识测度的基本框架及分层示意图

由现有研究可知，知识具有可测度性，这也是知识非常重要的特性之一。然而，抽象的知识唯有通过语言符号、书本、木筏、石碑、专利或技术标准等不同形式的载体固化下来，才能在不同组织之间实现自由传播、交流。另外，知识还能与其他生产要素结合起来，被应用于企业生产过程之中，产生符合顾客需求、有价值的产品，最终体现竞争优势。知识的可测度性是知识得以传播和进化的关键所在，正确合理地测度知识，对于企业充分利用知识和发挥知识价值显得尤为重要。

五、企业知识优势

从国内外现有研究来看，关于知识优势的研究主要侧重于知识优势的内涵、形成因素等方面，人们分别从不同视角和方法对其进行了探索。

（一）知识优势的概念内涵

从字面上来理解，知识优势就是企业在知识资源方面相对于竞争对手所具有的优势，竞争优势也就可以理解成以知识为基础的竞争优势。这与拉各斯和霍尔特休斯（2002）的理解基本上是一致的，他认为在个人、组织、战略和经济四个方面均会体现知识优势。Gu 等（2005）、Maqsood 等（2007）均认为企业知识优势就是企业以知识和创新为基础的竞争优势，本质上是一种以知识为基础的比较优势。Rodriguez-Montes（2006）以医院不同科室为研究对象，认为组织的知识优势就是以知识存量为基础的竞争优势。

国内学者对知识优势的内涵也做了大量研究。李久平等（2008）认为知识优势是一个比较概念，是企业的知识链在流动过程中所表现出来的一种比较优势，主要体现在知识的存量和流量两个方面。李其玮等（2016）以产业创新生态系统为研究对象，认为只要是能够使企业持续获得高于竞争对手经济利润或利益的知识资源，就可认为企业具有知识优势，集中体现在知识产权、运作体系和产品或服务等方面。

从现有研究来看，有关知识优势内涵的界定众说纷纭，还未形成一个公认且一致的认识。鉴于此，本研究认为知识优势是相对于竞争对手而言，企业由知识生产形成的具有难以转移的、差异化的独特知识产品所形成的优势。相反，如果企业拥有的知识相对竞争对手反而不足，甚至处于易于被模仿、转移等不利地位，就只能算是知识劣势。同样地，如果企业所拥有的知识与竞争对手无太大差异性，那也只能算是知识等势。（许照成和侯经川，2020）

（二）知识优势的形成因素

对知识优势概念内涵研究的同时，人们也逐渐开始关注影响企业知识优势形成的因素，为此出现了一系列相关研究。例如，徐勇（2004）基于对知识特性的分析，认为持续创新是企业知识优势链构建，知识优势的链式链接或推进形成的关键所在。董小英（2004）认为企业所具有独特性的资源、运作体系和具有领先、创新能力的技术是企业知识优势形成的关键因素。Wu 和 Shanley（2009）以电子医疗行业为研究对象，发现了知识存量（知识的深度和广度）和知识扩展是知识优势形成的重要因素。

部分学者还分别从不同视角对知识优势的形成因素进行了探讨。例如，Joshi 和 Brooks（2004）深入分析了实体经济知识流动（包括知识传递和知识共享）的本质和作用，然后分别从技术、管理、组织、行业及经济五大方面详细论述了知识优势的形成因素及其与知识流动之间的关系。Li 和 Feng（2011）分析了网络化情境下组织知识的活动空间（物理和网络），并探讨了基于组织间知识流动空间的实现机制（整合和信息耦合）。另外，余维新和熊文明（2021）研究发现，在网络环境下，非正式治理及其衍生的知识活性会对形成知识优势具有重要作用。张省等（2012）根据动态能力理论，构建了知识链知识优势理论模型，即"动态能力—知识优势—竞争优势"，然后从"知识的获取、共享和创造"的角度对知识优势的形成展开了深入剖析，最后选择样本和采集数据进行了实证分析。张江甫和顾新（2016）基于动态能力理论，设定了企业知识流动、动态能力与知识优势的交互模型，选取 SEM 模型分析了知识流动和动态能力对知识优势的影响效应。李其玮等（2018）从创新生态系统的生产、整合和应用三大部落出发，分别研究各个部落关于知识优势形成的因素，进而提炼得出影响中国产业创新生态系统知识优势形成的主要因素，包括知识（知识的互补、外化、价值）、过程能力（知识的吸收、转移、利用）、社会资本（网络关系、相互信任、共同愿景）、利益（资源配置、利益分配、知识产权保护）和外部环境（政府政策、产业、市场）等方面。

　　综上所述，现有研究从知识特性、知识流动、知识活动状态等多个角度探讨了影响企业知识优势产生的决定因素。部分学者还专门探究特定产业系统知识优势形成的机理问题，但只是聚焦于某些具体的产业或行业。目前，不管是宏观层面，还是中观或微观层面，关于知识优势都还众说纷纭，认识较为片面，症结在于未能直入其内在本质。

第二节　企业竞争力理论相关研究

一、企业竞争力理论发展脉络

　　竞争力作为经济主体外在市场表现的一种描述方式和手段，是长期以来被普遍关注的焦点问题（IMD，2020；Porter，1985；WEF，2019；侯经川等，2007）。1776 年，亚当·斯密（Adam Smith）的绝对优势理论是竞争力的理论渊源（Smith，1776）。1817 年，大卫·李嘉图（Ricardo）在此基础上，提出了比较优势理论（Ricardo，1817）。"企业竞争力"概念最先是由斯蒂芬·海默（Stephen·Hymer）在 1960 年的博士学位中提到的（Hymer，1976）。塞尔兹尼克（Selznick，1957）用"独特的竞争力"（Distinctive Competence）阐述分辨不同于别的服务的竞争力特性。然而，20 世纪 80 年代，战略学教授波特（Porter，1985）从宏、中、微等层面对竞争优势作了较全面的阐述，其关于竞争优势的研究才是企业竞争力研究真正意义上的开始，为企业竞争力理论的确立和发展夯实了坚实基础，并提供了较为完整的分析框架。企业竞争力理论发展脉络可由图1-3所示。

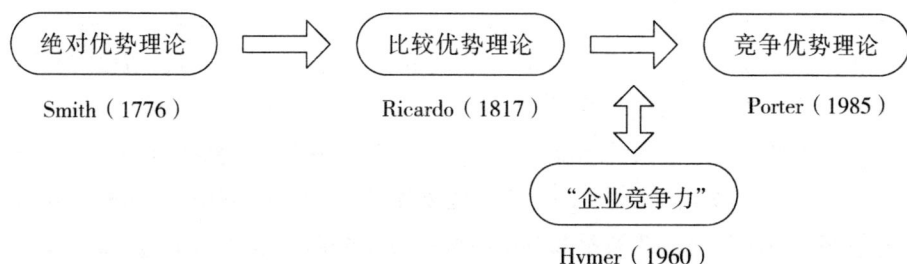

```
┌──────────────┐      ┌──────────────┐      ┌──────────────┐
│  绝对优势理论  │ ⇒  │  比较优势理论  │ ⇒  │  竞争优势理论  │
└──────────────┘      └──────────────┘      └──────────────┘
  Smith（1776）         Ricardo（1817）         Porter（1985）
                               ⇕
                      ┌──────────────┐
                      │  "企业竞争力"  │
                      └──────────────┘
                        Hymer（1960）
```

图1-3　竞争力理论的发展脉络图

（一）亚当·斯密的绝对优势理论

竞争力理论的思想源头是由古典经济学家的代表人亚当·斯密（Adam Smith）提出的绝对优势理论。

1776年，斯密在《国富论》一书中驳斥了重商主义，较为全面地提出了绝对优势理论（又称绝对成本说），进而形成了国际劳动分工理论（Smith，1776）。斯密认为，劳动分工可以提高生产效率，扩大人民财富，而劳动成本的绝对优势就在于分工的准则。其中，国际上的分工是劳动分工的最高形式，往往产生于国家之间的国际贸易活动。假如一国与别国之间在生产某种商品中花费的生产成本具有绝对差异，便产生了绝对优势，优势方就可以出口。

各国都应该依据其具有绝对劳动成本优势的生产要素来生产低成本的产品，与别国交换本国必需的但不具有绝对成本优势的，或处于绝对不利地位的产品，进而产生了国际劳动分工。各国取最优，专业化生产各自绝对成本优势的产品，最终各国得利就越大，这是各国开展国际贸易的基础（陆雄文，2013）。由此可见，斯密认为在任何国家之间的贸易往来，每个国家都应该发挥各自具有绝对优势的劳动成本来输出产品，然后借助贸易往来，从其他国家获得自己所需的商品，能够提升本国劳动生产效率（刘永团，2020）。如果一国使用具有绝对优势成本的商品与别国具有较低成本优势的商品（又是该国所需的商品）实现贸易时，那么就能够使该国具有绝对优势的资源、劳动力资本等得到充分发挥。反过来，一国之所以要进口某种商品，正是因为该商品在生产成本、质量等方面都不具优势，在同一时间、人力的情况下更适合生产效率更高的其他商品。事实上，斯密的绝对优势理论已经开始渗透了竞争力研究的初步轮廓，同时也逐步涉及了竞争力理论的核心思想。

（二）李嘉图的比较优势理论

比较优势理论是大卫·李嘉图（David Ricardo）1817 年在其成名巨著《政治经济学及赋税原理》一书中提出的（Ricardo，1817），这是继承和发展了亚当·斯密绝对理论的思想精髓。

比较优势理论认为，国家之间生产技术的绝对差异是国际贸易活动的基础，能造成劳动生产效率的相对差别；国家之间在技术方面的相对差异也是导致国家在国际市场上开展贸易的基本前提。由此呈现了在生产成本和商品价格上的不同，进一步使每个国家的产品形成了比较优势，产生了国际贸易和劳动分工。根据两利同时出现时，选利较大的；两害同时出现时，选害较小的，国家根据各自比较优势参与国际贸易，购入具有"比较劣势"的产品，生产具有"比较优势"的产品，使得双方福利水平得到极大提升。

该理论极大地发展了亚当·斯密的绝对优势理论，提升了资本积累速度和劳动生产率的发展速度，为自由贸易产生和贸易得利提供了理论基础。一些国家在成本上并没有绝对优势，但却能够开展自由贸易，进而也能从中获利，这样比较优势理论就更加能契合实际，也更能体现企业竞争力所具备的竞争要素，在产业中具有相当有利的资源和生产技术能力，企业获利就会更多。

（三）波特的竞争优势理论

"竞争优势"概念最先由张伯伦（Chamberlin，1933）提出，随后由 Hofer 和 Schendel（1978）引入战略管理，20 世纪 80 年代之后得到 Porter（1985）等学者的关注而取得较大发展。其中，迈克尔·波特（Michael Porter）教授的竞争著作是真正意义上关于竞争优势的研究，为竞争优势的形成和发展奠定了坚实基础。波特（Porter）分别从宏观（国家）、中观（产业）、微观（企业）三个层面对竞争优势理论做了较为深入研究。

从企业角度来看国家竞争力，一国或地区的竞争力实际上就是不同企业竞争力聚焦的综合体现，产业竞争力同样也是如此。但是，单个企业也难以产生较强、较有效的竞争力，也唯有一系列企业竞争力集中在一起才能形成和提升一国或地区的综合竞争力。有鉴于国与国的竞争焦点主要是依靠对外部知识的获取、吸收和创造，关于微观经济主体企业的知识吸收能力要求日益突出，这对竞争优势的获取和打造具有决定性作用，也将成为经济主体各种影响因素相互作用的结果。

波特教授关于竞争力研究遵循了"企业→产业→国家"的研究路径，对于很多国家和地区的竞争力培育和保护产生较好的理论与现实价值。波特在《国家竞争优势》中指出了影响一个国家或地区竞争力的关键要素，这些关键影响要素之间也是相互作用的,可用一个模型来展示,如图1-4所示(Porter,1990)。

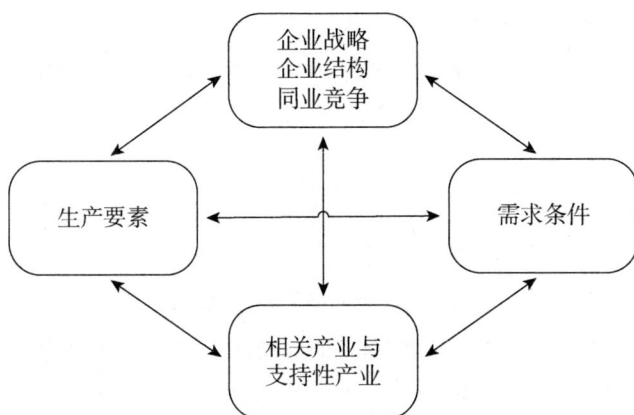

图1-4 国家竞争优势的关键要素图

如前所述,人类社会已经迈入知识经济时代,同时伴随着全球经济一体化程度的不断加快,国家或区域之间的鸿沟逐渐模糊。国家与国家之间的竞争实际上就是微观企业之间的竞争,关于国家竞争优势的研究无疑就逐渐转向研究企业竞争力的问题。然而,企业竞争力本质上就是关于企业的知识竞争力。这样,企业知识竞争力便已然成了度量一国综合实力的关键指标之一。因此,波特教授国家竞争优势的关键要素、测度指标也为企业知识竞争力研究提供了参考,对相关研究工作的开展具有重要推动作用。

二、企业竞争力的来源

企业竞争力是企业在市场中应对内外部环境的综合表现。但不同企业在市场中竞争结果却存在着很大的差异,有的取得了极大成功,有的却以失败而告终?对企业竞争结果差异的关注,人们开始重视企业竞争优势的来源问题。

目前,国内外学者关于企业竞争优势的来源问题做了持续的探索,逐步形成了外生论和内生论两个学派。其中,梅森(Mason,1939)和贝恩(Bain,1956)的S-C-P范式和波特(Porter,1985)的竞争优势理论逐步成为竞争优势的外生论。外生论主要强调企业竞争优势由外部环境决定,建立了"结构—行为—绩效"(S-C-P)的理论范式和产业市场结构论。内生论主要包括企业资源基础观学派(Barney,1991;Wernerfelt,1984)、企业能力基础观学派(Prahalad 和 Hamel,1990;Teece 等,1997)和企业知识基础观学派(Grant,1996)。内生论旨在解释"现实生活中,企业间为何存在利润差异,即部分企业具有竞争优势？"等外生论无法回答的问题。

（一）企业竞争力来源的外生论

外生论的前提是，企业是同质的。竞争优势取决于外部市场环境、同行竞争者、购买者、市场结构与市场需求等外部因素。

1. "结构—行为—绩效"（S-C-P）的理论范式

S-C-P 理论是 20 世纪 30 年代由梅森教授率先提出有关产业组织分析的理论。其思想最早起源于马歇尔的完全竞争理论（Marshall，1890）、张伯伦的垄断竞争理论（Chamberlin，1933）等。梅森（Mason，1939）和贝恩（Bain，1956）在吸收和继承这些理论的基础之上，提出了"结构—行为—绩效（Structure-Conduct-Performance Model）"的分析范式，属于早期具有代表性的产业组织经济学派。

这一理论范式的基本假设是，市场是一种不完全竞争状态，企业是在规模和产品方面存在差异性的异质性组织，替代了以往新古典经济学企业理论关于企业具有完全同质性的前提假设。该理论强调了企业在市场上的绩效表现主要取决于其所在产业的市场环境，企业竞争力的差异性本质上取决于外部的市场结构和市场行为。

2. 产业市场结构论

20 世纪 80 年代，波特将产业组织理论中哈佛学派 S-C-P 分析范式引入企业竞争分析中，认为产业吸引力或长期获利能力是企业竞争优势第一个最根本的决定因素。因此，无论何种竞争战略都要遵循产业吸引力的争夺规律，进一步决定行业的五种基本竞争力量（如图 1-5 所示）。

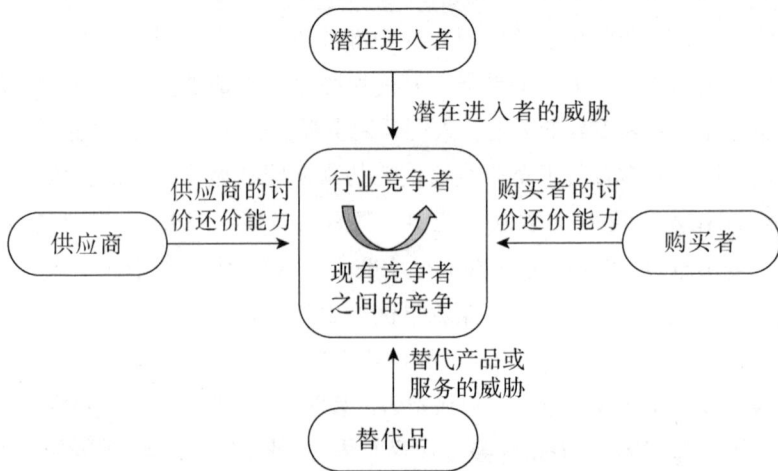

图 1-5 要波特关于决定行业盈利能力的五种市场力量分析图

然而，在任何行业内，无论是国内还是国外市场，也无论是制造业还是服务业，竞争规则都主要体现于这五种市场竞争力量（Porter，1980）。挑选吸引力的产业或行业，并借助改变市场结构和建立进入壁垒来打造竞争优势是企业获胜的重要因素（杨瑞龙，2005）。

竞争优势的核心问题在于，企业在所在行业中相对于竞争对手的优势地位。优势地位主要取决于企业的赢利能力，即企业是否超过行业平均利润，但其前提在于企业是否获得可持续性的竞争优势。根据企业想要实现竞争优势所采取的活动范围，就形成了成本领先、差异化和集中化三种可供企业选择的基本竞争战略（Porter，1990）。由于成本领先战略通常关注规模经济，差异化战略重视范围经济，而集中化战略则是为了说明服务于某一个细分市场而利用高附加值产品来获取利益（杨瑞龙，2005）。因此，这三种竞争战略具体地又可表示为如图1-6所示。

竞争优势

	成本较低	差异化
广泛的目标	1. 成本领先战略	2.差异化战略
狭义的目标	3A.成本集中	3B.差异化集中

竞争范围

图1-6 三种基本竞争战略分析图

综上所述，外生论太过于强调企业外部环境因素（如行业的市场结构和机会等）对企业竞争结果的影响。据此推演出的结论应该就是，该行业所有企业的获利状况大体是相同的。然而，20世纪80年代初，人们通过对当时实际数据展开了一系列研究，获得了极具价值的研究发现，由此开始对外生论提出了疑问。例如，Rumelt（1982）的实证表明，一定时期产业利润率的波动范围要远大于产业间的，实际上大3至5倍。由此可见，企业竞争力并非都是来自组织外部，而应该与企业某种特有的性质存在着很大的关联。

（二）企业竞争力来源的内生论

20世纪80年代以来，人们通过对外生论所面临的现实问题的反思，逐渐将着眼点由企业外部转向了内部的资源、能力、知识等，从而依次产生了企业内部的资源观、能力观及知识观等理论。这些也正好与企业理论的演进路径相呼应，因为企业理论关注的正好就是"企业是什么?""企业为什么存在?"等基本问题，这些企业内部要素就是企业产生竞争力的内在决定性因素。

1. 企业竞争力来源的资源观

企业竞争力来源的资源观较早起源于彭罗斯（Penrose，1959）的《企业成长理论》。在此基础上，沃纳菲尔特（Wernerfelt，1984）更加明确地提出了资源基础观。该理论是指，企业内部独特资源差异性问题是企业竞争力形成的根源。由上文的企业资源理论可知，企业本质上是一个资源集合体，且不同资源具有多种不同用处。

资源基础观的基本假设在于，企业存在着包括品牌、技术、设备、资本等有形和无形资源；企业间的资源是无法流动的，并且难以被竞争对手企业仿制。企业之间竞争力差异正是取决于企业所具有的资源差异，企业竞争力也是源自企业各类资源的不断积累。实际上，在一个较完全竞争市场下，企业的大部分资源都是可以通过市场交换获得，这就说明，并不是企业的一切资源都能够被当作竞争优势或竞争力的来源。为此就进一步引发人们思考在企业资源后面开拓和运用资源的能力。

2. 企业竞争力来源的能力观

企业竞争力来源的能力观最早是由塞尔兹尼克（Selznick，1957）提出的，认为企业拥有某种"独特能力"（Distinctive Competence）具有竞争力特性。能力基础观强调企业是一个能力体系，主要包括核心能力（Leonard - Barton，1992；Prahalad 和 Hamel，1990）、组织能力（Hamel 和 Heene，1994）和动态能力（Teece 等，1997）三个方面。该理论认为，企业的竞争力来源于企业背后对资源开发、利用和配置而形成的多种技能的有机融合。有别于企业竞争力来源的资源基础观，该理论倾向于从企业资源之间的相互关联来阐释企业竞争力的决定因素。

企业竞争力来源的能力观充分说明，企业竞争力实际上就是由包括生产技能、多种技术流等技术和对这些技术进行有效整合的各种能力组合在一起的集合体。通过对企业各类能力的积累，就会逐渐产生获取竞争优势的资源，进而形成企业竞争力。虽然这种能力基础观已经意识到了企业竞争力取决于企业资源背后的能力，但如果要进一步思考这种能力的背后又取决于何种因素，这就产生了企业竞争力来源的知识观。

3. 企业竞争力来源的知识观

在对企业竞争力来源的资源观和能力观作更进一步地引申，就产生了知识基础观。该理论最早的思想源头是 Hayek 在 1937 年提出的企业知识论（Hayek，1937），认为知识对人类社会产生重要作用。如前所述，企业知识理论认为，知识是企业生产环节中最具有价值的、关键的投入要素资源，更是最能决定企业价值和竞争优势大小的关键性因素。

企业竞争力来源的知识观认为，企业在生产过程中知识吸收和积累所呈现的差异性是企业与企业之间竞争力存在不同的决定性因素，不同企业所具有的知识水平（知识的数量和质量）存在着较大的不同（顾乃康，1997）。正是不同企业知识存在的独特性才促使企业实现了内生性成长，也必然演变产生企业之间的异质性。这种独特性的知识和具有异质性的企业，才是造成企业之间竞争力不同的关键所在。知识基础观很好地从本质上诠释了企业竞争力的来源问题，指出知识才是导致企业竞争差异性的根源，也是企业竞争力的决定性力量。

然而，国内研究主要是以金碚、马春光为代表，考虑企业外部环境对企业竞争力的作用效应（金碚，2001）、注重产业价值链理论和框架（马春光，2004）等。在对现有研究进行详细概括的基础上，金碚（2001）比较详细地总结为四方面因素：①环境，是指企业面临的各种环境，包括技术创新、金融、人文治安、产权安全、生态环保制度等环境，尤其是企业所在的行业和市场环境；②资源，包括人力、原材料、土地、社会关系、基础设施等内外部资源，尤其是企业的战略资源；③能力，包括企业对环境的适应能力、对资源开发的能动性及创新性，特别是企业的核心竞争能力；④知识，包括观念、机制、商业模式等，特别是可获取的流量知识。

这四类竞争力决定要素之间是相互作用、相互转化，环境是企业竞争力形成的重要外部条件，也是企业生产和发展的环境因素；资源要素是企业外部优势环境要素形成的基础条件，没有内在资源条件作支撑就难以有效应对复杂变化的外部环境；能力是对企业各类资源实现有效配置、开发整合以及保护的素质，对动态变化的外部市场环境具有一定的适应性；知识是能力产生的内在基因，特别是隐藏在能力背后的、难以被复制和模仿的默会知识，对企业竞争力具有决定性作用。核心能力强调一种企业的积累性学识，是一种独特的知识。因此，知识才是产生企业竞争力最核心层因素，其次是能力，资源是较外层，环境（行业和市场环境）位居最外层。

综上所述，企业竞争力来源理论的发展脉络，就可以构建成一个由外而内的环形图，能够比较形象直观地呈现出企业竞争力来源的决定性因素，如图 1-7 所示。由此可知，人们越来越重视知识资源与企业发展之间的内在关系，认为知识是导致企业异质性的最根本源泉，也是培育和打造企业竞争优势的关键所在。

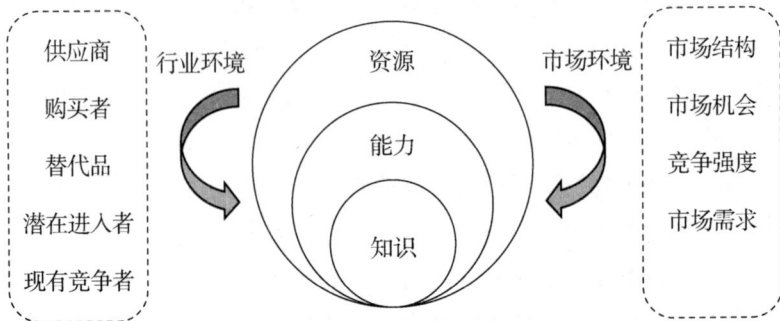

图 1-7 企业竞争力的来源图

资料来源：作者整理

三、企业竞争力的界定

企业竞争力是一个比较容易清楚地感知其内涵却又较难确切定义的概念。尽管国内外学者是仁者见仁，智者见智，但是大体可以划分为两大类。

第一类是从企业在市场中竞争位势高低的角度，对其进行了界定。例如，波特（Porter，1985）认为企业的竞争力就是竞争优势，体现于企业在所在产业上的优势地位，主要取决于其所在产业的长期潜在赢利能力和市场地位，产生于企业为顾客带来高出其生产成本的价值。

第二类是从企业竞争力来源的能力观角度，对其进行了界定。例如，Porter（1990）、Penrose（1995）等将企业竞争力定义为企业获取资源并加以利用的能力。艾莉（1998）认为，企业竞争力是企业与其竞争对手的产品在所在行业所呈现的一种比较生产力。美国总统产业竞争力委员会（PCIC，1999）、金碚（2001）等认为，企业竞争力是企业在良好的竞争性市场环境中，能够持久有效地形成市场所需的产品或服务，并博取利润和赢得发展的一种素质或能力。胡大立（2001）认为，企业竞争力是企业有效利用外部环境有限市场资源，持续提高自身要素，并形成一种具有持续竞争优势的综合能力。乔治·菲什（George M. C. Fish，2001）认为，企业在知识的获取、创造和应用方面所表现出一种比竞争对手更强的能力是企业竞争力。美国史宾斯和阿扎尔教授（Spence 和 Hazard，2002）认为，企业竞争力是指企业在国际市场上的可贸易能力。

综上所述，国内外学者普遍认为企业竞争力实际就是企业与竞争对手之间的一种相对优势地位或能力，这些不同描述和界定的内涵分析也是基本相同的。尽管如此，目前有关企业竞争力概念的刻画普遍显得相对空洞，甚至过于笼统，很难被具体地量化处理，可操作性不强。

从博弈论的视角来看，竞争力可由经济主体在博弈均衡状态所能赢得的比较利益分配份额来度量，包括经济主体与其贸易伙伴之间的合作性竞争能力（即经济"合争力"）和经济主体与其同行之间的非合作性竞争能力（即经济"分争力"）两个方面。其中，"合争力"（即"合争"中的利益分配份额）由定价权力决定，定价权越大、相对价格越高的市场交易方得利越多；"分争力"（即"分争"中的利益分配份额）由市场份额决定，市场份额越高、相对成本越低的同行竞争者所占市场规模越大，得利越多（侯经川等，2007）。因此，相对价格越高、相对成本越低的博弈方所获得的收益就越高，最终的综合竞争力就会越强。

另外，竞争力，英文有多种解释，例如，Competitiveness，Competence，Competitive Strength，Competitive Power。其中，Competitiveness 在企业竞争力研究中最为常用。核心竞争力又被译成 Core Competitiveness 或 Core Competence。在现有研究中，常常会出现企业竞争力、企业竞争优势、企业竞争能力等相互混为一谈的概念。由于在概念上存在不清晰、不严谨等问题，终将会导致一系列不良后果。因此，搞清楚这些核心概念之间的区别和联系，对于竞争力研究具有极其重要的作用。下面将对这些核心概念作进一步地阐释。

（一）企业竞争力与企业竞争优势

与企业竞争力密切相关的另一个概念是企业竞争优势，这两个概念往往被混为一谈，难以有效区分。实际上，企业竞争力与企业竞争优势都是企业在市场中相对于其他竞争对手企业所呈现出来的某种相对优势，往往表现在某些方面比竞争对手拥有更有利的优势地位。

从描述方式方面来看，企业竞争优势侧重于通过定性方式来刻画企业在市场中的综合表现，而企业竞争力只是借助现代科学数理方法将这种竞争优势大小用数字直观地表达出来。如果一个企业相对于其他企业具有综合优势，那么，该企业在市场上相对于另一企业就具有竞争力。因此，企业竞争力与企业竞争优势两个概念无本质差异，被认为是不同表达但具有相同含义的两个概念。

（二）企业竞争力与企业竞争能力

在目前企业管理领域的研究文献中，往往会出现企业竞争力和企业竞争能力，通常被认为是同一概念而互相通用。企业竞争力实际上就是企业在市场中面对各种外部力量所表现的一种综合力量，这种力量也正是取决于企业在竞争过程中所呈现的能力。

从英文名词来看，企业竞争能力为 Enterprise Competence；而企业竞争力通常表达为 Enterprise Competitiveness，但也有文献将其翻译成 Enterprise Competence。Henderson 和 Cockburn（1994）通过测量企业竞争能力来研究企业竞争力，并对十家制药公司进行了实证分析。刘永团（2020）将企业竞争力理论应用于地勘企业竞争能力评价研究，将二者作为相同概念互相通用。因此，企业竞争力与企业竞争能力能够作为相同的概念而互换使用。

四、演化视角下企业竞争力作用机制

演化理论可追溯至生物学中关于生物进化的研究，率先由 Simpson 和 Weiner 在 1989 年提出的（Simpson 和 Weiner，1989）。在此基础上，国外学者将其应用于企业战略层面研究，探究企业战略结果是如何推演和发展起来的，并发展成为企业战略演化理论。进一步，国外学者又将其应用于企业竞争力研究，提出多种关于企业竞争演化的观点。其中，"企业演化理论"（Nelson 和 Winter，1982）和"企业动态能力理论"（Teece 等，1997；Wilkinson 等，2000）等是其中最具代表性的理论。例如，Nelson 和 Winter（1982）将企业之间竞争视为一种动态竞争过程，集中体现在企业的外部竞争环境、市场结构、竞争过程、企业发展路径等方面的动态演化。

国外有关企业竞争力理论的研究视角主要集中在动态演化视角下不同影响因素对企业竞争力的动态作用过程以及影响机制等方面。例如，Aiginger（1998）、Gustavsson 等（1999）和 Metcalfe（2003）等人均强调知识创新对企业竞争力动态演化发展产生重要推动作用，这也为企业竞争力作用机制研究奠定理论基础。Oral 和 Özkan（1986）和 Wilkinson 等（2000）从网络视角分析了不同类型网络状况、技术特征、政治经济环境和竞争关系对企业竞争力动态演化产生的影响效应。Francis（1992）和 Oliver（1997）等人强调资源选择的背景和过程以及企业所处的制度环境对企业竞争力演化的作用和影响，认为企业之间的规范理性、制度隔离机制等的异质性会导致不同企业竞争力存在较大的差异性。Georghiou 和 Metcalfe（1993）认为竞争是由不同企业市场行为的多样性变革驱动的动态变化过程，利用技术（知识、技能和人工制品）能够将企业与竞争对手区分开来，保持适当技术变革势头的能力是维持竞争优势的必要条件。

国内有关动态演化视角下企业竞争力作用机制研究主要侧重于不同发展阶段企业或产业层面竞争力的演化路径、规律、动态过程等方面。例如，秦辉（2005）针对民营企业不同发展阶段特征，对民营企业演化发展的时段对其能力

的需求结构，乃至企业发展历程中竞争力的演化规律进行了深入探究。李伟（2006）以演化经济学对市场竞争动态分析为基础，从动态过程视角分析了竞争力形成的市场选择过程，这种选择包括了资源配置和激励两大作用。郑军（2008）从组织资源角度出发，从组织行为、资源和路径三个方面构建了企业能力与企业边界共同演化模型，进一步分析了企业不同能力与企业边界二者之间的交互影响。唐剑和杨汉兵（2012）从演化博弈论视角出发，分别从"突破惯例-搜寻优势-重新选择"三个过程深入分析了企业竞争力的动态演化机制，提出了企业应基于突破依赖和开辟创新，据此来打造企业的动态竞争优势。

综上所述，国外较早地从不同影响因素方面对企业竞争力作用机制展开了一系列研究，而国内明显迟于国外的，目前也只是处于探究和摸索阶段，尚且还需要一个较长的发展时期。纵观国内外现有研究，有关企业竞争力动态演化的不同影响因素，以及其内在作用过程的分析还存在一定欠缺和不足，不能很好地阐释技术、创新、人力等知识因素对企业竞争力动态演化的作用机制。

第三节　企业知识竞争力理论相关研究

一、企业知识竞争力的演化规律

随着以知识为基础的企业理论兴起和发展，企业知识竞争力的概念及基本分析框架初步形成。从竞争力理论的演化规律来看，企业知识竞争力概念大体经历了"竞争力理论（古典经济学的竞争力理论和竞争优势理论）→核心竞争力理论（以普拉哈拉德和哈默尔为代表）→企业知识竞争力（以彼得·德鲁克和 RHA 为代表）"的演进逻辑，如图 1-8 所示。

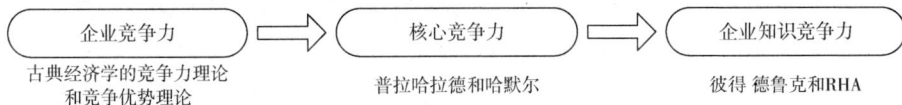

图 1-8　企业知识竞争力的概念演化

（一）企业竞争力

由前文关于竞争力理论发展脉络阐释可知，竞争力可以追溯至古典经济学代表者斯密的绝对优势理论和李嘉图的比较优势理论，但真正意义上的研究是 20 世纪 80 年代波特教授关于竞争优势的研究，进而为竞争力理论的形成和发展提供了较为完整的分析框架。波特理论的先决条件在于，企业是同质的，外部环境是企业竞争力的决定性因素，即产业链上下游的供应商和购买者，以及现有竞争者、潜在竞争者和替代品的五种市场力量。然而，随着企业理论的演进发展，人们对竞争力研究的焦点逐渐由企业的外部环境转向企业内部的资源、能力和知识等方面。后续研究也发现，在相同外部市场环境下，企业之间的竞争结果却截然不同，便注意到企业内部资源的作用。

（二）核心竞争力

核心竞争力（Core Competence）的概念是由普拉哈拉德和哈默尔在 1990 年率先指出的（Prahalad 和 Hamel，1990）。核心竞争力是一种公司整体的学习能力，本质上是一种组织的积累性学识，尤其是关于如何将各种技术能力整合在一起的能力。它不仅能对各项技术和生产技能实现有机整合，而且还能对工作进行组织并提供价值。组织的积累性学识实际上就是企业在长期再生产过程中累积下来的各类知识资源。这些知识资源越来越成为企业获取竞争优势的决定因素，对企业核心竞争力提升具有关键性作用。由此可知，核心竞争力实际上注意到了企业核心竞争力的知识本质，越来越强调知识对企业竞争力的关键作用。

（三）企业知识竞争力

在知识经济时代，企业要想在市场中具有竞争力而处于不败之地，就越来越依赖于企业所拥有的知识。知识逐渐发展成为企业战略发展过程中所需的关键要素资源，对知识的有效管理是获取企业竞争优势的根本来源（Bertels 和 Savage，1999）。知识管理就是企业对知识进行生产、提取、存储、转移、应用和保护等，有助于实现知识进化（Schultze，1998）。彼得·德鲁克指出知识对企业竞争力（或可持续竞争优势）的决定性作用，罗伯特·哈金斯协会（RHA）正式提出"知识竞争力"（Knowledge Competitiveness）概念和评价体系RHA（2002）。RHA（2002）认为，知识竞争力是一种由知识决定的竞争力，是将产生的知识转化成为具有经济价值财富的综合能力。这就更进一步说明了竞争力实际上可以阐明为知识竞争力。因而，企业竞争力本质上就是以知识为基础的企业竞争力，即"企业知识竞争力"。自此之后，"知识竞争力"概念得到广泛关注并形成了研究热潮，并出现了一系列的研究成果，这也代表着一种全新的焦点问题。

综上所述，企业知识竞争力的概念主要经历了早期古典经济学竞争力，再到核心竞争力，最后到知识竞争力的演化路径，层层递进而深入发展所形成的。企业知识竞争力的关键构成要素在于企业的知识结构和知识含量，如何最大限度运用和管理知识是培育和形成企业竞争力的关键，也是企业竞争力研究的要害之处。

二、企业知识竞争力的界定

国内外关于企业知识竞争力概念做了大量研究，出现了一系列成果，但目前还没有一个公认、统一的界定。例如，Malecki（2000）认为知识竞争力是由知识在创造、转移过程中所体现的竞争力。Allard 和 Holsapple（2002）、Krajnovic（2007）、Khanna（2009）等都将知识竞争力与知识管理的概念互换使用，认为知识竞争力体现于知识管理能力。姚国琴（2002）认为是基于知识和信息的生产、散布及运用，以知识与技术的创新为手段，以高新技术产业为支柱，推动经济可持续增长的能力。王江（2008）认为是基于动态知识观的逻辑，企业持续地学习、适应、更新、创造和整合知识的能力。岑瑜等（2008）认为是企业知识的存量和构成及其改变运用使得在科技和经济方面表现出的一种竞争能力。Saarenketo 等（2009）认为知识竞争力是基于知识的进化框架，是一种知识资源规模化的产出能力。陈建校和方静（2009）认为是企业基于一系列知识管理活动，在内部知识产品生产和外部市场管理过程中综合表现出来的（潜在）竞争力。Visaggio（2009）认为由实践经验构成的知识包所决定的竞争力就被称作知识竞争力。许方球和马辉（2010）认为是一种在企业战略性资源基础上发展起来的知识资源禀赋和可持续发展能力。高武和罗宇岑（2013）认为是在整合知识的搜寻和处理、传播和共享、创新以及外化增值等四种核心能力后演化而成的综合能力。霍彬和徐茸茸（2014）、赵付春和冯臻（2016）认为企业知识竞争力就是吸收和整合用户关键性价值知识资源的能力。

从博弈论的视角来看，企业依靠知识赢得市场竞争、博取经济利润的能力，就可被称之为企业知识竞争力（许照成和侯经川，2020）。由企业知识理论可知，企业本质上是一个知识整合机构，是知识的集合体。因而，企业竞争力实际上就是以知识为基础的企业竞争力，即企业知识竞争力。

三、企业知识竞争力的内涵

如上所述，企业在市场上依托知识赢得的一种竞争能力就是企业知识竞争力。因此，对企业知识竞争力内涵的分析，实际上就是对知识的企业竞争力特性和企业竞争力的知识特性两个方面加以展开阐释。

（一）知识的企业竞争力特性

综上所述，企业之间竞争的本质上就是知识的竞争，知识是企业越来越重要的竞争资源。知识优势反映了企业的竞争优势，外在显示为企业的竞争力。例如，专利、商标等具有竞争力的知识资源，不同企业之间存在一定差异性，必然具有竞争力特性。企业的竞争力属性表现为以下几个方面：

第一，企业内部知识，尤其是不易被竞争对手转移和仿效的隐性知识，是企业相对于竞争对手具有优势的根源。企业竞争优势正是取决于企业在隐性知识含量方面是否优于竞争对手。与此同时，企业内部各类资源发挥作用的程度，以及未来发现机会和有效实现资源配置的能力，也是由企业现有知识存量所形成的知识结构来决定的。

第二，知识能够转化成为竞争优势，获得较强竞争力。在如今快速发展的知识经济时代，知识成为企业获取竞争优势越来越重要的生产投入要素。知识可以通过再生产过程将其具有优势的技术转化成为市场优势，进而形成企业竞争优势，进而获得较强的市场竞争力。

第三，知识成果的有效转化能够为企业带来市场绩效。企业知识最终将转化成为满足市场需求的产品或服务，能为企业带来较高额的利润和品牌效应，进一步争夺更多顾客，产生一种良性循环，企业竞争力不断提升。在当今的国际竞争环境下，企业有效地制定和实施知识战略，对企业长期可持续发展具有至关重要的实践价值。

（二）企业竞争力的知识特性

核心竞争力理论提到，企业核心竞争力是一种由多种技术流所组成的积累性学识。这一方面可以说明，作为企业竞争力的主要部分，企业核心竞争力取决于企业的知识含量，实际上就可以通过对知识的识别和测度来反映。因而，企业竞争力也具有知识特性，体现在企业所具有的知识优势。企业竞争力的知识特性主要体现在以下几方面：

第一，企业竞争力具有价值性。企业竞争力能够提升企业绩效，体现了企业比竞争对手在知识价值创造和成本领先方面所具有的比较优势，更有可能取得更高且更久的经济绩效，从而在所在行业立于不败之地。

第二，企业竞争力具有异质性。企业竞争力的本质是当前或潜在竞争对手所不拥有的、独占的且能产生经济价值的知识。例如，驰名品牌、核心技术秘密等企业品牌类知识资产。

第三，企业竞争力具有难以被完全仿制的特性。企业的产品和技术只有不被完全模仿复制，才有可能在市场上保持可持续竞争优势。企业通常采用技术秘密，申请专利，注册品牌商标，签订保密协议等方式对知识实施保护。

第四，体现企业竞争力的知识应该是互为补充的。企业竞争力作为一种积累性学识，包括企业具有技术性、管理性、制度性、显隐性的知识（芮明杰等，2008）。这些知识之间是相互补充的，是能够给企业带来竞争力的知识体系。

综上所述，企业竞争力是由企业知识存量所决定，而企业知识优势又能反映企业竞争优势。企业竞争力本质上就是企业获取、吸收、应用、创新、积累和积淀知识的一种能力，对企业竞争力的管理就是对企业知识的管理。

四、知识对企业竞争力作用机制

由以上分析可知，企业竞争力具有知识特性，知识与企业竞争力之间互为关联和作用。知识（信息、智能、经验等）是企业竞争优势形成及培育和提升竞争力的根源，也是企业竞争力形成的内在决定性因素。近年来，企业竞争力中的知识要素也逐渐受到人们的广泛关注，知识对企业竞争力或竞争优势的作用机制也越来越受到重视。

企业所拥有的资源势差导致了企业间竞争的差异，造成不同企业之间长期保持竞争格局。企业如果能够有效识别自身所处的环境特征，清晰认知自身优劣势，就能够不断调整自己与竞争对手之间的资源势差（包括技术、能力等），这些本质上铸就了企业竞争力（曾尹，2018）。

企业比同行业其他竞争对手在现有知识方面更加具有优势（即知识优势），显示出更大的竞争优势或具有更强的竞争力。也就是说，企业竞争力本质上就是企业比其竞争对手所具有的知识优势。由此可见，企业要想获取持续竞争优势，实现长久发展，就要不断培育和建立企业的知识优势，知识优势对企业培育和形成竞争力起着关键性作用。

知识对企业竞争力的影响一直都是人们普遍关注和探讨的焦点问题，并且随着后续研究的深入，出现了大量丰富的研究成果。总体来看，相关研究侧重于外部知识的获取、整合、创新以及共享等方面。

首先，关于企业外部知识获取或知识整合对企业竞争力影响的相关研究。Bloodgood（2019）从相关、不相关和错误的知识独特性、来源和企业互补的存在等方面，提出了知识获取对企业竞争力产生重大的积极和消极影响。Caiazza 等（2015）论证了知识对企业和地区竞争优势的影响，指出企业竞争力和企业家精神依赖于内部投资和外部其他组织创造的知识，说明了区域竞争力取决于知识对企业竞争力和创业精神的影响。Jiang 等（2016）提出了合作伙伴的可信度是知识获取和泄漏的共同决定因素，并研究了知识交流对企业竞争力的影响，同时这种影响又取决于联盟制度（竞争性联盟和非竞争性联盟）。Youssef 等（2017）采用结构方程模型对新兴经济体中五个行业 230 多家企业的开放性和信任性，高层管理者的支持和奖励体系对知识共享行为的影响，以及实证分析了后者对企业竞争力的影响效应。李文博和郝云宏（2009）分别从内涵分析出发，探讨了企业知识竞争力的影响因素，建立了以知识整合为核心的关键要素模型。余祖德（2011）基于Nonaka的知识理论，探讨了显隐性知识相互转化对企业竞争力的作用机理并开展了实证研究。

其次，部分学者还从企业内外部的知识能力方面对企业竞争力展开研究。姚艳虹等（2017）从能力和环境角度出发，实证研究了组织内外部因素（知识动态能力）对开放式创新与企业竞争力之间关系的影响效应。薛捷和张振刚（2016）探究并提出了外部知识整合能力对绿色企业竞争力影响的分析框架并展开了实证研究。

最后，知识管理过程对企业竞争力的作用也取得了进一步研究。例如，郑景丽（2011）、李艳艳等（2012）深入分析了知识管理各个环节以及知识管理的推动因素，并探讨了知识管理与企业竞争力之间的关系。Andreeva 和 Kianto（2012）构建了一个由人力资源管理（HRM）和信息通信技术（ICT）组成的知识管理实践框架，并认为这两者对企业的竞争力和经济绩效产生影响。Kim 和 Lee（2015）认为知识管理能力（CKM）是增强跨国企业竞争力（CME）的重要因素之一，不仅影响本地投资的子公司，还将强化跨国公司本身的竞争力。Nowacki 和 Bachnik（2016）使用了知识管理八个过程概念，并在组织环境中确定了知识管理创新的三大类，同时考虑了企业竞争力、收入、购买者满意度和业务合作伙伴满意度的组织有效性的四个方面，以波兰的小型、中型和大型公司为研究对象，研究了创新知识管理的范围，研究发现研究过的企业在知识管理领域几乎没有创新。Mahdi 等（2019）从教育环境的以知识为基础观点（KBV）和以资源为基础观点（RBV）两个方面出发，研究了知识管理过程（KMP）如何以及为什么能够创造可持续竞争优势（SCA）。

综合来看，国内外现有研究主要是从知识的活动过程、知识的管理过程、知识的整合过程等不同视角出发，分别深入探讨了其对企业竞争力的影响研究，但较少从企业知识本身出发来研究知识与企业竞争力的内在关系，更不用说知识是如何决定企业竞争力的了。要想提高获得战略竞争力的可能性，企业务必掌握获取知识，明确将其转化为有用的知识，并将知识快速在企业内实行散布（Srikanth 和 Puranam，2014；Zhou 和 Li，2012）。因此，企业必须获取和培育知识，提升知识水平，将知识整合到组织中以创造能力，并应用这些知识来获得竞争优势（Laureiro-Martinez 等，2015；Siren 等，2012）。

第四节　企业知识竞争力评价相关研究

一、企业竞争力评价

企业获得成功的关键因素在于企业的竞争力，企业竞争力评价仍旧是当下的一项新兴学术热点领域而备受关注。

有关企业竞争力评价指标体系，较早始于 1996 年中国企业联合会开发的成果，此后主要集中在包括企业内外部的关联性（张进财和左小德，2013）、中小企业（András，2015；Szerb，2010）、制造业跨境电商企业（刘晋飞，2018）、新零售企业（魏国伟和狄浩林，2018）等指标体系构建上。例如，András（2015）基于 Szerb（2010）领导的研究小组所开发的中小企业竞争力指数（SMECI）理论，竞争力的关键在于同步的能力系统，能够检查高性能核心竞争力和竞争优势的改进效果，可以更全面地了解小企业的竞争力。

部分学者根据特定行业特征，构建了评价模型并展开了实证评价分析。例如，Valimaki 等（2004）分析了木制品行业创新的指标特征，提出了整体创新的指标，包括"软"指标（如员工教育水平）和"硬"指标（如新专利申请数），同时研究了木制品企业的竞争力与创新指标的关系。Cao 等（2016）提出了一个基于社会责任的指标体系，包括员工、政府、客户、业务合作伙伴、生态效益的五大维度和包含 18 个评价汽车制造商竞争力子指标在内的主要指标；据此构建了综合评价模型，引入群特征值方法（GEM）开展了实证分析。杨刚（2020）根据微商银行的特点，通过 PEST 和 SWOT 方法对其内外部环境进行分析，确定了竞争力评价指标体系，选用因子分析法对其进行了实证评价。

近年来，企业竞争力评价问题还出现了一些新的研究视角，如协商均衡（王国华等，2014）、ELECTRE－Ⅲ 和区间直觉模糊集（杨雷和漆国怀，2016）、"资源—能力—市场"（李民等，2018）、绿色发展理念（刘永团，2020）等。例如，刘永团（2020）基于绿色发展理念，结合一般企业评价指标和地勘行业特点等，从资源、勘查、开发、冶炼、营运、组织管理、绿色发展等七个方面能力，对目标层进行逐步分解，构建了我国地勘企业竞争力指标评价体系，并选择运用定性与定量相结合的 AHP－模糊评价法进行实证评价分析。另外，现有研究也出现了一些新的企业竞争力评价方法。例如，Sokolova 等（2011）从整体上探讨了企业竞争力评价的科学方法论、图解法及其组成部分，并提供了作者的方法变量及其实际应用方向。Ivanova 等（2018）使用积分指数制定了评价方法，并利用乌克兰冶金和机械制造业四大企业的绩效结果验证了该评价方法。Rakhmanova 和 Krukov（2019）通过关键成功因素的确定来描述交易企业竞争力评价的方法规定，即基于系统的评价方法，确定和评价交易企业的关键成功因素，提出了交易企业竞争力评价的方法。Goncalves 等（2019）基于建构主义认识论，通过基于分类的评估技术（MACBETH）综合运用认知映射和测量吸引力，开发了一种评估中小企业竞争力的新方法，证实了将认知映射和 MACBETH 结合起来以促进对中小企业竞争力评估的有用性。Wang 等（2020）基于潜在的狄利克雷分配（LDA）主题模型生成的技术主题，采用专业化和多元化两个指标确定企业的技术竞争力，构建了企业技术竞争力评价模型；通过可能会给企业带来竞争优势的相对份额，技术吸引力以及技术，探索了具有不同技术主题的企业分布，进一步选择智能互联汽车对企业技术竞争力评价模型进行了实证评价研究，为开发研发策略或做出投资决策提供了理论支持。

二、企业知识竞争力评价

随着以知识为基础企业理论的兴起，企业竞争力来源中的知识要素受到国内外学者们越来越多的重视（Grant，1996；Nonaka，1994；Spender，1996；彼得·德鲁克，1999）。

关于知识竞争力研究最早可追溯到弗里兹·马克卢普（Machlup，1980）在《知识：它的创造、传播与经济意义》提出的知识经济概念。20 世纪 90 年代中后期，知识竞争力评价体系主要侧重于评价知识的投入产出状况。此后，国外著名机构哈金斯协会（RHA，2002）第一次正式提出"知识竞争力"的概念，并发布了《世界知识竞争力指数》（WKCI）且对世界主要国家、地区的知识竞争力进行了测度。

从此以后，知识竞争力得到国内外学者们的普遍重视，主要侧重于知识竞争力评价等方面。国内的知识竞争力评价体系开始得比较晚，主要是在已有的知识竞争力评价体系基础上发展起来的，而知识竞争力评价体系大多数是借鉴国外的评价指标体系并结合了我国的实际国情（林善浪和王健，2008；张川蕾，2008；周霞等，2008）。例如，林善浪和王健（2008）对知识竞争力的概念、特征等方面进行分析，并由外及里从知识、资源和市场等维度拓展至区域知识竞争力评价研究。郭兵和罗守贵（2015）认为知识生产和转化是知识创新两个主要过程，并基于效率视角，沿用 RHA 的评价理论，分别将其划分成初始投入、中间产出和最终产出三大类，进一步选取数据进行实证评价。许照成和侯经川

（2022）构建了企业知识竞争力的理论模型和评价体系，并采用"级差赋权法"对 2012—2020 年计算机通信行业上市公司企业知识竞争力进行了评价。

此后，知识竞争力研究开始逐渐由区域层面延伸至企业层面，主要侧重于探讨不同产业下企业知识竞争力评价问题。许方球和马辉（2010）从知识资源禀赋和可持续发展能力两方面构建了中药企业知识竞争力评价指标体系，并采用模糊综合评价（FCE）和层次分析法（AHP）相结合的 FAHP 方法对企业知识竞争力展开了实证研究。高武和罗宇岑（2013）基于 Nonaka 的知识螺旋理论，选取与隐性知识创新有关的非财务指标建立企业知识竞争力模糊评价模型。霍彬和徐茸茸（2014）主要考虑技术、资源、组织与外部的内外部四个因素确立评价体系并据此展开了实证评价分析。

三、企业知识竞争力动态评价

企业竞争力是企业在市场竞争环境不断发生变化的、动态的综合结果，本质上就需要基于时间维度的动态视角来分析（Aiginger，1998；Porter，1991）。关于企业知识竞争力评价问题研究，当然也不例外。因而，企业赢得良好发展机会并培育竞争力的关键在于把时间因素纳入企业经营管理之中，即竞争演化可由静态分析转向鉴于时间因素的动态分析（Warren，2002）。目前，竞争力动态评价研究，侧重于区域或城市、产业和企业三个方面，分别基于不同方面的特征差异，所采取的动态评价方法也不尽相同。

首先是关于区域或城市的竞争力动态评价，主要侧重于长三角城市（张继良，2009）、泛珠三角区域（林寿富，2015）等区域竞争力的动态评价。此外，区域竞争力动态评价问题还出现了不同的研究视角，如基于正态云模型的科技创新与区域竞争力动态关联（董会忠等，2015）、基于"压力（P）—状态（S）—响应（R）"模型的静动态时空演变（陈双双等，2017）。

其次是关于产业竞争力动态评价，主要侧重于高新技术产业（徐一萍，2012）、区域或长三角城市制造业（李琳和王足，2017；周五七，2018）、长江经济带人工智能产业（李旭辉等，2020）、石油燃气产业（Shcherbakova 等，2020；杜小武和黄希，2010）。例如，Shcherbakova 等（2020）结合 SWOT 分析方法，分析 PJSC Gazprom 竞争力水平及其内外部环境，建立评价指标体系，采用动态评价竞争力的方法，对国外市场燃气行业竞争力进行了动态评价。

最后是关于企业竞争力动态评价。从整体上来看，现有动态评价研究主要侧重于以郭亚军（2007）提出的"纵向拉开档次"动态评价思路为基础，考虑时间因素，并对 TOPSIS 法做进一步改进和完善（Jiang 等，2019；江玉国和淳伟德，2018）。具体评价方法方面，主要侧重于（动态）因子分析法（Li 和 Wang，2016；Li 和 Wang，2021）、改进的 TOPSIS 法和时间维度（Jiang 等，2019）、E-Topsis 法和时间序列（蔡维睿，2016）、时序动态组合赋权法（石宝峰等，2018）、灰色关联法静态和动态功效系数法（张怀富等，2019）、熵权法和时间序列（Guan 等，2019）等静态或动态评价方法。例如，Li 和 Wang（2016）选取 2010—2012 年上市公司数据进行因子分析，并构建了企业竞争力动态评价模型，得到每年企业竞争力得分，再对每两年得分差异进行分析，以此实现企业竞争力动态评价。Li 和 Wang（2021），选取合理的物流企业竞争力评价指标，深入分析指标的动态集，采用动态因子构建了动态评价模型，进一步对物流上市公司竞争力进行了评价与分析。石宝峰等（2018）从盈利、偿债、能力和营运的四种能力以及券商所在地五个方面构建了上市券商竞争力评价指标体系，对评价指标、时间序列进行了动态组合赋权，确定了竞争力动态评价模型，并对中国 22 家上市券商竞争力水平进行了动态评价。Jiang 等（2019）从碳无形资产的角度构建了钢铁企业低碳竞争力（LCC）评价指标体系，采用改进的 TOPSIS 法并纳入时间维度，进而形成一种动态评估方法。Guan 等（2019）构建了一种基于 CAMELS 改进的 G-CAMELS 评价系统，并采用熵权法，考虑时间因素建立了动态评价模型，并对商业银行竞争力进行了动态评价。

第五节　国内外研究述评

从国内外现有研究来看，与企业竞争力评价研究相比，企业知识竞争力评价研究尚且处于起步和探索阶段。与此同时，不难发现，企业知识竞争力评价研究仍然是一个学术热点领域，如何科学地测度与评价知识竞争力，也越来越引起人们的关注。尽管如此，现有研究主要存在以下几方面的问题：

第一，企业知识竞争力概念界定的仍较为模糊，与所构建的评价指标体系出现了脱节问题，且评价体系背后的理论基础相对薄弱。现有企业知识竞争力评价体系主要还是借鉴企业竞争力评价体系的做法，未能真正体现企业竞争力的知识本质。

第二，未能深入探讨知识是如何对企业竞争力产生作用的，即知识对企业竞争力的作用机制问题。现有研究主要还是从企业对外部知识的获取、整合、创新等知识管理过程，以及内部知识能力和外部市场环境等方面展开的，未能从企业自身知识构成角度探讨对企业竞争力的转化机理问题。

第三，企业知识竞争力评价体系构建过程缺乏足够的客观性，评价指标难以量化，可操作性不强。现有企业知识竞争力评价体系主要还是借鉴企业竞争力评价指标体系的构建思路，未能充分体现企业的知识本质，或者未能反映企业竞争力的知识特性。

综上所述，探究企业知识竞争力的概念内涵、形成和演化的作用机制，梳理并构建一个概念明确、指标简明且又有坚实理论支撑的企业知识竞争力评价体系是未来亟须解决的问题，也正是本研究所要探索并希望突破的关键之处。

第二章

企业知识竞争力理论模型构建

由上述关于国内外相关研究的分析可知，企业竞争力与知识存在着紧密关系，企业竞争力（或竞争优势）本质上就是以知识为基础的企业竞争力。然而，知识到底是如何作用于企业再生产过程，知识与企业究竟具有何种内在关系，或者企业知识竞争力的决定机制问题，一直是管理学家和经济学家们关注的焦点。我们试图通过深入分析企业再生产过程与知识的关系来探究这些问题，以便于为构建科学、客观、反映本质的企业知识竞争力评价体系提供坚实的理论根基。

有鉴于此，本部分首先对企业生产过程的传统描述进行阐释，主要包括马克思再生产理论、新古典生产理论以及熊彼特内生增长理论等；其次，对企业的知识价值链进行概括，包括知识价值链的内涵、构成要素以及知识价值链模型的演化发展；再次，根据企业再生产理论和知识价值链理论，构建企业的知识再生产模型，并揭示企业的知识进化机制；最后，在此基础上，构建企业知识竞争力理论模型，包括对企业的知识结构和企业知识竞争力的决定机制进行深入剖析。

第一节　企业生产过程的传统描述

新古典企业理论认为，企业的第一重要功能就是生产，且任何经济系统的最重要功能都是生产，对企业竞争力提升和长久发展具有至关重要的作用。企业的生产活动是厂商在企业内部将投入的生产资料转变成产品的活动，也是企业财富创造和持续竞争优势获取的过程。

企业生产理论最早源自重商主义，逐渐发展成为以斯密（Smith）、李嘉图（Ricardo）、马尔萨斯（Malthus）、穆勒（Mill）等为代表的古典主义学派。其中，斯密（Smith，1776）的专业化劳动分工理论，率先系统全面阐述了劳动分工对劳动生产率提高的作用，强调生产的专业化分工可以减少非专业化分工下因工作相互转移而产生的时间损耗。随后，卡尔·马克思（Karl Marx，1975）等人根据李嘉图的理论，发展了社会主义经济理论，提出了全面生产理论，认为每个社会生产过程本质上都是再生产过程。

从现有研究来看，企业生产理论主要包括马克思再生产理论、新古典生产理论、熊彼特内生增长理论。下面对这些经典的生产理论进行阐释，以便为后续理论模型构建奠定基础。

一、马克思再生产理论

马克思（1975）认为，重商主义是对资本主义"生产方式最早的理论探讨"，为企业生产理论的发展奠定基础。他批判地继承了古典经济理论，对剩余价值的真正源泉和资本主义生产的本质进行了探讨，提出了劳动价值理论和全面生产理论。全面生产理论主要关于人类与物质、精神、社会关系的生产和再生产等。一个社会不能停止消费，同样，它也不能停止生产。因此，从经常的联系和它不断更新来看，认为"每一个社会生产过程必然是一个再生产过程"（马克思，1975）。

对企业而言，再生产过程就是始于货币形态，转化成生产与商品形态，终于货币形态，如此循环往复，尤其提出了通过劳动价值理论来深入考察企业的再生产过程。马克思再生产理论所提的简单再生产就是能够按不变规模进行的再生产，消耗一单位的产品就需要再生产一单位产品加以弥补；而扩大再生产则是生产规模不断扩大的再生产。由此可见，马克思的再生产过程主要强调企业的生产过程是一个在规模和数量上不断重复的过程。

二、新古典生产理论

20世纪以后兴起的新古典经济学，从资源投入和产出入手，把企业当作一个生产函数。生产函数是在一定时间范围内，在给定技术水平不变的情况下，生产要素投入量与生产产品的最大数量之间的关系。如果 X_1，X_2，$\cdots$，X_n 依次表示产品在生产过程中使用的 n 种生产要素的投入量，Q 表示最大的生产量，则生产函数一般形式可表达为（高鸿业，2011）：

$$Q = f(X_1, X_2, \cdots, X_n) \qquad (2-1)$$

为便于分析，生产要素通常只表达为劳动（L）和资本（K）。因此，生产函数又可表达为：

$$Q = f(L, K) \qquad (2\text{-}2)$$

主要包括以下三种形式：

（1）柯布-道格拉斯生产函数（Cobb 和 Douglas，1928）：

$$Q = AL^{\alpha}K^{\beta} \qquad (2\text{-}3)$$

其中，Q 是产量，L、K 分别表示劳动和资本投入量，A、α、β 为三个参数，且 $0 < \alpha$、$\beta < 1$；

（2）固定投入比例的生产函数（也称里昂惕夫生产函数）（Leontief，1936）：

$$Q = \min\{cL, cK\} \qquad (2\text{-}4)$$

其中，Q 是产量，L、K 分别表示劳动和资本投入量，常数 c、$d > 0$，分别为劳动和资本的生产技术系数；

（3）固定替代比例的生产函数（Arrow 等，1961）：

$$Q = aL + bK \qquad (2\text{-}5)$$

其中，Q 是产量，L、K 分别表示劳动和资本投入量，常数 a、$b > 0$。

总的来看，这三种形式均是一般生产函数的变种，而柯布-道格拉斯生产函数是目前最为普遍采用的。

三、熊彼特内生增长理论

Schumpeter（1912）在继承过去生产理论基础上，研究技术创新对经济增长的促进作用。他认为企业创新过程就是一种创造性的破坏过程，将从未有过的关于生产要素和生产条件的"新组合"引入生产体系，建立一种新的生产函数，以实现对生产要素或生产条件的"重新组合"，获取超额潜在利润。

受熊彼特理论的影响，以 Arrow（1962）、Romer（1986）、Lucas（1988）、Aghion 和 Howitt（1992）等人为代表的内生增长理论随之兴起。内生增长理论认为知识和人力资本是经济增长的主要投入因素，将知识因素引入生产函数中，视知识重组为创新的来源，同时研究知识外溢、人力资本投资、边干边学、研发等问题，强调技术进步对经济增长具有决定性作用并将其作为企业内生决策变量（傅晓霞和吴利学，2013）。

其中，1962 年，著名经济学家 Arrow 在《干中学的经济含义》中率先提出了"干中学"（Learning by Doing），对经济增长产生非常重要影响（Arrow，1962）。"干中学"模型又叫作"干中学"效应，可以借助 Wright 在 1936 年提出的学习曲线（Learning Curve）来描述（Wright，1936）。该理论认为人们是在边实践边学习的过程中获取并积累知识的，知识是技术进步、经济增长的主要动力来源；而学习又是人们对实践经验的概括和总结，技术进步是经验获取和积累本身的具体表现。

"干中学"模型主要强调要把人们在生产实践活动中获取的经验、技能等知识内生于经济模型之中，建立新的生产函数，用累积的学习与经验作为无形总投资生产要素来表示技术进步。

$$Y(t) = K(t)^{\alpha} \left[A(t)L(t) \right]^{1-\alpha} \tag{2-6}$$

$$A(t) = BK(t)^{\varphi} \tag{2-7}$$

$$K(t) = sY(t) - \delta K(t) \tag{2-8}$$

$$L(t)/L(t) = n \tag{2-9}$$

其中，A 为反映技术水平的常数，K 为资本存量；s 为储蓄率，δ 为资本折旧率均是外生变量；L 为劳动力；A 为知识；Y 为总产出。作为微观经济主体的企业，该理论同样适用。

"干中学"在企业再生产过程中得到了充分体现，强调学习在知识进步中的作用，是企业知识获取的重要途径（罗德明，1997）。员工在企业生产过程中的学习，不但能促使对已掌握知识的吸收，还能在知识运用的实践过程中，不断思考、探索、尝试改进而创新产出新的知识。因此，通过反复不断地"干中学"，将更进一步地加快企业知识的创新、积累和更新的速度。

为了描述技术进步的作用，Griliches（1979）最先提出知识生产函数的概念，把创新过程的产出作为研发投入或研发人员的函数，进而用于考察不同规模创新活动和知识溢出效应的投入与产出的关系。Griliches 的知识生产函数可表示为：

$$Y = F(X, K, u) \tag{2-10}$$

式中，Y 表示宏观或微观的产出；X 表示劳动力或资本的生产投入；K 表示技术水平；u 是随机误差。

假如要用柯布－道格拉斯函数形式来刻画，其可以具体表述为：

$$Y = DC^{\alpha}L^{\beta}K^{\gamma}e^{\lambda t + \mu} \tag{2-11}$$

其中，D 为常数项，t 为时间，e 为自然对数，α，β，γ，λ 是待估参数。

随后，Jaffe（1989）、Romer（1990）、Greunz（2003）、Ramani 等（2008）、Marrocu 等（2013）对其做了改进，认为新经济知识是最重要的产出，企业通过研发经费和人力资源的投入追求新经济知识，并将产出的新经济知识再投入生产过程中。

$$Q_i = AK_i^{\alpha}L_i^{\beta}\varepsilon \qquad (2\text{-}12)$$

其中，Q 表示研发强度，K 和 L 表示研发费用投入和科技人力投入，α，β 为研发和科技投入的产出弹性，ε 为误差项。

由于可能会高估研发资金和技术人力的投入知识存量与区域创新产出之间的关系，罗默（Romer，1990）研究了知识存量对创新知识溢出的规模效应，构建了一个新的知识生产函数，可表达为：

$$\widetilde{A} = \delta L_A A \qquad (2\text{-}13)$$

$\widetilde{A}$ 表示新的知识存量，L_A 表示研发人员投入，A 表示现有的知识存量。

Greunz（2003）认为区位选择应该要考虑与技术领先、技术层次的区域相邻，并在充分汲取 Jaffe（1989）的技术相邻指数情况下，提出了混合型知识生产函数模型。

综上所述，企业理论对生产过程的传统描述，经历了从重商主义到马克思生产理论，再到新古典主义理论和熊彼特内生增长理论等不同发展阶段。马克思强调商品生产过程中的劳动二重性和剩余价值创造，重视科技知识对生产劳动和剩余价值获取的影响，提出了"相对剩余价值"概念，却未能深入阐释知识对相对剩余价值的决定机制。在关注资源配置效率的新古典经济学家看来，企业被刻画成一个生产函数，以此来反映生产投入和生产产出之间的技术关系。熊彼特内生增长理论虽然注意到了知识内生于企业生产过程之中，但也没有讲清知识在企业生产过程中的运动规律和作用机理。也就是说，传统企业理论将企业视为一个"黑箱"，从未将其完全打开过。即使认识到了企业生产过程的投入和产出中都含有知识要素，但知识到底是如何在生产过程中运动和作用的，仍然处于"黑箱"之中。

如表 2-1 所示，传统企业理论对企业生产过程的描述，均可抽象为投入、"黑箱"（生产运行）和产出三者的关系。即投入各种物质形态和知识形态的生产要素，经过企业"黑箱"的运行，生产出有形的产品（包括实物与服务）和无形的知识副产品。

表 2-1　企业生产过程的传统描述分析表

生产环节 理论学派	投入	"黑箱" （生产运行）	产出	生产目标
马克思再生产理论 （马克思，1975）	货币和生产资料	劳动 （具体和抽象）	商品和增殖 后的货币	剩余价值 获取

续表

理论学派＼生产环节	投入	"黑箱"（生产运行）	产出	生产目标
新古典生产理论（Cobb 和 Douglas，1928；Leontief，1936；Arrow 等，1961）	劳动、土地、资本、企业家才能	生产函数	产品	产量最大化
熊彼特创新理论（Schumpeter，1912）	技术创新	创新生产函数	产品	
内生增长理论（Arrow，1962；Romer，1986，1990；Lucas，1988；Aghion 和 Howitt，1992，1998；Griliches，1979）	知识、人力资本、研发、技术劳动	知识生产函数	产品与知识副产品	潜在超额利润获取技术进步

资料来源：作者整理

第二节　企业的知识价值链概述

一、知识价值链的内涵

从传统企业理论对生产过程的描述可知，企业的再生产是一个从投入、运行到产出的循环过程；而且，投入要素在规模和效益上逐渐由早期的以物质资本为主导，越来越转向以知识和人力资本为主导；相应地，产出也由单纯的物质产品，逐步向兼顾物质产品与知识副产品方向转移。

企业从投入到产出的全过程，再向上下游延伸，就形成了产业链。产业链思想的最早萌芽，可追溯到 Smith（1776）的劳动分工理论，把企业生产视为一系列基于分工的迂回生产的链条。Marshall（1890）将分工由企业内部推广至企业之间，特别提出分工协作在企业间具有关键性作用，是产业链整合理论的源头。在此基础上，Mason（1939）和 Bain（1956）构建了系统的产业组织理论，提出了具有标志性学术价值的 S-C-P 范式。管理学家德鲁克（Drucker，1999）把这种上下游企业之间环环相扣、不断延伸的产业链条称之为"经济链"，而 Porter（1985）称之为"供应链"或"价值链"。

1985 年，迈克尔·波特（Michael Porter）在《竞争优势》一书中率先提出了价值链（Value Chain）的概念（Porter，1985）。价值链主要包括企业内部、竞争对手和行业三个部分的价值链，刻画的是提高企业的产品（或服务）的价值或适用性的一连串作业活动，如图 2-1 所示。波特认为，任何企业都是由设计、生产、营销、交付和支持产品等一连串活动汇集而成，如表 2-2 所示。企业在特定行业（业务单元）的活动代表着企业价值链使用方式，决定价值链构建的相对程度。

图 2-1 价值链模型图

波特价值链表明，企业间的竞争是整个价值链的竞争，而不仅仅是价值链特定环节上的竞争，整个价值链的综合竞争力才最终决定企业竞争力。由此可知，价值链理论是能够分析企业自身竞争优势，提升核心竞争力的有效工具（李健和赵澄谋，2012）。

然而，随着知识经济的到来，知识不断加快更新速度，导致企业内外部环境出现很大变化，生产要素逐步由知识取代物质生产要素，成为最有价值的生产要素，企业之间竞争逐步转向在如何正确利用知识资源的问题上。后来崛起的企业知识理论则更进一步，认为企业生产过程中知识积聚和知识水平的不同决定了企业的异质性，知识对生产过程的价值创造越来越具有决定性作用，企业价值链可以归结为企业的知识价值链（Knowledge Value Chain，KVC）。

表 2-2 波特价值链基本内容表

类型	活动细分	活动内容
主要活动	入厂物流（Inbound Logistics）	与接收、储存和分配产品投入相关的活动，包括材料处理、仓储、存货控制、车辆调度安排、向供应商退货等。
	运营（Operations）	与投入要素转变成最终产品相关的活动，包括加工制造、包装、装配、设备维护、测试、印刷、设施运行等。
	出厂物流（Outbound Logistics）	与收集、存储和实体分销产品给买方相关的活动，包括成品仓储、材料处理、支付车辆运营、订单处理、调度安排等。
	营销和销售（Marketing and Sales）	与为买方采购产品创造条件相关的活动，包括广告、促销、销售团队、报价、渠道选择、渠道关系、定价等。
	服务（Service）	为提高或者保持产品价值所提供的服务，包括安装、维修、培训、备件提供、产品调试等。
辅助活动	购买（Procurement）	采购企业价值链所需投入要素的功能，而不是购买的要素本身。
	技术发展（Technology Development）	包含了很多可以细分为提升产品和工艺的具体措施，技术发展可能支持价值活动包含的各种技术，不仅与终端产品直接关联的技术，涵盖了基本研究、产品设计、媒体研究、工艺设备设计和服务程序等。
	人力资源管理（Human Resource Management）	包括招聘、雇佣、培训、人才开发和各种人事薪酬工作等，不仅支持独立的主要活动和辅助活动（如雇佣工程师），也和整个价值链有关（如劳资谈判）。人力资源管理决定了劳动技能和员工激励的水平。
	企业基础实施（Firm Infrastructure）	包括一般管理、规划、财务工作、法律工作、政府事务和质量管理等一系列活动。基础实施与其他辅助活动一样，通常能支持整个价值链，而不是单个活动。

知识价值链（KVC）有着丰富内涵。一种知识价值链就是指一系列作用于企业知识资产上的知识活动，能为系统地检查资源和基础架构提供一种分析工具。例如，Wang 和 Ahmed（2005）在波特价值链理论基础上建立的知识价值链模型，主要包括知识管理流程（知识的识别、获取、编码、存储、传播、细化、

应用和创造），知识管理支持因素（知识系统、知识文化、组织记忆、知识分享和知识标杆），这样的流程和支持因素导致增强的组织能力——战略灵活性、新产品开发、组织学习和对客户的响应——这是企业绩效的先决条件。另外，维基百科（Wikipedia）将一系列认知活动作用于企业的知识流程，将知识价值链定义为一系列智力任务，知识工作者通过这些任务来建立企业的独特竞争优势，或社会和环境的经济效益。这个定义可以用 Powell（2001）提出的 KVC 来说明。Powell（2001）的知识价值链（KVC）主要包括两大类活动：知识获取和知识应用，反映了在大型复杂的组织中不断发展的知识工作中的分工。其中，知识工作者的主要任务是知识的获取和发展；而决策者则将所得到的知识应用于更好的业务决策、计划和执行行动，从而获得绩效。

知识价值链是基于企业的一系列业务流程，以满足市场需求为导向，以获取竞争优势为核心目标，将知识链与价值链进行有机结合而形成的，推动企业开展各类知识价值增值活动，持续周而复始地运转开展的整合运行模式（汤岳利，2013）。企业的知识价值链理论实际上是在知识管理理论和企业价值链理论的基础上，舍弃二者缺点并将它们进行了有机整合而发展起来的（李健和赵澄谋，2012）。企业的知识价值链对知识管理和价值链进行了取长补短，充分吸收了二者的优点，更加有助于企业获取竞争优势，提升企业核心竞争力（李淑娟，2015）。

二、知识价值链的构成要素

知识是一个无形产品，知识的价值只有通过某种特定的载体才能得以体现。企业知识价值也只有通过企业再生产过程将知识要素与物质要素结合起来，生产出有价值的产品或服务，进而转化成为产品的定价权力和市场占有份额，才能得以体现出来。也就是说，知识价值形成的本质或缘由在于知识在再生产过程中生产出能被市场接受的产品或服务所创造的经济价值。

知识价值链是基于企业内部的业务操作流程，根据顾客对产品的需求，有效地实现知识链和价值链的有机结合。知识价值链是将企业知识资源与企业竞争力联结起来的桥梁，是企业竞争力提升的关键途径（姜辉，2012）。知识在生产过程中不断进行知识的获取、吸收、创造、积累等知识链各个环节，促进知识价值逐渐呈现螺旋上升增加。

类似于企业的生产过程，知识价值链形成过程必然也要经历"（知识）输入→（知识）活动→（价值）输出"的整个价值链流程。关于知识价值链构成要素的分析是建立在非常雄厚理论基础之上的（Chen 等，2004），主要包括德鲁克（Drucker，1988）的知识工作者与下一个社会、波特（Porter，1985）的价值链、野中郁次郎（Nonaka，1994）的知识螺旋、卡普兰和诺顿（Kaplan 和 Norton，1992）的平衡计分卡、迦德纳（Gardner，1983）的多元智慧理论等。由此可知，知识输入、知识活动和知识价值输出就构成了知识价值链的三个组成要素。

（一）知识输入

知识输入是基于知识经济的发展趋势与德鲁克的知识工作者与下一个社会。德鲁克认为，知识工作者是未来企业竞争力的主导者，可以借助企业内部覆盖范围较小的局域网、企业之间从事经济活动行为的合作网络以及外部高速庞大的互联网等企业内外部输入通道，把外部获取的各类知识整合起来，再经过显隐性知识的形式输入至企业内部各类知识活动之中。

知识输入位于知识价值链的上游环节，主要包括 R&D、行业竞争对手、同行业产品、潜在进入者、供应商、购买者等方面的知识。企业知识价值链活动最终目标是要使企业输出的产品或服务能够满足市场需求，从而在所在行业中获利。因此，能否精准获取顾客和市场的信息对最大限度发挥企业知识价值链作用具有极其重要的作用。通过给企业不断输入准确、有效的知识，并与已有知识进行有效整合，不仅能增加知识库，增强企业活力，而且更能提高企业在市场中应对竞争对手所需的灵活性和主动性。

（二）知识活动

知识活动是基于波特的价值链（Porter，1985）与野中郁次郎（Nonaka，1991）的知识螺旋理论。其中，价值链是由一系列主辅业务活动所构成。对于企业知识活动而言，知识价值链就是由许多知识增值活动组合而成。而野中郁次郎的知识螺旋理论告诉我们，企业间显隐性知识转化活动包括知识的社会化、外部化、组合化和内部化循环往复的知识增值环节。于是将波特和野中郁次郎的理论有机结合起来，就可以建立知识价值链理论模型，是知识在企业生产过程中发挥作用的关键之处。

知识活动是知识价值链发挥作用的关键环节。从外部输入的各类知识只有经过企业活动过程，才能实现其经济价值，有助于提升企业竞争力。即便外部知识输入效率再高，获取的知识含量再高，不能很好地实现其价值，也是无法发挥知识作用的。由此可见，知识活动过程是保障企业知识价值增值的一个关键环节。

（三）知识价值输出

知识价值输出是基于卡普兰及诺顿的平衡计分卡（Balanced Scorecard）与

迎德纳（Gardner）的多元智慧理论。由平衡计分卡可知，主要从财务、顾客、内部流程、学习与成长四方面进行切分，从而实现企业价值。迦德纳认为人的智慧具有多元性特征。

综合平衡计分卡理论和多元智慧理论，人们可以从多个角度呈现企业知识活动过程所产生的价值。但不同行业企业的知识输出过程往往存在较大的不同。例如，对于知识密集型行业而言，员工年龄、学历水平、知识技能、经验技巧、现实需求等均存在差异，知识输出的形式也会有所不同。

通过对不同构成要素的有机整合，在企业内部能够不断地将外部获取的知识或组织内部知识的活动过程进行传达，产生双向循环的知识增值演进，对企业外部还可以与产业链上下游企业的知识价值分别形成另一个更宏大的知识价值链体系。这样企业自身、不同企业之间就能够使各自的知识整合价值发挥至最大化，同时也能使整个社会福利得到最大值。（Chen 等，2004）

三、知识价值链模型的演化发展

目前，国内外学者从不同视角关注了企业知识价值链的研究。较早是由 Weggeman（1997）把企业战略引入知识管理领域中，构建了包括知识的共享、应用、评估和循环四个知识价值链过程，并将其由知识流动发展成知识管理。这也是较早提出知识价值链的学者，但该模型仅体现了知识管理的性质，并未展现价值链功能，更像是企业的知识链模型。

随后的学者将波特的价值链理论较好地融入了进去，展开了一系列关于企业知识价值链的研究。Lee 和 Yang（2000）构建了包括知识管理的基础和过程以及知识绩效的知识价值链模型。其中，知识管理过程包括知识的获取、创新、保护、整合和传播等五个环节；知识管理过程起于基础结构，止于由财务绩效与非财务绩效构成的知识绩效，如图 2-2 所示。Holsapple 和 Singh（2001）构建的知识价值链模型是由知识的获取、选择、创造、内部化和外部化五种基础活动，以及领导、协调、控制、测量四种辅助活动构成。Holsapple 和 Joshi（2002）构建的知识价值链是由知识的获取、选择、内在化和使用等主要活动构成。其中，知识使用包括外化和产生知识的活动。随后，Holsapple 和 Jones（2005）认为知识链管理是基于知识在各企业之间及企业内部的扩散和转移，知识才能实现转移、选择、整理与创新，据此，提出了系统知识链概念。更进一步，Holsapple 等（2006）对这个概念做了调整与完善，认为知识链活动主要包括知识的获取、选择、吸收、传播和生产等环节。

Carlucci 等（2004）在以上知识价值链模型的基础上，探讨了知识管理计划

知识管理基础设施

CKM 和管理					知识绩效
知识工作者招聘					
知识存储能力					
客户/供应商关系					
知识获取	知识创新	知识保护	知识整合	知识传播	知识价值

知识管理过程

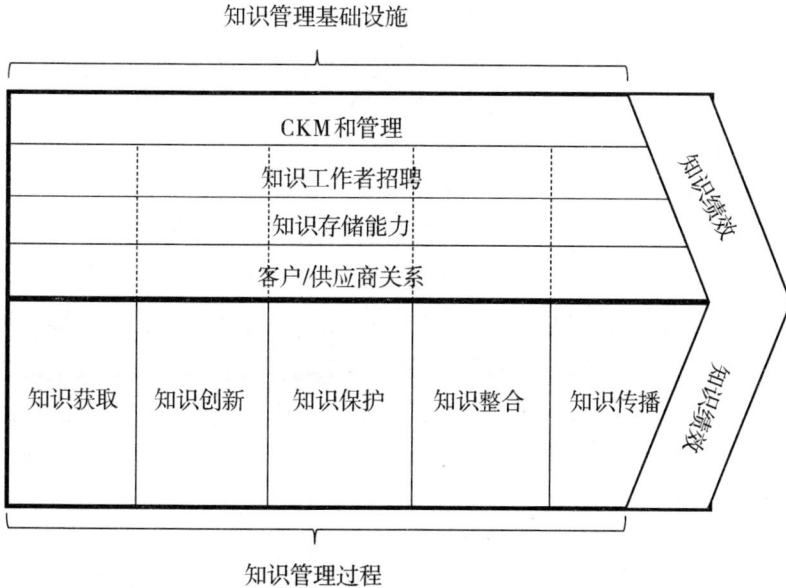

图 2-2　知识价值链模型图

对企业业务绩效的影响机理问题，认为知识管理能够推动知识在知识运动过程中的持续运转和更新，并将知识管理与核心能力、战略流程、业务绩效与价值创造联系起来。Moustaghfir（2008）利用整合动态能力的概念延伸了 Carlucci 等（2004）人的知识价值链模型。Cowan 和 Jonard（2004）分析了大多情况下是局部时（即小世界），网络体系结构与知识扩散性能之间的关系，研究发现清晰的"小世界"网络环境下平均知识的稳态水平是最大的，对知识在组织内部的扩散性能具有促进效应。然而，Cowan 和 Jonard 等人的研究并没有考虑到知识的时效性和增值问题。

另外，Wink（2010）探讨了知识审查在知识生产价值链中的特殊作用，对知识价值链模型的发展具有推动作用。Ranjan（2011）提出了商学院知识资源的整体分析框架，进一步构建了用于共享资源的知识价值链模型。Halilem 等（2012）人提出了基于知识价值链的中小企业创新政策工具分析的概念框架，并作为政策工具协调的工具。Ermine（2013）的模型是建立在 DIKW 层次结构（数据、信息、知识和智慧）模型基础之上，并将其解释为一系列认知活动，将数据转化为企业的最大附加值，即战略能力。

国内也涌现了许多关于知识价值链的研究。芮明杰等（2004）借鉴 Nonaka（1994）的知识创新模式，提出了包含知识的获取、融合、创造、保护和扩散以及共享过程，并形成一个拥有反馈机制的动态知识价值链。李长玲（2005）基于波特的价值链理论所提出的知识价值链理论，包括知识的采集与加工、存储与积累、传播与共享、使用与创新等基本活动，以及文化、组织结构、人力资源、技术等辅助活动。盛小平（2007）提出了包括知识的审计、获取、创造、吸收、保护和应用等知识价值链，企业通过与知识运营业务相关的主要活动和对知识活动过程具有支撑、规范作用的辅助活动来获取竞争优势。

陶锐（2009）从知识增值过程角度，提出了企业的知识价值链，包括知识的获取与选择、知识的加工与吸收、知识的共享与转移及知识的创新与存在等环节。与 Weggeman（1997）的研究类似，与其说是知识价值链，更像是企业的知识链模型，脱离了价值链管理流程。白玉（2010）提出了一个包括知识的管理层（包括对知识战略、工作者和资本的管理）、活动层（包括知识的获取、整合、共享、应用和创新等）和载体层（强调知识工作者的作用）三大层面的知识价值链。

随着研究的不断深入，企业的知识价值链逐渐具体到特定的细分领域，如蔡万刚等（2016）将知识价值链引入企业服务创新模型（新服务概念、新顾客界面、互联网技术、新组织创新），构建了包括知识的识别与获取、积累与融合、转移与共享、创新与应用四大环节的知识价值链。宋曼祺等（2018）人基于知识管理和价值创新等研究，分析了各创新主体对战略联盟的影响，构建了政用学研战略联盟知识价值链。表 2-3 是对企业知识价值链演化历程的简要总结。

表 2-3　企业知识价值链的演化历程表

理论基础或视角	知识价值链	主要来源
企业战略引入知识管理过程	知识共享、知识应用、知识评估和知识循环	Mathieu Weggeman（1997）
	知识获取、知识创新、知识保护、知识整合和知识传播	Ching Chyi Lee（2000）
波特的价值链理论	知识获取、知识选择、知识创造、知识内部化、知识外部化五种基础活动，以及领导、协调、控制、测量四个辅助活动。	Holsapple & Singh（2001，2002）
	知识获取、知识选择、知识吸收、知识传播和知识生产等环节	Holsapple 等（2006）

理论基础或视角	知识价值链	主要来源
知识创新模式	知识获取、知识融合、知识创造、知识保护和知识扩散以及知识共享等环节	芮明杰等（2004）
知识增值过程	知识的获取与选择、知识的加工与吸收、知识的共享与转移及知识的创新与存在等环节	陶锐（2009）
企业知识运营	知识审计、知识获取、知识创造、知识吸收、知识保护和知识应用等环节	盛小平（2007）
理论整合	知识的输出端、活动端和输出端	陈永隆等（2004）
波特的价值链理论	知识的采集与加工、知识的存储与积累、知识的传播与共享、知识的使用与创新等基本活动，以及文化、组织结构、人力资源、技术等辅助活动	李长玲（2005）
知识资本价值提升	包括知识的管理层、活动层和载体层三大层面，其中，管理层包括对知识战略、知识工作者、知识资本的管理；活动层包括知识的获取、整合、共享、应用和创新等环节，载体层强调知识工作者的作用。	白玉（2010）
基于服务创新的四维度模型	知识的识别与获取、知识的积累与融合、知识的转移与共享、知识的创新与应用四大环节	蔡万刚等（2016）

资料来源：作者整理

　　通过以上的分析可知，企业的知识价值链研究更多侧重于知识链以及对知识管理的研究，大多是基于波特的价值链理论，把知识链和价值链进行了有机结合，加强对企业知识的管理，进而获取竞争优势，提高企业的核心竞争力。遗憾的是，企业知识价值链理论只是分析了知识自身的运动与价值创造过程，未能与企业的"投入—运行—产出"循环过程很好地结合起来，因而陷入各执一词的"概念空转"，谁也说服不了谁。

第三节 企业的知识再生产过程

在研究企业生产过程和企业知识价值链的过程中，人们也开始思考企业寿命问题，逐渐形成了企业生命周期理论。Adizes（1989）将企业生命周期区分为成长阶段（孕育期、婴儿期、学步期、青春期、壮年期）和老化阶段（稳定期、贵族期、官僚化早期、官僚期、死亡期），认为企业是社会经济系统的组成单元，与生物进化一样，也必然会进行新陈代谢，不断更新资源要素以实现升级换代。但正如人的成长与老化机理还是一个谜一样，企业的成长与老化机理也没有真正揭开谜底。这些最终都将归结于，知识在再生产过程中的运动与知识进化规律，也就是知识对企业再生产过程的作用机理问题。弄清这一问题，不仅对企业获得长久发展和打造持续竞争优势产生决定性作用，而且也有助于企业在迅速变化的知识经济时代里，成功实现转型升级。

一、企业的知识再生产模型构建

由上一章关于知识含义的分析可知，知识是人们在社会实践中获取的客观信息。因而，知识是由人在社会实践活动中产生的，知识价值也唯有依靠人才能得以实现。事实上，知识本身也并不能运动，而是人，或者说人与物的交互作用，才导致了它的运动。没有人的创造和激活，知识便无法产生，也不会起到任何作用，甚至没有人的创造与记录，知识就无法产生出来，也无法产生任何作用；没有物的固化和记载，知识就无法突破时间和空间的限制而广泛传播。知识，只能依附于人体或物体而存在。因此，企业再生产过程实际上也包含物质再生产和人力再生产两大过程。

物质再生产是一个从资本、土地等物质要素投入，经过与人力要素结合的生产活动，产出物质或服务等物化产品的过程，主要表现为产品量的循环扩张。人力再生产是一个从知识、研发、人力资本等人力要素投入，经过与物质要素结合的生产活动，实现人才培训、使用、成长等目标，产出人才产品的过程，并同步体现在物化产品中，主要表现为产品质的螺旋上升。无论是物质再生产还是人力再生产，均可与企业的投入、运行、产出三大环节相对应。

然而，能够将物质再生产和人力再生产连接起来的关键作用因素是知识。一方面，物质资本是知识通过物化过程嵌入到企业物质生产要素和业务管理流程中，生产出有形的产品或服务，是知识的物化形式；另一方面，人力资本是知识通过活化过程被劳动者所吸收，使劳动者充分发挥能动性，并在生产实践中得到成长，是知识的活化形式（王树祥等，2014）。物质资本和人力资本本质上都是知识在不同运动方式之后的表现形式。

物质不灭定律和能量守恒定律告诉我们，物质和能量既不会凭空产生，也不会凭空消失，它只能从一种形式转化为另一种形式，或者从一个物体转移到另一个物体；在转化和转移过程中，其总量不变。因此，再生产过程中的"要素-产品"形态转换，并不能改变物质和能量的总量，而只能改变其中的知识含量（包括知识数量和知识质量）。企业再生产过程本质上就是一个知识再生产过程，企业的价值创造只能通过知识的创造和应用来实现。

把知识的运动过程与企业再生产过程有机结合起来，我们就可以构建一个以知识为基础的企业再生产模型（简称"知识再生产模型"，如图2-3所示）。

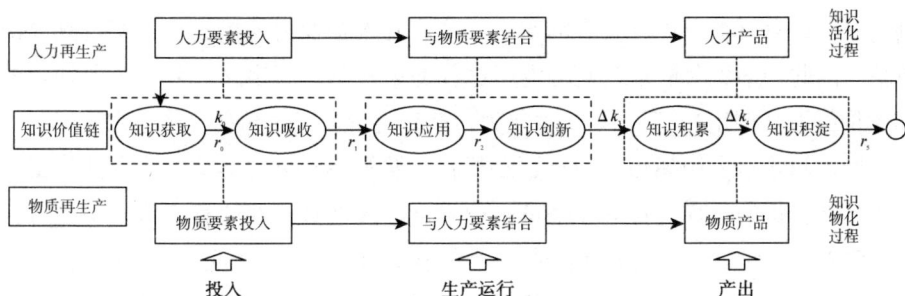

图2-3 企业的知识再生产模型图

其核心思想为：第一，企业的再生产过程主要包括物质再生产和人力再生产两条逻辑主线，知识通过物化或活化过程将物质再生产和人力再生产结合起来，并贯穿于两大再生产过程的始终，是二者的粘合剂；第二，企业的投入环节对应于知识的获取和吸收过程，企业的生产运行环节对应于知识的应用和创新过程，企业的产出环节对应于知识的积累和积淀过程；第三，每一次生产循环的知识输出，都通过知识的物化或活化过程，转化成商品的物质要素或者劳动者的智力要素形式，进入企业的新一轮生产过程中，使得再生产过程不断进化，呈现出螺旋式上升的趋势。

企业再生产过程与企业知识运动过程的对应关系，或者说，企业的知识再生产过程，可概括为"企业的生产投入环节——知识的'获取—吸收'过程""企业的生产运行环节——知识的'应用—创新'过程""企业的生产产出环节——知识的'积累—积淀'过程"三大环节。

二、企业的知识再生产模型解剖

（一）生产投入环节——知识的"获取-吸收"

在生产投入环节，企业通过知识物化或活化的方式将知识要素嵌入物质要素和人力要素中，对外部知识进行选择、整合、分配、消化和吸收，形成物质再生产和人力再生产的投入要素，为实现知识的经济价值创造条件。因此，生产投入环节本质上是知识的获取和吸收过程，物质要素和人力要素都是知识的载体。

知识获取是指企业根据生产经营需要，通过各种渠道把分散无序的相关知识（包括个体成员知识、企业组织知识和社会公共知识）搜集起来，进行筛选提炼、存储备用的过程。只有对企业有潜在经济价值的知识，才能被企业选择性地获取；只有被企业所获取的知识，才能进入企业再生产过程，实现其经济价值。因此，知识获取是企业再生产过程的第一步。假定这一环节企业知识的初始价值为（假定），其初始价值仅为传播交流价值（为传播价值系数）。

知识吸收是采用模仿、探索、变革和开发等多种学习方式，让企业员工吸收内外部知识的过程（Lane 和 Koka，2002）。通过对获取的有价值知识进行分配、学习和吸收，使之成为企业生产的投入要素，是企业的一种动态能力（Zahra 和 George，2002）。由知识获取环节进入知识吸收环节，冷冰冰的知识就通过人脑实现了活化，吸收了新知识的企业员工也丰富和更新了自己的知识库，提升了自己的认知水平和生产能力，变成了具有生产效益的企业活知识。从而，实现了知识的第一次增值，其价值从 V_0 上升至 V_1（ $V_1 = r_1 V_0 = r_1 r_0 k_0$， r_1 为认知价值系数）。但总的知识量不变，仍为 k_0。

（二）生产运行环节——知识的"应用—创新"

在生产运行环节，企业员工通过活化在头脑中的知识，驱动物质资本与人力资本的有机结合，完成从原材料到产品的生产转换过程。因此，生产运行环节本质上是知识的应用和创新过程，物质要素和人力要素都是知识的作用对象。

知识应用是指企业员工将吸收的知识应用于企业的物质和人力生产活动，用知识连接、驱动物质要素和人力要素，转化成产品的过程。由知识吸收环节进入知识应用环节，企业员工吸收的活化知识与生产工具、原材料有机结合，生产出具有经济价值的物化产品（或服务）。从而，实现知识的第二次增值，其价值从 V_1 上升至 V_2（ $V_2 = r_2 V_1 = r_2 r_1 V_0 = r_2 r_1 r_0 k_0$， r_2 为知识应用价值系数）。但如果不创造新知识出来的话，其总的知识量仍为 k_0 不变。

知识创新是在知识应用过程中发掘员工头脑中潜在的想法、直觉、灵感，而不是单纯地"处理"客观信息（Nonaka，1991），创造出能够改进产品或服务质量的新知识。Nonaka（1994）根据 Polanyi（1966）的显性和隐性知识的分类，建立了知识创新的 SECI 螺旋模型，强调企业知识创新是一个在显性知识和隐性知识当中彼此改变与融合的动态过程。由知识应用环节进入知识创新环节，产生了知识增量，扩大了知识边界，发生了第三次增值，其价值从 V_2 上升至 $V_3[V_3 = V_2 + \Delta V_3 = r_2 r_1 r_0 (k_0 + \Delta k_3)$，企业的增量知识 Δk_3 产生于存量知识 k_0 的应用过程之中，也必然与存量知识一起产生应用价值]。

（三）生产产出环节——知识的"积累—积淀"

在生产产出环节，企业员工将生产运行环节产生的新知识、新思想等固化下来，或内含于企业的物化产品和人力产品之中，或外化于企业的知识库之中，为企业今后所用。因此，生产产出环节本质上是知识的积累和积淀过程，其产品不但包括内化了知识的物和人，而且也包括新产生的知识本身。

知识积累是指企业把自己吸取和生产的知识积聚起来、不断扩大专有知识库的过程。例如，企业在生产过程中新产生的技术诀窍、管理经验，可通过知识产权、技术标准、管理制度、产品生产手册等形式积累下来。企业唯有拥有一些不可完全模仿性、替代性、价值性、稀缺性等特征的关键性资产，才能保持长久可持续竞争优势（Barney，1991）。由知识创新环节进入知识积累环节，新知识不断被存储、集合起来，扩充了企业的知识存量，强化了企业的知识规模优势，发生了第四次增值，其价值从 V_3 上升至 $V_4[V_4 = V_3 + \Delta V_4 = r_2 r_1 r_0 (k_0 + \Delta k_3 + \Delta k_4)$，知识创新过程产生的增量知识 Δk_3 加入企业的累积知识库之后，必将与原有知识 k_0 发生关联，产生新的关联知识 Δk_4]。

知识积淀是指企业把累积知识优势沉淀转化为品牌、商誉等无形知识资产的过程。任何具体的知识成果都不可能被某个企业永久独占，如技术秘密与管理诀窍公开即作废，专利授权到期便失效。但企业的知识成果数量积累到一定程度，就会从量变到质变，转化为顾客对其产品或服务的认知度、忠诚度、口碑等（Keller，2003；蒋廉雄等，2012）。企业品牌一旦积淀形成，就成为别人抢不走、学不了的具有永久独占性的无形知识资产，除非它自己破灭。由知识积累环节进入知识积淀环节，知识累积优势就转化为产品的品质优势和企业的品牌优势，知识就从生产要素转化成了无形资产，发生了第五次增值，其价值从 V_4 上升至 $V_5[V_5 = r_5 V_4 = r_5 r_2 r_1 r_0 (k_0 + \Delta k_3 + \Delta k_4)$，$r_5$ 为知识积淀价值系数]。

如此循环往复地迭代下去，企业的知识水平就会越来越高。而且，其创造的增量知识 Δk_3、Δk_4 越多，知识转化效率 r_0、r_1、r_2、r_5 越高，则知识进步速度就越快。

三、知识进化与企业升级的动态机制

综上所述，企业的知识再生产过程是知识运动与物质再生产、人力再生产的有机结合，承担着物质生产与人力生产的双重任务，不是纯物质性的简单再生产和扩大再生产，而是伴随着知识进步的螺旋上升式循环过程。知识对企业再生产具有决定性作用，每一轮生产的知识输出又成为下一轮生产的知识输入，不断循环往复，企业的发展水平也不断提高。

从企业的知识再生产过程不难看出，能否不断提升自己的知识水平（包括数量和质量），逐渐从知识劣势状态转变为知识优势状态，是后发企业能否转型升级为先发企业的关键。

（一）企业的知识构成

从上一章关于知识分类的研究可知，考虑到企业的知识再生产过程实际上就是知识的价值创造过程，因此，Becker（1964）对知识的分类比较契合现实情况，但还存在一些不足，尚且需要做进一步的改进和完善。

Becker 将知识划分为"通用知识""企业特有知识""产业特有知识"三种类型。其中，"通用知识"是指易于在市场上获得的并且对所有企业价值相同的公共知识。"企业特有知识"是指某一个或某一类企业的特定文化、人员构成和设备，不易于在市场上取得的。而"产业特有知识"对同一产业不同企业的价值是一样的，但对其他产业的企业不产生价值，因而也被视为业内通用知识。事实上，在如今全球化发展的时代，竞争无处不在，不只是停留在行业内，已经逐渐变成一个跨界竞争的时代。"通用知识"与"产业特有知识（业内通用知识）"的边界很难划定，区分意义也不大，故有必要对 Becker 的知识分类方法进行改进和完善。

由知识再生产模型可知，企业的投入环节，对应于知识的"获取-吸收"过程，向企业输入可在市场上取得的公开知识，包括 Becker 所说的"通用知识"和"产业特有知识（业内通用知识）"。因此，凡是可在市场上获得的知识，无论是产业内的还是产业外的，都可统称为"通用性知识"。

在企业生产运行环节，对应于知识的"应用—创新"过程，是在生产投入环节输入的"通用性知识"完成物质和人力要素的结合，实现"要素—产品"的形式转换。假如在"要素—产品"转换时，完全不产生新知识，而是把投入环节所输入的"通用性知识"原封不动地输出，那就只完成了知识的应用，而

没有实现创新。相反地，如果在这个转换过程中发生了任何有别于其他企业的生产改进，即使只是微小的一点点变化，就是产生了创新。事实上，没有一点知识创新行为而只有知识应用的企业生产活动基本上是不存在的，总是会由于某种因地制宜、因时制宜的改变。最开始可能只是表现为某种微小的改进而形成生产技巧或诀窍，然后逐渐就可能发展成获得法律保护的"专利"，还会进一步转化成为企业乃至全行业的"技术标准"。这些都属于 Becker 所说的"企业特有知识"，但都具有一定的权利使用期限（"诀窍"公开即失效、"专利"到期即失效、"标准"废止即失效），都可以称之为"专用性知识"。

在企业产出环节，对应于知识的"积累—积淀"过程，主要是将企业生产运行环节输出的"专用性知识"转化成为具有竞争性的差异化产品。虽然这些产品被投入市场后可能会被消费掉，但知识再生产过程中产生的知识却不会因此而消失，而是逐渐被积累下来，反复循环使用，形成不断扩大的企业专有知识库。同时，还会不断积淀成能够满足顾客需求的、具有竞争力的产品之中，进一步转化成为企业产品品牌的良好口碑、顾客忠诚度、美誉度等企业品牌知识资产，即好的产品品质和市场品牌。尽管企业对某项具体知识成果享有有限的法律保护期限，但是企业自身累积下来的知识优势和品牌知识价值却是别人学不了、拿不走的终生资产。也就是说，这些知识资产在顾客心中一旦形成，就难以被取代而被企业所专有，除非企业倒闭，这些知识就可以称之为"专有性知识"。

因此，我们在 Becker（1964）对知识分类的基础上，作了进一步改进和完善，按照知识的经济价值和产权性质，可将企业的知识划分为通用性知识（无任何产权）、专用性知识（具有一定期限独占产权）和专有性知识（具有终生独占产权）三种类型。同时，这三类知识在企业知识结构中的占比或含量也存在着较大差异。首先，通用性知识是企业最基本的公知公有知识，是企业进入行业中得以生存和发展的基本前提。行业中的后发企业知识结构中，通用性知识的相对占比最大；行业中的主流和顶尖企业知识结构中，通用性知识占比较低。其次，专用性知识是受到法律有期限保护的具有自主知识产权的知识。行业中的主流企业知识结构中，专用性知识的占比相对最大；行业中的后发企业和顶尖企业知识结构中，专用性知识的占比较低。最后，专有性知识是企业在长期发展过程中积累和沉淀下来的，且能被消费者所感知的，具有永久独占性的无形知识资产。行业中的顶尖企业知识结构中，专有性知识的占比相对最大；行业中的后发企业和主流企业知识结构中，专有性知识的占比较低。有鉴于此，我们就可以构建"通用性知识—专用性知识—专有性知识"三层次的企业知识结构，这些知识在企业知识总量中的比重会随着企业所处发展阶段的不同而有所变化。

这三层知识既是相互联系的，又是相互作用和转化的。专用性知识是对通用性知识重组消化吸收后的创新成果；通用性知识也可能是由专用性知识超过了法律保护期限之后转化而成的。专有性知识是专用性知识长期积淀的结果；专用性知识的生产创新过程最终也可能会积淀形成专有性知识。专有性知识是对专用性知识的创新过程，是具有完全个性的企业知识，专用性知识和专有性知识是在通用性知识基础之上的升级。一个不具备通用性知识的企业，很难获得专用性知识，更加不具备专有性知识。同样地，一个没有专用性知识的企业，也不可能形成自己的专有性知识。

以可口可乐产品为例，可口可乐一整套的生产工艺流程等是公知公用的知识，属于通用性知识。其部分配方蕴含着一定的技术秘密，选用了半成品保护形式在外部批量生产，属于专用性知识。若可口可乐公司不向外界公布其配方，其他企业永远无法模仿。代表一种美国文化的可口可乐品牌商标经过长期发展积淀下来的知识资产，属于专有性知识。若瓶盖的规格和瓶子外观设计等被申请专利，就会转化成专用性知识。同样地，若可口可乐公司对外公布其配方，很快也会被转化为通用性知识。可口可乐品牌能够深入人心，得益于其独特的技术配方。

因此，这三层知识既是层层递进，又是互相转化、循环往复，构成了一个周而复始的动态过程。企业在不同发展阶段拥有不同的知识结构，决定了其具有不同的外部市场地位和竞争力。

（二）企业的知识进化与转型升级

从企业的知识构成不难看出，企业的转型升级过程，实际上也就是企业的知识进化过程。一个完整的企业成长过程，大致可划分为三个阶段：以通用性知识为主的模仿性竞争阶段，以专用性知识为主的差异性竞争阶段，以专有性知识为主的寡占性竞争阶段。

1. 模仿性竞争阶段

刚刚进入某一行业的后发企业，通过学习、技术许可、购买、战略联盟等方式，学习和模仿行业标杆企业，获取和吸收行业内的"通用性"知识成果，生产市场上的现有同质产品，缩小与先发企业的差距，在所在行业站稳脚跟。此即模仿性竞争阶段，企业没有自己的定价权，只是市场价格的被动接受者，处于一种"单向完全竞争市场"状态（即对大量同质企业而言近似于完全竞争市场，而对少数领先企业则不是）。

后发企业的模仿性竞争通常与学习、模仿行业标杆企业密不可分，主要获取易于在企业间传播和扩散的通用性知识（Posen 等，2020；黄凯南和乔元波，2018）。由知识定义可知，知识来源人类的社会实践，是被实践验证了的客观认识（杜威，2011；培根，2020）。而学习实际上就是一个从阅读、思考、研究、探索等实践活动中获得知识的过程。模仿是后发企业开展自主创新的必经之路，能够节约研发投资和市场开发成本，有助于企业以最快速度产出新产品（张峰等，2016）。

后发企业以技术许可、购买等方式获取的"通用性"知识成果，经过学习和模仿被员工吸收，内化成为自己的知识。通用性知识是市场上提供同一种产品或具有同一功能替代品企业掌握的知识，是企业在某一行业生存发展的先决条件。一个连模仿都不会、连通用性知识都没有掌握的企业，难以在所在行业立足，更不可能博取超额利润，形成自己的核心竞争力。因此，后发企业通过学习和模仿，不断吸收行业的通用性知识，积蓄企业发展动力，为自己在所在行业站稳脚跟和转型升级提供保障。

2. 差异性竞争阶段

在行业站稳脚跟的普通企业，在运用通用性知识进行循环再生产的过程中，不断创造自己的独有知识成果（如专利、标准、商业秘密等），并获得法律的有限期保护，形成具有自主知识产权的专用性知识，生产差异化、具有较强竞争力的产品。此即差异性竞争阶段，企业不再是市场价格的被动接受者，而是拥有了一定的定价权，进入"垄断竞争市场"状态。

通用性知识虽然能够帮助企业在所在行业中立足，但是企业要想在激烈竞争环境中博取超额收益并取得持续发展，离不开走自主创新之路。企业唯有积极开展自主创新，对现有知识进行再改进、再创新，产生具有自主知识产权的知识，才能在激烈的市场竞争中取胜，完成知识的价值增值，实现转型升级和长足发展。一个拥有自主知识产权的企业，不但是顾客趋之若鹜的强劲企业，而且也是各国政府重点扶持的目标群体，差异性竞争实际上就是自主知识产权的竞争。

具有自主知识产权的"专用性"知识资产受国家法律保护，是促进知识创新和企业间知识转移的一项重要制度安排（金亮等，2019）。但这种保护是有限期的，是形成知识创新动力和实现知识进化的重要条件。如果保护期限过长，甚至无期限保护，企业就会因独占而保持垄断地位，员工知识创新的积极性可能会逐渐消退，不利于企业的长久发展和整个社会的知识进化；如果保护期限过短，企业会因较高的知识创新成本和较长的知识转化周期，导致较低的投资回报而难以为继。因此，设计合理的知识产权保护制度，换取该"专用性"知识成果的公开，以及期满后成为"通用性"知识成果的自由利用，有助于平衡知识产权人与社会公众的利益，促进企业动态演化升级和社会科技发展进步。企业只有不断创造受到法律有限期保护的专用性知识，才能持续地维持和提升自己的市场竞争力，在不进则退的激烈竞争中最终胜出。

3. 寡占性竞争阶段

具有较强竞争力的企业，可通过更进一步的持续创新，把累积的知识优势转化为产品质量优势和市场份额优势，不断提升顾客忠诚度和品牌信誉度，最终赢得垄断性的行业领导地位，成为竞争力最强的行业寡头，积淀成别人学不了、偷不走的专有性知识。此即寡头垄断（"寡占"）性竞争阶段，对应于经济学上的寡头垄断市场状态。

对自主知识产权的有限期保护，主要是为了避免持久性垄断，能产生更多的消费者剩余，增加社会总体知识财富（金亮等，2019）。现代社会科技的快速变革，推动知识不断发生更新换代，决定着知识具有较强的时效性，知识产权即便被无期限地保护下去，也较难被企业永久独占而攫取垄断利润（Gorod-nichenko 和 Schnitzer，2013）。尽管如此，企业在知识再生产过程中会形成知识累积优势，逐渐转化为产品的品质优势和市场的份额优势，提高顾客的忠诚度和美誉度，进而积淀成企业的品牌优势，却能够产出具有永久独占性的"专有性"知识资产，树立一种知识型寡头垄断地位。

与自然资源型垄断、金融资本型垄断和行政型垄断损害经济效率不同，通过激烈市场竞争而形成的品牌性、知识资产性垄断，需要企业的持续创新积累才能达成和维持。在此过程中，企业将给消费者持续提供越来越优质的产品和服务，创造持续的社会福利。只要企业停止知识创新，迟早就会被竞争者超越，一旦其产品/服务品质低于竞争者，其品牌资产就会迅速破灭、烟消云散。因此，品牌性、知识资产性垄断，是一种良性的、有益于社会的垄断，受到全世界各国政府的保护和鼓励。企业要获得品牌性垄断地位不容易，要守住品牌性垄断地位更不容易。

综上所述，企业的知识进化机制，可归纳如图 2-4 所示：

企业在初创与市场进入阶段，主要进行模仿性竞争，知识结构以通用性知识为主，大致处于单向完全竞争市场状态；企业在成长与市场扩张阶段，主要进行差异性竞争，知识结构以专用性知识为主，大致处于垄断竞争市场状态；企业达到领先与品牌垄断阶段，主要进行寡占性竞争，知识结构以专有性知识为主，大致处于寡头垄断市场状态。

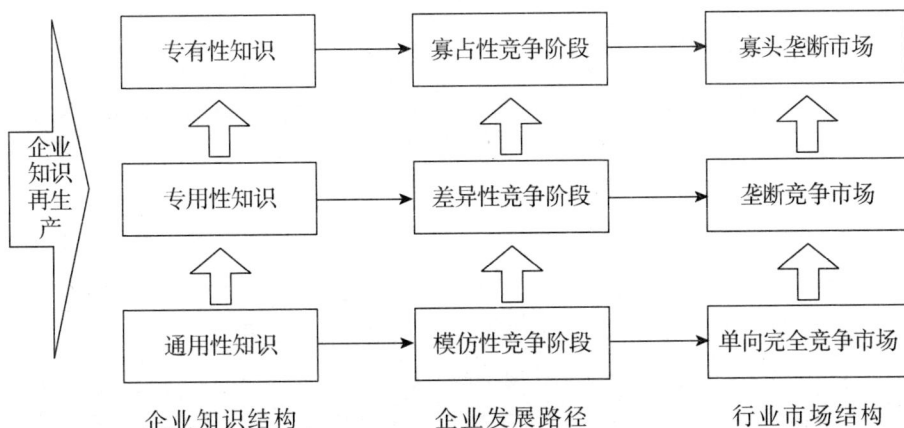

图 2-4　企业的知识进化机制图

当然，也有一些企业依托革命性、颠覆性的创新成果，直接开创一个全新的产业。从而可以绕过模仿性、差异性竞争阶段，一开始就进入寡占性竞争阶段。但这种"衔着金钥匙出生"的革命性企业，一定是建立在其他企业的知识积累基础之上，也一定需要其他企业与之配套，绝不会凭空产生。对于绝大多数企业来说，必须从学习模仿开始，一步步向上提升，且只有极少数能够到达成功的顶点。

第四节　企业知识竞争力理论模型

一、理论模型构建

如上所述，企业的知识再生产过程实际上是知识的运动过程与企业再生产过程的有机结合。由上一章关于知识含义的分析可知，国内外对知识的定义虽然不尽相同，但是都明确指出，知识是来源于人类社会实践活动。其中，企业再生产作为人类最重要、最复杂、最系统持续的一种社会实践活动，对知识的需要最大最久，对知识的贡献也最大最久。

企业再生产就是一个从投入到产出循环往复的生产过程（马克思，1975）。这个投入产出过程也是一个知识的获取、吸收、应用、创新、积累和积淀的往复过程。其中，投入阶段对应于企业的知识"获取—吸收"环节，不断学习并吸收行业内外通用性的知识成果，输入无知识产权的"通用性知识"（Becker，

1964）；生产阶段对应于企业的知识"应用-创新"环节，不断创造出独有的知识成果，输出有限期知识产权的"专用性知识"（Becker，1964）；产出阶段对应于企业的"积累—积淀"环节，持续积淀成企业专有性的知识成果，凝结具有终生知识产权的"专有性知识"。这样，企业通过再生产过程就逐渐形成"通用性知识—专用性知识—专有性知识"三层次知识结构。

实际上，知识本身并不具有竞争力，唯有通过企业再生产过程产出具有市场价值的产品，影响定价权力和市场份额，最终才能转化为竞争力（侯经川等，2007）。这个转化机制，可结合波特五力模型加以说明（Porter，1985）（如图 2-5 所示）。其中，定价权力体现于产业链上下游的供应商讨价还价能力和购买者讨价还价能力；市场份额体现于现有竞争者竞争能力、潜在竞争者进入能力和替代品替代能力。如果一个企业只是在知识的数量和质量上优于竞争对手，那只能说明它相对于对手具有"知识优势"；只有当它的知识优势转化成了产品的定价权和市场占有份额，才能说明它相对于对手具有了"知识竞争力"。企业知识竞争力就是企业依靠知识赢得市场竞争、博取经济利润的能力。

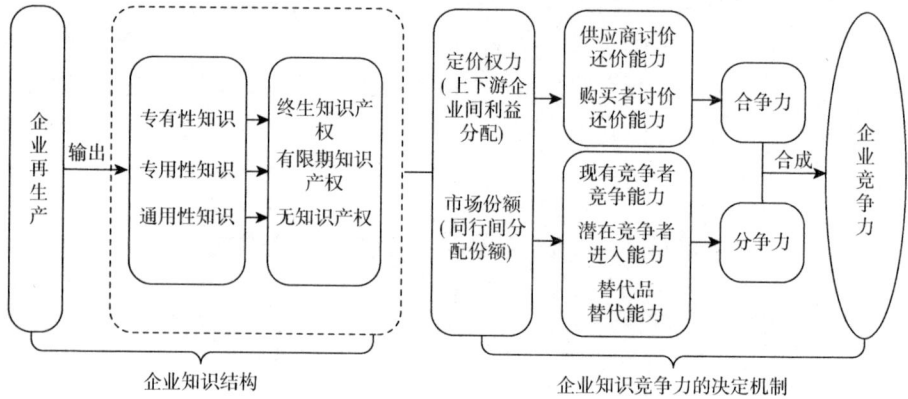

图 2-5　企业知识竞争力的理论模型图

二、企业的知识结构

总的来说，企业经过循环往复的再生产过程，逐渐形成"通用性知识—专用性知识—专有性知识"三层次知识结构，对于培育和提升企业知识竞争力具有决定性作用。因此，要建立企业知识竞争力的理论模型，务必要先解剖企业的知识结构。

（一）通用性知识

最底层的是通用性知识，是企业从组织内外部市场获取的且不具备知识产权，能够以较低的成本在企业之间发生转变，并且比较容易转化的知识（赵子夜等，2018），是企业在市场上获得生存和发展的前提。通用性知识并不专属于某一个企业，而是由社会集体共有，易于学习和掌握。通用性知识是市场上提供同一种产品或具有同一功能替代品企业掌握的公知公有知识，包括行业内和行业外的知识，是培育和提升企业知识竞争力的先决条件。相比于所在行业的其他企业，通过购置、获取转让许可等手段汲取行业内外通用性知识含量越多、越精准的企业，生产同质产品的数量便越多，质量也会越好，更有可能获得较多市场占有份额，最终赚取较多的市场经济利润。一个连通用性知识都没有掌握的企业，显然因无法生存而被所在行业淘汰。由此可见，通用性知识对企业价值创造具有促进作用，是企业提升市场竞争地位的根基。

（二）专用性知识

比通用性知识更高一层的是专用性知识，是企业在熟练掌握通用性知识的基础上，不断进行知识的"应用和创新"，创造出具有法律有限期保护的独有知识成果，形成具有自主知识产权的专用性知识，生产具有差异化、较强竞争力的产品，可能会影响产品的定价权。它是市场上不易被同行其他企业伪造，也难以被其他新的知识和技能所取代的知识资产。专用性知识是企业获取超额利润，取得市场领先地位的重要技术资源，对企业价值创造和培育持久竞争力具有关键性作用。企业赢得极好绩效和竞争优势的根本在于有稀缺的且具备特定价值的专用资源（Barney，1991；齐昕等，2018）。这些资源正是来自企业的专用性知识，能够给企业创造持久的卓越业绩，对于企业持续竞争优势打造和长久发展显得尤为重要（Wang等，2017）。

（三）专有性知识

最高层的是专有性知识，是企业在拥有通用性知识和专用性知识之后，还进一步进行持续创新，逐渐积淀成别人学不了、偷不走、具有永久独占性和终生知识产权的专有性知识，是比专用性知识更高一级别的知识。企业经过持续不断的自主创新，知识优势必然会转化成为产品的高品质、市场的高份额和品牌的高认同，形成知识垄断性的品牌资产，最终影响产品的定价权力和市场占有份额，逐步建立行业领导地位。专有性知识是企业在市场产出方面，所呈现出来的一种最具价值和独占性的知识资产，有助于企业在市场中所向披靡，对于企业实施经营战略和打造核心竞争力具有重要意义（肖曙光和周勃，2007）。企业与企业之间生产效率不同的根源就在于它们的专有性知识库存在着较大的差异，也是培育和提升企业知识竞争力的关键所在（柳卸林等，2017）。

三、企业知识竞争力决定机制

企业竞争力的关键在于其在市场中的获利能力，最终取决于企业的相对知识水平。因此，在以上剖析企业知识结构的基础上，还要进一步分析企业知识竞争力的决定机制。

知识本身不能产生竞争力，唯有与其他生产要素，特别是与人力要素相结合，以物化或活化的方式，投入到企业再生产过程中，才能形成知识竞争力。企业将行业内外部获取的知识在企业内部扩散、吸收和内化，逐步积淀形成相对于竞争者的知识优势（包括质量优势和数量优势）。这种具有优势的知识只有根据市场需求应用于企业再生产过程中，产出有价值的、满足市场需求的产品，影响定价权力和市场份额，最终才能决定企业竞争力。

在目前愈演愈烈的竞争环境下，每个企业都希望能在其中取得竞争优势并成为最有利的一方。企业要想在市场中获取竞争优势，就必须要对产品价格争夺（"合争"）中拥有主动权（即定价权力），使得产品价格更加利于自己，有助于应对产业链上下游供应商和购买者的讨价还价能力。这就要求企业的产品在外观、可靠性、性能、用户体验等品质方面优于竞争对手，就更可能在市场中赢得较高产品定价权力，企业获利也会越多。然而，产品的品质优势本质上又取决于企业的知识在价值性、独特性、广泛性、有效性等方面的优势。例如，在专利规模相同情况下，企业发明专利越多，产出具有差异化、高品质、较强市场价值的产品越多，企业获利越多，合争力也就越强；在发明专利相同时，专利规模越大，专利受保护期限累积量越长，垄断利润总量就越多，企业获利会也越多。此外，企业掌握的有价值信息、市场资讯等知识越多，对顾客需求和购买行为的把握就越精准，产品也更能满足顾客需求，越有可能会博得产品的主动定价权力。对上游供应商而言，企业定价权力越大，出价越低，获利就越高；对下游购买者而言，企业定价权力越大，产品出价越高，获利就越高。由此可见，企业的知识优势决定产品的品质优势，进而决定企业的合争力。

企业竞争力不仅取决于其在市场上能否博得主动定价权力，而且还取决于企业在所在行业的市场争夺（"分争"）中是否具有优势地位。企业在所在行业的优势地位主要体现于产品市场份额（或市场占有率），反映企业的竞争地位和获利能力（Porter，1985）。企业在行业的优势地位有助于应对现有竞争者、潜在竞争者和替代品三种市场力量，从而拥有更多的市场话语权。这就要求企业在所在行业中产品的销售额（或销售量）优于竞争对手的同类产品，市场占有份额可能就会越大，企业获利也越高，分争力就越强。然而，产品的市场份额优势实际上又取决于企业知识的累积优势。例如，在同等学力的情况下，公司的人员规模越大，一段时期内产出产品的总量就越多，市场获利就越多；在人员规模相同时，公司高学历人员越多，产品创新程度可能就会越大，市场获利也会越多。这些累积的知识优势逐渐转化为产品的规模优势，可能会带来产品用户数呈几何级数增长，获得更多市场份额，企业获利也会急速增多，分争力就会越强。对于同行企业，他们之间竞争通常属于零和博弈，共同瓜分同一市场份额，即一方拥有的市场份额越大，另一方拥有的市场份额就越小（侯经川等，2007）。因而，企业的知识优势决定产品的市场份额优势，进而决定企业的分争力。

综上所述，企业竞争力实际上就是企业在市场上对价格争夺（"合争力"）和市场份额争夺（"分争力"）的一种综合博弈能力。其中，定价权力（决定产品价格）和市场份额（决定市场规模）取决于企业的知识优势（包括质量优势和数量优势）。这种知识优势只有被应用于再生产过程中，转化为满足市场需求、具有较强竞争力的产品，最终才能决定企业竞争力。

第三章

企业知识竞争力评价体系

如上所述，企业知识竞争力理论模型揭示了企业的知识构成与企业知识竞争力的决定机制，为探究企业知识竞争力评价提供了一个稳固而可靠的理论基础，但它尚且未给我们提供一个详细可操作性的评价体系。要将企业知识竞争力评价工作落到实处，当务之急还应构建一个详细明确、可量化的评价体系。要想客观、精确地评价企业知识竞争力水平，就务必要遵循企业知识竞争力形成的动态演化规律，科学选取能反映本质的评价指标，并采取客观简洁、具有可操作性的评价方法。

有鉴于此，本部分首先要梳理企业知识竞争力评价的逻辑脉络；其次，对现有与知识竞争力有关的评价指标体系进行深入分析，指出现有评价体系的不足，为本研究所要导出的评价指标体系提供借鉴参考；第三，由企业知识竞争力模型导出企业知识竞争力评价指标体系，并对评价指标进行详细阐释；最后，通过对现有评价方法的对比分析，选择适合企业知识竞争力的评价方法，进一步确立企业知识竞争力评价体系，为后续企业知识竞争力评价体系的实证研究奠定理论基础。

第一节　企业知识竞争力评价的逻辑脉络

由企业知识竞争力理论模型可知，企业的知识优势（包括质量优势和数量优势）决定企业的定价权力（即"合争力"）和市场份额（即"分争力"），即企业竞争力。虽然知识优势转化为企业竞争力（即定价权力和市场份额）不是一蹴而就，需要经历一个过程，存在一定时滞，但这一过程终究会完成。虽然有些具有知识优势的企业由于转化不力而被竞争对手超出，错失市场先机，甚至彻底退出历史舞台（如柯达胶卷）。但这并不能说明知识优势对于竞争力的形成不重要，而恰恰从反面说明知识优势的重要性。竞争对手只有获得了同样的知识，破除了知识劣势，并率先转化成功，才能实现反超逆袭。正是在这个意义上，本研究把依靠知识优势而形成的竞争力，称之为"知识竞争力"。对知识竞争力的评价，主要就体现在对知识优势的识别和衡量上。因此，企业知识竞争力评价体系取决于企业知识竞争力理论模型，体现在评价指标和评价方法两个方面。企业知识竞争力评价的逻辑脉络可由图 3-1 所示。

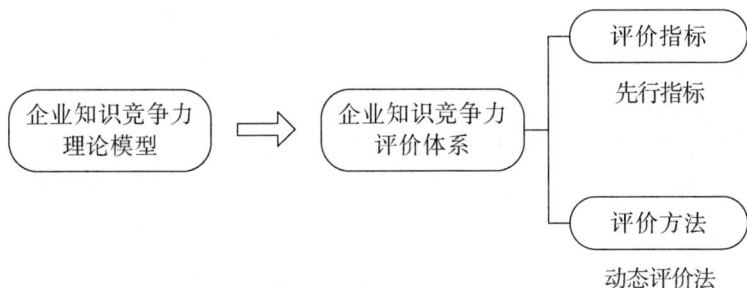

图 3-1 企业知识竞争力评价的逻辑脉络图

（一）评价指标方面

目前，已有研究根据指标与企业发展的同步性差异，从时间维度将竞争力评价指标划分为先行指标（Leading Indicators）、同步指标（Coincident Indicator）和滞后指标（Lagging Indicator）三类指标（王洋和于君，2020；赵志伟，2018）。先行指标，又称预兆性指标，是指在企业竞争力状况变化之前就率先发生变动的指标，能够为竞争力最终表现提供预警性信息，如 R&D 投入等。同步指标，也称一致性指标，是伴随着企业竞争力大小的涨落而同时发生变化，与竞争力状况变化是基本一致的，是产品在市场上的直接表现，如市场份额等。滞后指标是发生在企业竞争力变化之后，是产品已经发生市场化之后的结果，如营业额、净利润等财务指标。该类指标可看作是企业竞争力状况显示出顶峰和谷底的一种证实。不管是同步指标，还是滞后指标，观察分析它们都能够对先行指标显示的预警性信息进行验证，进一步推动先行指标发挥预测性、前瞻性的关键性作用。

根据知识优势转化为企业竞争力的过程可知，定价权力（或相对价格水平）和市场份额（或市场占有率）可视为企业竞争力的同步指标（Li，2000；陈志斌和王诗雨，2015；何玉梅等，2018），作为竞争力外化结果的营业额、净利润、资产回报率等财务指标则属于滞后指标（Sirikrai 和 Tang，2006；程翔等，2020）；而这些同步或滞后指标最终都要取决于企业的知识优势，即知识优势是企业知识竞争力的先行指标。相比而言，先行指标更具先导性、科学性与前瞻性。事后诸葛亮式的评价，意义不大；先知先觉，才最有价值。大量研究也证实，相比于企业的销售额、净利润等财务指标，技术研发投入、专利等知识指标对企业竞争力的正向促进效应存在一定的转化周期或滞后性，发生在企业竞争力变化之前（Lee 等，1996；何玮，2003；梁莱歆和张焕凤，2005）。例如，何玮（2003）实证表明，我国企业的 R&D 费用大约要经过 3 年左右时间才能对企业的经济竞争力产生较为显著正向效应，即技术研发需要 3 年左右时间才能显示市场效用。梁莱歆和张焕凤（2005）的研究也发现，高科技上市公司 R&D 投入通常在两年以上才能取得产出效应，具有较长的滞后期。正因为如此，本研究的评价指标体系主要由企业知识竞争力的先行指标——即知识优势指标——所构成，包括通用性知识、专用性知识和专有性知识三个层次。

（二）评价方法方面

通过已有研究发现，现有竞争力评价方法种类繁多，既有主客观的静态赋权法，也有基于时间序列的动态评价法。每一类评价方法都具一定的优缺点以及使用范畴，不同评价方法可能会导致评价结果呈现显著差异。例如，主要依据专家过去经验的主观评价方法，在实际操作过程中主观随意性较强，缺乏足够的科学依据，难以有效反映客观数据信息。究竟何种评价方法能够确保评价结果更加科学、可信度更高，一直都是竞争力评价研究领域非常关键的问题。因此，探究一个符合客观实际且能够充分体现数据客观信息，同时又能够体现企业知识竞争力特性的评价方法，对于客观、准确评价企业知识竞争力具有至关重要的作用。

由企业的知识再生产模型可知，企业的知识再生产过程是一个伴随着知识进步的螺旋再生产过程。每一次生产过程的知识输出又会进入下一轮生产过程中，不断循环往复，推动企业的转型升级。实际上，经济现象往往大多是需要探究在一定时间范围内的综合表现，但其所处的市场环境通常存在较大的动态不确定性。正因于此，动态评价方法也成了研究经济主体竞争力评价问题的常用方法，且已出现了许多研究成果（Shcherbakova 等，2020；陈双双等，2017；林寿富，2015）。其中，基于时间序列的动态评价法是在一定时期内对时间赋权重，并将其放进竞争力评价模型中的一种非常重要的动态评价方法（Guan 等，2019；Jiang 等，2019；石宝峰等，2018）。尽管如此，从现有研究来看，鲜有文献将时间因素纳入企业知识竞争力动态评价研究中。考虑时间因素的动态评价方法，正好能够较为客观地反映企业知识竞争力演化发展的动态特性。因此，我们不仅要采用科学客观的指标赋权法，而且还要选择基于时间序列的动态评价法对企业知识竞争力进行动态评价。

第二节 现有与知识竞争力有关的评价指标体系分析

由第一章关于企业知识竞争力概念演化历程的分析可知，知识在企业竞争力中的重要性越来越凸显，人们越来越关注知识对企业竞争力的决定性作用。对竞争力评价研究的焦点也越来越转向对知识竞争力的评价研究，评价指标由营业额、利润等竞争力结果的财务指标，以及多层次、多种类的非财务性质的分析性指标等，逐渐转向以专利、科技、能力等知识型指标。目前，关于经济主体竞争力评价也做了大量研究，包括国家、区域、企业等不同层面的竞争力问题，并从不同维度进行了深入探讨。

一、国家层面的评价指标体系

目前，国家层面的竞争力评价体系主要包括 IMD 和 WEF 两家机构。国家竞争力评价体系是从国家角度出发，对国家或区域的企业竞争力提升问题进行评价分析。其中，部分国家竞争力评价指标也都体现了知识竞争力，对于企业建立知识竞争力评价体系也具有一定的参考价值和借鉴意义。

（一）IMD 国家竞争力评价体系

2020 年，IMD 发布了《世界竞争力年鉴》，包括四个一级指标，每个一级指标又包括五个二级指标，由此构成了四个一级指标 20 个二级指标的国家竞争力评价指标体系，如表 3-1 所示（IMD，2020）。其中，IMD 通过"技术基础设施"和"科学基础设施"两个二级评价指标体系（共计 40 个具体测量指标）来反映知识竞争力。具体指标类型方面，"技术基础设施"二级指标主要涉及通信技术、人均或正在使用的计算机数、互联网带宽速度、数字/技术技巧、有资质的工程师、技术发展资助资金、技术开发与应用等知识有关指标，属于先行指标；而电信投资占 GDP 的比重、高科技出口、ICT 服务出口等经济指标，属于滞后指标。"科学基础设施"二级指标主要涉及每人平均或总的 R&D 费用和人员数量、企业的 R&D 费用支出、学术论文、专利申请或授权数量、有效专利数量、知识产权、知识转移等与知识有关评价指标，属于先行指标。IDM 的指标数据更加客观，但与知识竞争力相关的二级指标中既有先行指标，又有滞后指标，可能会造成评价结果不准确、不科学。

表 3-1　IMD 全球竞争力评价指标体系

一级指标	经济表现 （Economic performance）	政府效率 （Government efficiency）	企业效率 （Business Efficiency）	基础设施 （Infrastructure）
二级指标	国内经济 （Domestic Economy）	公共财政 （Public Finance）	生产力与效率 （Productivity & Efficiency）	基本基础设施 （Basic Infrastructure）
	国际贸易 （International Trade）	税收政策 （Tax Policy）	劳动力市场 （Labor Market）	技术基础设施 （Technological Infrastructure）
	国际投资 （International Investment）	制度框架 （Institutional Framework）	金融 （Finance）	科学基础设施 （Scientific Infrastructure）
	就业机会 （Employment）	商业立法 （Business Legislation）	管理实践 （Management Practices）	健康与环境 （Health and Environment）
	价格 （Prices）	社会框架 （Societal Framework）	态度和价值观 （Attitudes and Values）	教育 （Education）

（二）WEF 国家竞争力指标体系

1979 年，WEF 首次发布了《全球竞争力报告》，采用八大评价要素对全球竞争力展开了测度和评价。此后，在此基础上，WEF 又建立了一套包括四大类要素、十二大支柱的经济增长竞争力指数（简称为 GCI）的评价指标体系，如表 3-2 所示（WEF，2019）。这些指标数据一方面来源于权威机构获取的公开数据，如专利申请；另一方面是通过设置调查问题来获取。例如，第一支柱"机构"里关于"知识产权保护"指标调查数据，对调查问题"在贵国，知识产权的保护程度如何？"的答复来获得。

WEF 通过机构、ICT 采用、技能、商业活力、创新能力等支柱来反映知识竞争力。具体指标类型方面，机构（如知识产权保护）、ICT 采用（如移动宽带或蜂窝电话用户数、不同速度的互联网用户数等）、技能（如员工的受教育程度、工作人员职业进修的时间和质量、毕业生技能、活跃人口的数字技能、初等教育中师生比等）、商业活力（如创新型企业增长、接受颠覆性想法的公司等）、创新能力（如劳动力多样性、国际共同发明、科学出版物、专利申请、研发支出、商标申请等）等知识相关指标，均属于先行指标。WEF 在与知识竞争力相关指标中大多数为先行指标，这也说明先行指标对知识竞争力的决定性作用。但大多指标数据是通过问卷调查形式获取的定性资料，更偏重于调查者的经验判断或感受，数据主观性较强，数据可靠性较弱。

表 3-2　WEF 国家竞争力指标体系表

项目	四大类因素	十二大支柱
国家竞争力	有利环境要素（Enabling Environment）	机构（Institutions）
		基础设施（Infrastructure）
		ICT 采用（ICT Adoption）
		宏观经济稳定（Macroeconomic Stability）
	人力资本要素（Human Capital）	健康（Health）
		技能（Skills）
	市场要素（Markets）	产品市场（Product market）
		劳动力市场（Labour market）
		金融系统（Financial system）
		市场规模（Market size）
	创新生态系统要素（Innovation ecosystem）	商业活力（Business dynamism）
		创新能力（Innovation capability）

二、区域或城市层面的评价指标体系

区域或城市层面与知识竞争力有关的评价指标体系最早可追溯到罗伯特·哈金斯协会（RHA）于 2002 年发布的《世界知识竞争力指数（WKCI）》。国外评价指标体系侧重于研究城市或区域层面的知识竞争力评价问题，而国内主要也是基于 RHA 的研究成果。有鉴于此，本研究主要回顾和分析以哈金斯协会为代表的知识竞争力评价指标体系以及其他具有代表性的研究成果。

罗伯特·哈金斯协会（RHA）率先构建了知识竞争力评价指标体系，并采用数据包络分析（DEA）方法对全球 125 个主要地区的知识竞争力进行了测度和评价（RHA，2002）。表 3-3 是 RHA 在 WKCI 中发布的评价指标体系。该评价体系是对世界经济体的知识竞争力进行评估和排名，是世界每个地区的知识容量、能力、可持续性，以及这些知识转化为经济价值并转变成为各个地区公民财富价值的一种整体性综合衡量基准。WKCI 从城市层面衡量知识竞争力水平，对于微观企业的知识竞争力评价具有重要的借鉴价值和指导意义。具体指标类型方面，人力资本（如各类就业人员数、管理人员占比等）、知识资本（如政府或企业的研发支出、专利数量等）、知识可持续性（如教育人均支出、互联网主机数、宽带接入数等）等，属于先行指标；而区域经济产出（如劳动生产率）反映劳动者在单位时间内产出某种产品的数量，是企业在市场中的直接表现，属于同步指标。虽然该评价体系也能体现知识优势对竞争力的决定性作用，但它将先行指标和同步指标混在一起，会造成评价指标重复计算而使得评价结果不够客观、精准与科学。

表 3-3　RHA 知识竞争力指标体系表

五大知识竞争力要素	19 个知识经济基准点
人力资本	每千名员工的 IT 和计算机制造业就业人数、每千名员工的生物技术和化学就业人数、每千名员工的汽车和机械工程领域的就业人数、每千名员工的仪表和电机就业人数、每千名员工的高科技服务就业人数、经济活动比率、每千名员工的管理者人数
知识资本	政府研发的人均支出、企业研发的人均支出、每百万居民注册的专利数量
区域经济产出	劳动生产率、平均每月总收入、失业率
金融资本	人均私人股权投资
知识的可持续性	人均小学和中学教育的公共支出、高等教育的人均公共支出、每百万名居民的安全服务器数、每千名居民的互联网主机数、每千名居民的宽带接入数

曹如中（2008）借鉴了 RHA 等著名机构的研究成果，从影响知识竞争力四个方面的决定性因素出发，对其进行指标分解，构建了包括 4 个一级指标、15 个二级指标的城市知识竞争力评价指标体系，如表 3-4 所示。具体指标类型方面，知识创新能力（如专利数、科技人员数等）、知识资本存量（如高等教育入学率、高中入学率、在校大学生数等）、知识基础设施（如教育经费、R&D 费

用等），均属于先行指标；而知识基础设施中人均 GDP 主要用于衡量一个地区的宏观经济状况，属于滞后指标。同样，该评价指标也注意到先行指标对知识竞争力的重要性作用。然而，一级指标"知识基础设施"同时也出现了滞后指标，也会因为指标重复出现而降低评价结果的有效性、准确性，难以体现评价的客观性与科学性。

表 3-4 曹如中的城市知识竞争力决定因素评价指标体系表

项目	一级指标	二级指标
城市知识竞争力评价指标体系	知识创新能力	百万人拥有专利数、百万人各科技人员数、第三产业对经济增长的贡献率、人均 FDI
	信息技术应用能力	电话普及率、互联网普及率、电话主线普及率、百人移动电话拥有量
	知识资本存量	高等教育入学率、高中入学率、全民受高等教育比重、每万人在校大学生数
	知识基础设施	人均教育经费、人均 R&D 费用、人均 GDP

林善浪和王健（2008）根据我国发展实际，主要借鉴 RHA 的竞争评价指标体系，由外及里从知识、资源和市场等维度出发，确立了区域知识竞争力评价指标体系，涵盖了三大维度八大方面，如表 3-5 所示。具体指标类型方面，知识要素层面，包括学习能力（如员工知识水平等）、知识积累（如专利平均增速、有效专利数、技术知识积累等）、创新能力（如 R&D 支出、新产品销售额占总销售额的比例等）、整合能力（如知识管理能力等）；资源要素层面，包括金融资本资源（如教育人均支出等）、知识基础设施（如计算机数量、宽带上网人数等），人力资源（如不同行业人数等），除了创新能力含有滞后指标，其余均属于先行指标；市场要素层面，产出结构（如劳动生产率等）属于同步指标，而产出结构（如人均收入等）属于滞后指标。该指标体系越来越重视先行指标对知识竞争力的重要作用，但部分也包含同步指标和滞后指标，存在不同类型交叉重复现象。同时，该评价指标体系的指标过于繁杂，不易于精准收集指标数据，也会导致计算工作量较大。

表 3-5   林善浪的知识竞争力评价指标体系表

目标层	一级指标	二级指标	三级指标
区域知识竞争力	知识要素层	学习能力	区域员工知识水平、区域学习能力、区域学习机制、区域学习氛围、区域学习规划
		知识积累	批准授予国民专利数平均增长速度、平均每 10 万人持有的有效专利数、科学论文数、技术知识、管理知识、文化知识和制度知识的积累
		创新能力	政府在 R&D 中的人均支出、企业在 R&D 中的人均支出、新产品销售额占销售总额的比重、每百万人口知识产权占有量、创业资本市场发展程度、风险投资发展程度
		整合能力	知识管理能力、信息系统作用、区域分工水平、区域合作程度
	资源要素层	金融资本资源	在初等和中等教育上的人均公共支出、在高等教育上的人均公共支出、人均私人股票投资
		知识基础设施	人均计算机数量、每万居民拥有服务器的数量、每千居民互联网主机数、每千居民宽带上网人数、人均移动电话数量
		人力资源	每万人中航空航天制造业的人数、每万人中医药制造业的人数、每万居民中管理者人数、每万人中电子及通信设备制造业的人数、每万人中电子计算机及办公设备制造业的人数、每万人中医疗设备及仪器仪表制造业的人数、每万居民中为高技术服务业就业人数、研发的科技人员总数占总人力资本比重
	市场要素层	产出结构	航空航天制造业、医药制造业、电子及通信设备制造业、电子计算机及办公设备制造业、医疗设备及仪器仪表制造业以及金融、保险及其商业服务的增加值占 GDP 比重、劳动生产率、人均收入、GDP 增长率

韩东林等（2012）根据知识竞争力的性质与特点，在现有评价指标体系的基础上，增加了"知识经济倾向"的评价维度，确立了区域知识竞争力评价指标体系，如表 3-6 所示。该评价指标体系的指标数据大多比较客观，也注意到了"知识经济倾向"的影响。具体指标类型方面，知识要素禀赋（如科技人员、R&D 经费等）、知识产出（如专利申请、授权量等）等，属于先行指标；而知识经济倾向中"高技术产业对 GDP 贡献率"指标反映地区实施知识经济战略的

执行力，属于滞后指标。虽然它突破了已有研究只考虑人力、知识和可持续等因素的不足，但是仍然同时出现了先行指标和滞后指标，且该一级指标与知识竞争力的关联度较低等问题。

表3-6 韩东林的区域知识竞争力评价指标体系表

项目	一级指标	二级指标
区域知识竞争力评价指标体系	知识经济倾向	城镇恩格尔系数、高技术产业对 GDP 贡献率
	知识要素禀赋	科技活动人员、R&D 人员全时当量、R&D 经费占 GDP 比重
	知识环境	金融机构存款余额、金融机构贷款余额、地方政府财政科技拨款、占地方财政比例、万人互联网用户数、百人固定和移动电话用户数、专利侵权纠纷立案数
	知识产出	专利申请量、发明专利申请授权量、国外检索工具收录论文数、技术市场成交合同金额

三、企业层面的评价指标体系

从已有研究来看，作为非常重要的微观经济体，企业层面的竞争力评价问题一直都备受人们的广泛关注。就目前来看，国内外相关研究机构和著名学者提出了一系列的评价指标体系，对企业知识竞争力评价体系构建具有非常重要的借鉴意义和参考价值。

（一）世界著名杂志提出的企业竞争力评价指标体系

如今，世界上一些知名商业报刊也开始发布了企业竞争力评价指标体系，对企业竞争力水平进行排名和评价。早期这些杂志的评价指标都是以财务指标为主，主要包括营业收入、利润、市值、营业额、总资产，但都未能反映知识竞争力。其中，《财富》杂志注意到财务指标具有一定的滞后性，后来增加了全球最受赞赏公司的评价体系，包含与知识竞争力相关的指标体系，能更加全面评价竞争力，如表3-7所示[①]。具体指标类型方面，企业的创新能力、吸引并留住人才的能力、资产应用整合能力以及国际运营能力等与知识相关的指标，属于先行指标。虽然该评价指标体系也考虑到了评价指标的滞后性问题，大大

---

① 财富中文网.2021 年《财富》全球最受赞赏公司榜单揭晓［EB/OL］.（2021-02-01）. http://www.fortunechina.com/rankings/c/2021-02/01/content_ 384765. htm.

减少了滞后指标，并选取了包括创新能力、人才能力等先行指标，但这些指标更侧重于定性分析，仍然存在不具可操作性等问题。

表3-7　世界著名杂志的企业竞争力评价指标体系表

世界著名杂志		评价指标体系
《财富》	全球最受赞赏公司	企业的创新能力
		产品的服务质量
		管理质量
		长远投资评估
		社区与环境的责任感
		吸引并留住人才的能力
		资产应用整合能力
		国际经营运作能力

资料来源：作者整理

（二）著名学者或机构提出的企业竞争力评价指标体系

20世纪90年代，我国也开始陆续出现了一系列相关研究成果，主要包括一些与竞争力研究相关的知名学者和研究机构。其中，学者主要包括金碚、胡大立等人；研究机构主要包括中国经营报、中国企业联合会、国家经贸委经济研究中心等。

金碚（2003）将评价指标体系分为测评性和分析性两大类型。其中，测评性类侧重于反映竞争结果的可直接计量指标，以及不可量化的间接计量指标；分析性类是一个从多角度、多层次设计的评价指标体系。在此基础上，金碚（2013）提出了企业竞争力评价指标体系具体的设计方案，构建了企业竞争力评价的指标体系，如表3-8所示。该评价体系虽然结合了定性和定量的评价指标，但仍旧存在有待完善的地方：一方面，评价指标主要是财务指标，属于滞后指标，侧重反映企业过去的竞争能力状况，评价结果具有一定的滞后性；另一方面，部分指标不具有可操作性，或者指标数据获取具有一定难度，如"人口收入占销售收入比重"，也只是比较适合于评价外贸出口类企业，却较难评测国内其他非外贸企业。此外，分析性指标具有较强的主观性。因此，金碚的评价指标体系仍旧存在有待进一步商榷的地方。

表 3-8　金碚的企业竞争力评价指标体系表

目标	因素	指标
企业竞争力	规模之因素	销售收入
		净资产
		净利润
	增长子因素	近三年销售收入增长率
		近三年净利润增长率
	效率子因素	净资产贡献率
		总资产贡献率
		全员劳动效率
		出口收入占销售收入比重

　　《中国经营报》在金碚（2003）研究成果的基础上，从数十个评价指标中筛选出 16 个指标，包括 10 个显性的、3 个潜在性的和 3 个分析性的指标，构建了企业竞争力检测指标体系，如表 3-9 所示。其中，技改投资与信息化建设及 R&D 占销售收入比重、专利拥有数等技术实力指标，是一种潜在的技术竞争力指标，属于先行指标。该评价指标体系包含了部分反映知识竞争力的先行指标，并且大多指标来自公开数据，相对其他分析性指标，更加公正、客观与科学。

表 3-9　《中国经营报》的企业竞争力评价指标体系表

目标	指标名称	指标性质及主要含义
企业竞争力	销售收入	规模
	近 3 年销售收入年平均增长率	业务增长
	利润总额	盈利水平
	近 3 年利润总额年平均增长率	持续盈利能力
	净资产	资本实力
	净资产利润率	资本盈利和增殖能力
	总资产贡献率	资金利用效率
	全员劳动生产率（或劳动效率）	劳动效率
	总收益率	价值创造能力
	出口收入占销售收入的比重	出口竞争力
	近 3 年技改投资与信息化建设投资占销售收入的比重	技术实力
	R&D 占销售收入的比重	潜在的技术竞争力
	拥有专利数	自主知识产权
	公众评价（人气指数）	品牌影响力
	财经记者评价	企业家及管理水平
	行业分析师	资本市场表现

胡大立（2001）从多因素角度出发，既考虑了企业在外部市场中竞争结果的显性竞争力，又分析了企业内在深层次决定因素的潜在竞争力，包括12大评价要素，共计71个评价指标，如表3-10所示。其中，该评价指标体系主要是通过"知识管理与技术创新""市场控制与资本营运""博取市场超额利润"等与知识相关的多方面能力，以及"人力资本""信息技术水平"等知识指标的评价要素来反映企业的知识竞争力。具体评价指标方面，信息技术水平（如信息技术的投资收益率、拥有率、使用率、投入增长率等）、技术创新能力（如技术创新投入率、技术开发人员比率、专利水平等）、人力资本（如企业各类人员综合素质或受教育程度、顾客信息技术水平等）、知识管理能力（如知识的采集、应用和散布等知识管理方面的环境和能力指数）、市场控制力（如企业社会形象、顾客忠诚度）等评价要素中部分指标，属于先行指标；而"获利能力"中的销售利润率、总资产报酬率、资本或净资产收益率等指标，属于滞后指标，而市场占有率、市场盖率等指标，以及"市场控制力"中的市场拓展能力、营销能力、国际化销售密度等指标，属于同步指标。该评价指标体系的评价要素较为全面，大多数据比较易于获取，具有较强的客观性，但指标数量比较繁多，且与知识竞争力相关的评价要素指标同时也包含了同步指标与滞后指标，不同类型指标交叉在一起，同样也会造成评价结果不够准确、科学。

表3-10 胡大立的企业竞争力评价指标体系表

评价要素	评价指标	评价要素	评价指标
营运能力	存货周转率、应收账款周转率、流动资产周转率、总资产周转率	组织结构	组织结构的合理性、组织外向拓展能力、均衡率、生产能力有效利用率
经营安全能力	自有资本构成比率、产权比率、流动比率、速动比率、资产负债率、已获利息倍数	人力资本	企业高级管理人员综合素质指数、员工平均受教育程度、员工的观念素质综合指数、员工的信息技术水平、顾客受教育程度、顾客的信息技术水平、人均利税率、人力资本开发成本率、人力资本开发成本利润率
获利能力	销售利润率、总资产报酬率、资本收益率、净资产收益率、每股收益、市场占有率、市场盖率、市场应变	企业文化	聚合力、企业文化适应性、企业文化建设投资率

评价要素	评价指标	评价要素	评价指标
市场控制力	能力、市场拓展能力、国际化销售密度、企业社会形象、营销能力、顾客忠诚度	资本运营能力	附加经济价值 EVA、资本保值增殖率、固定资产使用率、规模—单位成本函数、企业融资率、企业资信度、留存盈余比率/股利支付率
信息技术水平	信息技术拥有率、信息技术无保障率、信息技术使用率、信息技术投资收益率、信息技术投入增长率、人均技术装备水平、设备先进程度	知识管理能力	知识管理的环境指数、知识收集能力指数、知识运用能力指数、知识传播能力指数
技术创新能力	能源消耗利润率、原材料消耗利润率、技术创新投入率、技术开发人员比率、新产品开发成功率、新产品产值率、新工艺产值率、专利水平	外界环境关联水平	企业经营权力系数、社会责任成本率、社会贡献率、社会积累率、政府经济政策对企业的影响

张进财和左小德（2013）基于企业内部（资源和能力）与外部发展的关联性，分别从财务、客户、内部运营、学习与成长四个角度构建了企业竞争力评价指标体系，进而反映指标间的动态联系，如表 3-11 所示。其中，他们通过"人力资源""科技创新实力""企业盈利能力""经营管理能力""营销能力""财务能力"等要素来反映知识竞争力。具体指标方面，规模（如职工总数等）、科技创新实力（如科技开发经费与人员占比、技术进步项目收益率）、营销能力（如品牌价值、品牌知名度等）等，属于先行指标；企业盈利能力（如资金利税率、资本的利润率、周转率、利润增长率）、财务能力（如资产负债率、长期负债率、现金净流量比率）等，属于滞后指标；而人力资源要素既有先行指标（如员工平均受教育程度），也有滞后指标（如全员劳动利润率）；经营环境的产业要素（如产业竞争力）等，属于同步指标；产品市场（如产品销售获利率、市场占有份额、产品的合格率、专利性或独特性）既有滞后指标，也有同步指标。该评价体系考虑了企业竞争力的内外部影响因素，指标数据大多也都比较客观，但是也存在一些分析性指标，且指标的总量仍然比较大，与知识竞争力相关的指标里也出现了不同类型指标，同样会因指标重复计算而造成评价结果不精准、不科学。

表 3-11 张进财的企业竞争力评价指标体系表

表现要素 K_i				指标 X_i
内部	资源	分析性指标	资本 K_1	国际融资规模 X_1、投资水平 X_2
			设备 K_2	生产设备新度系数 X_1、生产设备新度系数 X_2
			规模 K_3	职工总数 X_1、资产总数 X_2、固定资产投资总额 X_3
			人力资源 K_4	全员劳动生产率 X_1、全员劳动利润率 X_2、员工平均受教育程度 X_3
			科技创新实力 K_5	科技开发经费占销售额比重 X_1、职工中科技开发人员比重 X_2、新产品投产率 X_3、新产品产值率 X_4、技术进步项目收益率 X_5
			制度 K_6	现代企业缺席的建立程度 X_1、现代企业制度动作效果 X_2
			企业文化 K_7	企业凝聚力 X_1、企业文化的先进性 X_2、企业文化的国际性 X_3
	能力	显示性指标	企业盈利能力 K_8	资金利税率 X_1、资本利润率 X_2、资本周转率 X_3、利润增长率 X_4
		分析性指标	经营管理能力 K_9	企业家综合素质 X_1、应用经济信息总量指标 X_2
			营销能力 K_{10}	品牌价值 X_1、品牌知名度 X_2、国际化的广告与包装 X_3
			资产营运能力 K_{11}	应收账款周转率 X_1、积压商品物资比率 X_2、固定资产闲置率 X_3、流动比率 X_4、速动比率 X_5、资本保值增值率 X_6
			财务能力 K_{12}	资产负债率 X_1、长期负债率 X_2、现金净流量比率 X_3
外部	分析性指标	经营环境	宏观 K_{13}	政府经济政策 X_1、社会法制健全度 X_2
			产业 K_{14}	所属产业竞争力 X_3
	显示性指标		产品市场 K_{15}	产品销售获利率 X_1、市场占有率 X_2、产品合格率 X_3、数量指标与国际认证情况 X_4、产品的专利性或独特性 X_5
			社会效益 K_{16}	社会贡献率 X_1、环境保护指数 X_2、合同覆约率 X_3、贷款覆约率 X_4
			国际化水平 K_{17}	企业境外公司数 X_1、境外公司职员比率 X_2、境外利润占总利润比率 X_3

除此之外，目前还有一些其他主要评价机构，分别从不同侧面开发了一些与知识竞争力有关的评价指标体系。这些评价体系的指标体系、主要成果以及各自的优缺点，如表3-12所示。

表3-12　其他主要机构的企业竞争力评价体系表

机构	年份	评价体系	成果	评述
国家经贸委经济研究中心	1995	规模、市场开拓、管理、学习与创新、政策与环境五大方面竞争力，70多个指标	《中国大型企业（集团）国际竞争力评价报告》	直观、形象、定量，具有一定可操作性，但鉴于数据可得性，评价对象适用于大型企业，较难应用于中小企业其中，用于反映知识竞争力的学习与创新维度属于先行指标；而市场开拓属于同步指标
中国国际竞争力比较课题组	1996	取自于IMD八大竞争力要素	《中国国际竞争力报告》	评价体系较为健全，但指标过多过细，操作性较差；指标类型同IMD
中国企业联合会、中国企业家协会	2002	经济效益、财务状况、管理水平、科技进步、员工素质、对外开放程度、社会效益七大类共62个指标	《中国500强企业》	数据支持性较好，但指标数量大，定性指标较多，可操作性相对较弱，完备性较差其中，用于反映知识竞争力的科技进步、员工素质属于先行指标；而经济效应和财务状况属于滞后指标

资料来源：作者整理

（三）现有研究提出的企业知识竞争力评价指标体系

知识竞争力评价逐渐由区域或城市层面转向微观企业层面，出现了一些相关研究成果，但是目前仍旧处于起步和探索阶段。

岑瑜等（2008）较早提出了企业知识竞争力内涵，分别基于技术、资源、组织和外部环境等四方面要素确立了包括26个指标的竞争力评价指标体系，如表3-13所示。该评价指标体系较为全面，但指标数量过于庞杂，部分指标难以量化，没有给出具体地指标测量方法，也没有针对该评价体系进行实证验证，只是提出了企业知识竞争力评价体系。具体指标类型方面，R&D、专利拥有率、员工素质、品牌声誉、企业制度等知识指标，属于先行指标；而新产品比重等属于滞后指标；市场份额、市场增长率、客户的满意度和忠诚度等属于同步指标。该评价指标体系夹杂着三类指标，会带来评价结果不准确，难以保证评价的科学性与客观性。

表 3-13 岑瑜的企业知识竞争力评价指标体系表

	一级指标	二级指标	三级指标
企业知识竞争力评价指标体系	技术要素	研究开发能力	R&D（研究与开发）经费比重、新产品开发周期、新产品寿命、投产率
		技术领先度	专利拥有比例、产品技术附加值率、新产品比重
		技术吸收能力	组织吸收新技术并转化为新产品的能力
	资源要素	人力资本	员工素质、培训教育、员工忠诚、决策层洞察力
		品牌声誉	品牌声誉
	组织要素	结构要素	企业制度、综合管理效率
		文化要素	企业家创新意识、企业文化、沟通与合理化建议
		信息系统	信息技术先进度、信息沟通能力
	外部要素	环境协调能力	政府支持能力、商业合作
		市场创造	市场份额、市场增长率、客户满意度、客户忠诚度

余祖德（2010）根据 RHA 的知识竞争力指标和我国制造业特征，将知识竞争力分为五大维度共 15 个二级指标，从而构建了评价指标体系，如表 3-14 所示。该评价指标体系主要考虑了制造业企业特点，包括了企业生产过程的多个方面，较为系统全面。具体指标类型方面，信息化水平、科研人员比率、品牌强度、专利知识强度、创新投入、研发经费和专利投入等知识指标，属于先行指标；而劳动生产率、销售率等属于同步指标；新产品产值率、销售利润率等属于滞后指标。该指标体系同样因指标数量过多，且同时出现了三类评价指标，难以得到较为精准的评价结果。

表 3-14　余祖德的制造业企业知识竞争力测量指标体系表

	一级指标	二级指标
制造业企业知识竞争力	企业基础设施	总资产贡献率、信息化水平
	技术开发与人力资源管理	科学家和工程师占科技活动人员的比例、科研人员比率、人均创新投入、研发经费投入强度、专利知识强度、新产品产值率
	采购与内外部后勤	存货比率
	生产经营	劳动生产率、绩效强度、生产经营设备先进性
	市场销售与服务	销售利润率、品牌强度、销售率

许方球和马辉（2010）基于知识竞争力的内涵，分别从人力和知识资本的资源禀赋以及技术创新、市场和成长的知识可持续发展能力两方面，构建了中药企业知识竞争力评价指标体系，如图 3-2 所示。该评价指标体系是从知识竞争力内涵出发的，也考虑了指标可测度性问题，但是并未交代各个指标选取的理论依据，以及各个指标之间的内在逻辑关系。具体指标类型方面，大专以上学历人员、技术人员与营销人员的占比、核心技术、无形资产等属于先行指标；而主营业务收入、净利润和总资产的增长率以及市净率等属于滞后指标。该评价指标体系较为充分地考虑了与知识相关的先行指标，但也包含了用于测度外部市场能力和成长能力的财务滞后指标，仍然将先行指标与滞后指标混作一谈。

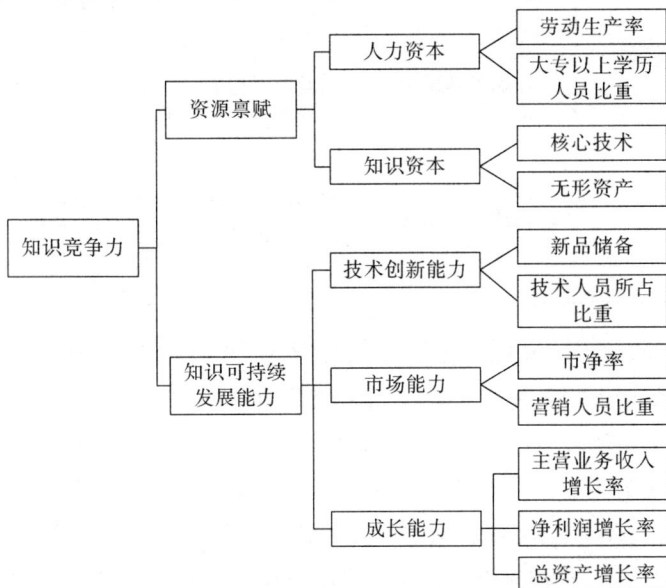

图 3-2　许方球的中药企业知识竞争力评价指标体系图

　　高武和罗宇岑（2013）在野中郁次郎（Nonaka）知识螺旋理论基础上，采用知识创新相关的非财务评价指标，构建了房地产开发企业知识竞争力评价模型，进一步建立了评价指标体系，如表3-15所示。该评价指标体系总体分析了财务和非财务指标，评价维度较为全面，但大多知识指标的测量维度为企业外部的定性指标，难以有效地获取指标数据，同时评价指标体系主要反映房地产开发企业特点，不具有普适性和可应用推广性。具体指标类型方面，竞争者分析能力、知识整合、知识传播与创新能力、品牌影响力等，属于先行指标；而市场营销能力等属于同步指标，盈利能力、市场盈利能力等知识外化增值能力，属于滞后指标。该指标体系不但包含了知识相关的先行指标，还包含了与外部市场相关的同步指标和滞后指标，三类指标混杂在一起，造成评价结果不够客观、准确，进而不利于管理者制定有效的战略决策。

表3-15　高武的房地产开发企业知识竞争力评价指标体系表

目标层	一级指标	二级指标
房地产开发企业知识竞争力评价指标体系（A）	知识整合和处理能力（A_1）	市场调查分析能力（A_{11}）、竞争者分析能力（A_{12}）、顾客需求分析能力（A_{13}）、开发项目策划能力（A_{14}）
	知识传播和共享能力（A_2）	内部知识网络完善水平（A_{21}）、外部知识联盟的嵌入度（A_{22}）、组织学习和应变能力（A_{23}）、个人知识经验分享机制（A_{24}）
	知识创新能力（A_3）	产品研发能力（A_{31}）、新技术新工艺应用能力（A_{32}）、经营和开发模式创新（A_{33}）
	知识外化增值能力（A_4）	盈利能力（A_{41}）、战略执行能力（A_{42}）、风险控制能力（A_{43}）、市场营销能力（A_{44}）、品牌影响力（A_{44}）

　　霍彬和徐茸茸（2014）在已有研究基础上，分别根据资源、技术、外部和组织内外部的四大因素建立了企业知识竞争力评价指标体系，如图3-3所示。该评价指标体系比较系统全面，较好地考虑了多方面的影响因素，但是评价指标体系总体较为庞杂，有些指标存在交叉重复现象，数据获取难度较大，不具有可操作性，也不能有效地扩大和推广应用。具体指标类型方面，专利、科研人员、R&D投入、科技人员、企业品牌声誉等知识要素，属于先行指标，而新产品开发项目数等属于同步指标。该评价指标体系将先行指标和同步指标混为

一起，同样会因为指标重复计算而造成评价结果缺乏客观性、准确性与科学性。

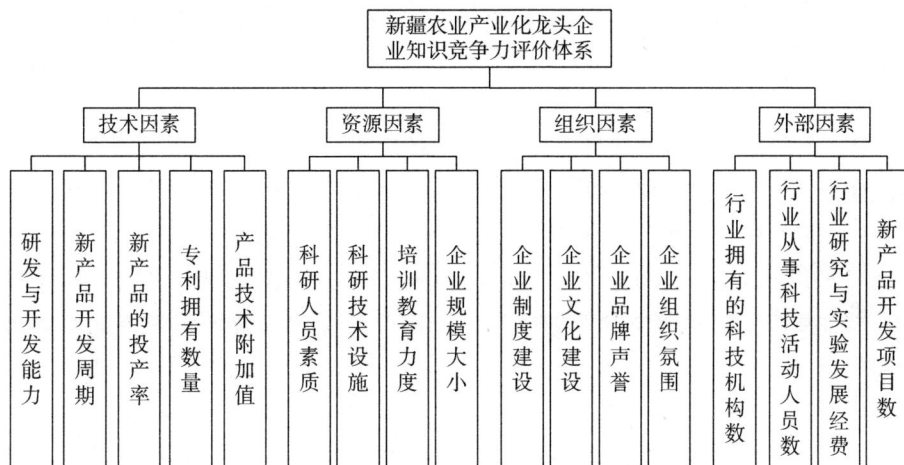

图3-3 霍彬的企业知识竞争力评价指标体系图

综合而言，与知识竞争力有关的评价指标体系的现有研究成果较为丰硕，体现在不同研究层面上，指标设计上也呈现不同特点。但与知识竞争力有关的指标体系设计的有效性、指标数据获取的可靠性、指标体系背后的理论基础等方面都存在不同程度的局限性，也一直被不断完善和改进。

从研究层面来看，与知识竞争力有关的评价指标体系研究主要涉及国家、区域或城市，以及微观企业等层面。国家或区域竞争力评价指标体系大多是把企业作为一个整体进行测度，部分涉及与知识竞争力相关的评价指标，能为企业知识竞争力评价指标体系设计提供借鉴参考。相比于国家层面的，区域或城市层面已经开始对知识竞争力的影响因素展开分析，构建区域或城市知识竞争力评价指标体系并对其进行了测评。国内区域或城市知识竞争力评价指标体系大多是在RHA的WKCI的基础上进行拓展和改进。而企业层面的也逐渐由部分与知识竞争力有关的指标延伸至企业知识竞争力评价指标，有些指标是从知识角度来设计的，但也有些指标只是借鉴并沿袭了企业竞争力的研究成果。

从指标类型来看，评价指标由过去注重与竞争结果相关的滞后指标，逐渐转向重视与知识相关的先行指标。虽然区域或城市知识竞争力评价指标大多为宏观或中观层面的，且部分也同时包含了滞后指标，但评价指标开始越来越注意到了先行指标对知识竞争力的决定性作用。事实上，由知识优势转化为企业竞争力的过程可知，知识优势对企业竞争力具有决定性作用，知识优势就是企业知识竞争力的先行指标。但现有研究在设计评价指标体系时，均是将这三类指标混在了一起。例如，有的是将先行指标与滞后指标交错在一起，如曹如中（2008）等；有的是将先行指标与同步指标合在一块使用，如 RHA（2002）、霍彬和徐茸茸（2014）；还有的研究甚至是同时含有这三类指标，如岑瑜等（2008）、高武和罗宇岑（2013）等。

从现有竞争力评价指标体系的整体分析来看，有些指标体系较为简明，但主观性指标较多，评价结果可靠性较低，如 WEF（2019）；而有些具有较强的客观性，但指标量太庞大，体系复杂，不够简明，可操作性不强，如林善浪和王健（2008）、IMD（2020）等。这些都会造成评价结果不准确、不客观与不科学。综合来看，已有研究共同缺陷在于，评价指标体系背后的理论基础较为薄弱。

第三节　企业知识竞争力评价指标体系设计

如上所述，我们就试图基于上一部分所建立的企业知识竞争力理论模型，对以往评价指标系统进行取长补短，梳理并构建一个简洁、客观且有坚实理论基础的企业知识竞争力评价指标体系，以期能为企业知识竞争力评价问题提供一定的理论参考和实践指导。

一、评价指标体系的构建

由上述分析可知，在已有与知识竞争力有关的评价指标体系中，有些是包括专家打分或调查问卷获取的指标，具有很强的主观随意性；有些更加倾向于客观性评价，但指标数量非常大，体系过于繁杂，易于造成逻辑混乱甚至冲突，也容易让人眼花缭乱、无所适从。一味追求无所不包、面面俱到，试图穷尽所有的评价指标体系，也正好说明其没有触及企业知识竞争力的本质。这些都将不会有助于企业知识竞争力的理论和评价指标体系长久可持续发展。

"大道至简"，即大道理（即基本原理、方法和规律）是极其简单的，简单到一两句话就能阐释清楚，是宇宙万物发展之规律。正所谓"真传一句话，假传万卷书"。因此，一个概念明确、逻辑一致、指标简洁、便于领悟的指标体系才能出色地完成评价目标。精简指标不仅能够保证更好的数据可得性，而且清楚明确、操作性强、可比度高，也便于管理（李剑鸣，2014；王文军和袁翀，2015）。只有精选出具有代表性且能揭示事实规律的指标，才能将繁杂问题简单化，通过现象探究事物的内在本质（王文军和袁翀，2015）。显然，客观、简洁、反映本质的企业知识竞争力评价体系才是最终所要追求的方向，也正是本研究所要探索并希望突破的关键问题。

由第二章企业知识竞争力理论模型可知，企业之间的经济竞争体现在通用性知识、专用性知识和专有性知识三个层面上。然而，无论在哪个层面，价格争夺（"合争"）和市场争夺（"分争"）都是最关键、最核心的竞争内容；无论在哪个层面，定价权力（决定交易价格）和市场份额（决定市场规模）最终都由知识来决定；无论在哪个层面，相对知识水平（包括知识质量和知识数量）都是企业知识竞争力的根本决定因素。因此，我们基于"通用性知识-专用性知识-专有性知识"三层次知识结构，且每一层次知识均是由知识质量（决定"合争力"）和知识数量（决定"分争力"）共同决定，就可以构建一个由六大指标构成的企业知识竞争力评价指标体系，如表3-16所示。其中，数量和质量是知识的两个维度，对应于事物的阴阳两面，大致等同于宽度和密度两个相对立的指标，是企业竞争力研究中两个首要考虑的因素（金碚，2001）。

表3-16　企业知识竞争力评价指标体系表

	一级指标	二级指标	指标定义
企业知识竞争力	通用性知识	平均受教育程度	员工的平均受教育年限
		员工规模	员工的总数
	专用性知识	专利平均授权期限	专利平均授权年限
		专利规模	专利的总数
	专有性知识	商标权期限	最长有效商标权的期限
		品牌市场规模	主营业务收入行业总营业务收入

目前，也有许多相关研究运用了精简指标的思想，对竞争力进行测度与评价，并且也得到了更加客观、准确与可信的评价结果。例如，侯经川和周露（2016）在《中国软科学》发表了关于国家竞争力的测度研究，正是采用"大道至简"思想，直入国家竞争力本质。他们也只选取六大指标就对极其复杂的国家竞争力进行了测度，并将结果与权威机构WEF和IMD的测算结果进行了对比分析，发现评价结果更为可信。具体来看，他们通过剖析国际经济竞争的逻辑结构和国家竞争力的决定机制，建立国家竞争力理论模型，据此将其分解成"贸易-投资-货币"三个维度的分力，每一分力均是由合争力和分争力共同决定，进而构建了由六大指标所构成的国家竞争力三维评价体系。另外，吴翔和臧良运（2006）依据企业竞争力的本质内涵，对指标体系进行了精简，最终采用六大指标构建了企业竞争力评价指标体系。由此可见，相比于以往与知识竞

争力评价的相关研究，本研究通过剖析企业的知识结构，揭示企业知识竞争力的决定机制，进而说明本研究所构建的竞争力评价指标体系更具客观性、可行性与科学性。

二、评价指标体系的阐释及度量方法

下面，我们将根据表3-16的企业知识竞争力评价指标体系，对通用性知识、专用性知识和专有性知识三层次知识进行阐释，进一步分析每一评价指标的度量方法。测量方法分析如下：

（一）通用性知识

通用性知识是人们在国家认可的教育部门或机构中接受教育而取得的（方福前和祝灵敏，2013）。人是获取和吸收知识的重要前提，通常不具有知识产权，易于在企业间流动。即使有先进技术、机械设备，没有人会操作也是徒劳，员工素质是影响企业知识的重要因素（Laursen 等，1999；张璇等，2017）。因此，我们选用员工受教育程度来代表员工素质，进而作为通用性知识的代理指标。该指标由通用性知识的质量（平均受教育程度）和数量（员工规模）共同决定，代表最底层次的潜在竞争力。

1. 平均受教育程度

平均受教育程度，即企业所有员工的平均受教育年限，它较好地反映了企业一定时期的员工文化水平，是通用性知识质量的直接体现。若该数值大于15，则说明该企业整体员工水平在专科学历以上，员工平均受教育程度较高；反之，较低。

2. 员工规模

员工规模，即企业员工的总人数，它反映了企业的员工规模状况。虽然平均受教育程度越高，企业员工文化水平就越高，但是还应考虑员工规模因素。员工规模是通用性知识数量另一个关键因素，能够决定企业在市场中的比较优势，对企业价值创造具有重要作用。

（二）专用性知识

专用性知识是一种有限期的知识产权，而专利是指在一定时间范围内，法律为那些产生重大发明创造的发明者确保其独享的权益，包括专有权和专利技术。专利作为企业创新产出的主要载体，是被广泛认可的衡量指标，更能有效地反映企业创新水平（贾俊生等，2017）。《现代汉语词典》（第六版）将"专利"解释为发明创造的专利发明者一定时期内受到法律保护所拥有的独享权益。

企业通过技术授权或垄断，在一定权利期限内对发明创造享有独自占有权，进而获得超额利益（Wang 等，2016）。因此，我们选用专利作为专用性知识的代理指标。该指标由专用性知识的质量（专利平均授权期限）和数量（专利规模）共同决定，代表比通用性知识更高一层次的潜在竞争力。

1. 专利平均授权期限

企业在差异性竞争阶段不断创新，输出专用性知识，并以专利等有自主知识产权的形式积累下来。专利是一种受到国家法律有限期保护的无形资产，在知识产权中包括专有权人享有的专有权利，还具有独自占有的排他性。专利授权期限就是依据专利权为发明者的合法权益设定不同保护时间，从技术创新中获得不同的垄断利润（陈啸，2016）。专利授权期限事实上就是超额利润的延续期限，专利的保护年限被设置得越久，企业从专用技术发明中所获得超额利润就越大（石磊和马士国，2005）。一个企业拥有的发明专利越多，平均受保护时间就越长，其专用性知识整体质量也就越高。因此，专利平均授权期限，即专利的平均授权年限或平均受保护时间，就可以反映专用性知识的质量。

2. 专利规模

与通用性知识类似，专利规模（即专利总数）也会对企业价值创造产生重要影响，体现企业知识创新活动的程度。它是衡量创新活动中专用性知识产出水平的一个通用指标，是创新性知识成果的一种直接反映。因此，专利规模能够反映企业专用性知识的数量。

（三）专有性知识

专有性知识是企业再生产过程中积淀而成的具有终生知识产权的知识资产，而商誉是指能给企业生产经营博取超额利润的各种有利资源和条件，包括地理位置、商号等（傅超等，2016）。商誉也是一种能给企业带来额外利润，反映企业无形资产的整体价值（Zadorozhnyi 等，2018）。商誉不仅反映了企业背后的综合能力，而且还是核心竞争力的集中体现（黄蔚和汤湘希，2018）。而企业核心竞争力源自公司的积累性学识，这些是企业获取差异化竞争优势的关键来源（Prahalad 和 Hamel，1990）。考虑到经济活动和激烈竞争的市场条件，企业就必须能够确定其商誉价值，而商誉价值主要体现在可衡量的商标权、商号等无形资产价值上（Zadorozhnyi 等，2018）。因此，我们选用商标来衡量商誉的价值，进而作为专有性知识的代理指标。该指标由专有性知识的质量（商标权期限）和数量（商标市场规模）共同决定，代表最高层次的显性竞争力。

1. 商标权期限

商标权期限，即商标受法律保护的有效期限，有效期满后可续展，每次续展期限为十年且次数不限。商标权使用期限是商誉价值的重要体现，决定了企业在市场上能否实现长久可持续发展。企业拥有的商标并不都能真正产生价值，如部分具有保护作用的竞争性商标。这样，平均商标权期限就难以真实反映企业品牌在市场上的实际收益。事实上，商标实际使用的最长时间是商标能够持久使用的时间，包括商品的品牌历史，能够反映专有性知识的质量。某个商标（品牌）实际使用时间越长，客户的认知度和忠诚度就越高；反之，越低。因而，商标实际使用的最长期限能够反映专有性知识的质量。

2. 品牌市场规模

商标市场规模是商标在市场中的使用范围和被用户接受情况，反映专有性知识的影响力。商标用户数虽能反映商标被用户接受程度，但会存在消费者细分市场和难以有效精准计算实有用户数量等因素，使得实际结果存在一定偏差，无法有效体现商标的实际覆盖面。实际上，一定时间范围内的某种商标产品一旦被顾客接受和使用，最终必然将反映产品的销售额，进而体现该时期该产品的市场份额。因此，产品的市场规模就能够反映企业专有性知识的数量。有鉴于此，我们选取企业主营业务收入在行业主营业务收入占比（即市场规模或占有率）作为专有性知识数量的衡量指标。

综上所述，我们就得到了测度与评价企业知识竞争力三个层面知识的六大代理指标。把三个层次知识合成起来就可得到企业整体知识水平，进而反映企业知识竞争力大小。因此，通过测度企业相对知识水平就可衡量企业在市场中知识竞争力水平。

第四节　评价方法的选择

综上所述，我们基于现有评价指标体系，对企业知识竞争力的评价指标体系进行了设计并作了详细论述，但是要想构建科学合理的企业知识竞争力评价体系还应选择合适的评价方法，进一步确定各级评价维度及每一维度具体指标的权重。本研究首先对现有评价方法进行详细阐释，分析各个评价方法的利弊和使用范畴；其次，对这些评价方法进行对比分析，同时结合本研究所构建的评价指标体系来选择合适的指标权重的确定方法；最后，基于本研究评价指标的特点，考虑时间因素的影响，对基于时间序列的动态评价方法的原理和具体计算步骤进行详细论述。

一、评价方法概述

如今，有关企业竞争力的评价方法层出不穷，多达几十种。主流评价方法包括模糊综合评价方法、层次分析法（AHP）、DEA 法、主成分分析法、TOPSIS 法、熵值法等。另外，关于竞争力评分方面，已有许多研究还考虑了时间因素对竞争力的影响效应，如基于时间序列的动态评价方法等。

（一）模糊综合评价方法

1965 年，美国学者扎德（L. A. Zadeh）率先提出了模糊集合理论（Fuzzy Sets），随后在此基础上提出了模糊综合评价法（闫世刚，2017）。该方法是依照隶属度理论，将定性问题进行量化处理，即结合不同影响因素，运用该理论对评价对象作一个整体性评价。由于企业竞争力评价本身具有一定的模糊性，该方法能够较好地应用于竞争力评价问题。在竞争力评价问题中，我们通常会将企业竞争力评价结果划分成不同等级，具有较好的直观效果，但是对于不同等级的标准却很难清晰加以界定，准确度较低。同时，该方法不仅在指标权重的确定上具有一定的主观性，而且计算过程也比较烦琐。

（二）层次分析法

层次分析法（AHP）是一种用来处理具有多个层次策略问题的分析方法，由萨蒂（T. L. Saaty）在 20 世纪 70 年代率先正式提出的（邹樵和肖世姝，2017）。它是把一个复杂的多目标决策当作一个系统，将目标细分为多个准则，再细分为多个层次进行定性和定量分析，最终做出优化决策。该方法是一种系统性评价方法，在处理复杂问题上具有很强的实际使用价值，且所需的定量数据较少，但该方法的定性分析较多，数据统计量较大，权重确定的主观因素较多。

（三）DEA 方法

DEA 方法，即"数据包络分析方法"的简称，是查恩斯（Charnes）和库柏（Cooper）在 1978 年最先提出的，主要用于评价组织与组织之间的相对有效性问题，如企业竞争力、投入产出效益等评价问题。该方法是借助线性规划模型，结合不同项目的投入与产出指标，对能够相互比较的组织模块开展有效性评价的一种分析方法（喻登科和邓群钊，2012）。该方法在多投入多产出的大系统有效性综合评价方面具有较强的优势，但只能表示评价的比较水平大小，较难体现各个评价对象的真实水平大小。

（四）主成分分析法

主成分分析法是通过统计学方法把复杂的数据集变成简单化的一种评价方

法，旨在对多个指标进行降维，转变为较少几个比较的关键评价指标。企业竞争力是一个复杂的概念，人们通常选取许多指标来度量企业竞争力，以便能够较为全面、系统地分析企业竞争力。然而，过多的评价指标往往会带来比较繁杂的计算和分析过程，部分指标之间通常也可能会彼此关联。因此，主成分分析法正好能够有效地处理这方面的问题。其基本思想就是依据指标彼此之间的联系，借助降维技术把原来多指标转化成能反映大部分信息的关键几个指标。该方法能够有效抹去指标间的相关性影响，利用综合指标代替多个指标，但是由于该方法的因子载荷正负交替之分，使得评价的实际价值不够清晰。

（五）TOPSIS 法

TOPSIS 法，是逼近理想解排序方法的简称，是 C. L. Hwang 和 K. Yoon 在1981 年率先揭示的。该评价方法是依据被评价对象的真实数据信息与理想化目标信息之间的逼近水平展开排序的方法，能够非常准确体现各个评价方案的差别程度。最优目标是所有被评价方案中最好的，最劣目标则是所有被评价方案中最差的。使用 TOPSIS 法进行综合评价时，通过确定各个指标来体现评价对象的整体情况。该方法的几何意义较为明确，操作起来清晰明了，但未能考虑指标间的关系。

（六）熵值法

熵值法，又称信息论法，是根据各个指标真实数据所提供的内在客观信息进行赋权的一种方法，也是经常用在具有多样本、多指标的评价问题中。因此，只要能够获得足够完美的评价指标数据，熵值法计算得到的权重值便被普遍当作是比较有客观性、科学性和真实性的（鲍新中等，2009；江玉国，2019）。该方法比较全面、客观，具有较强的可比较性，且评价结果可信度和精准度都很高，但指标权重的确定主要依赖于评价样本数据。

（七）动态评价法

目前，动态评价法主要包括对不同时间评价指标权重的计算，以及在不同时间序列中因评价对象变化而展开实时动态化调整的两大类型（郭亚军等，2007）。在经济管理的决策制定与评价过程中，决策者经常会碰见决策对象随着时间的推移和数据累积，进而形成一系列时序立体数据表，这些就要求管理决策者考虑动态评价问题。事实上，每个时期的评价对象数据对于管理者决策制定的有效性、重要性并不都是同等重要，存在一定的时效性。由此可见，科学计算不同时间评价指标的权重系数，将时序立体数据转化成为平面数据是动态评价法的关键所在。

综上所述，本研究对目前主流的几种评价方法进行了汇总，如表 3-17 所示。从现有文献资料来看，大多是借鉴企业竞争力的评价方法，直接用于评价知识竞争力的方法却很少。例如，哈金斯协会主要采用数据包络方法对区域知识竞争力进行测度和评价。曹如中（2008）采用主成分分析方法，建立多因素综合评价模型对城市知识竞争力评价展开研究。

表3-17 主流评价方法的汇总表

名称	使用范畴	优点	缺点
模糊综合评价法	企业核心竞争力评价、技术创新评价等具有模糊性的评价	将定性问题进行量化处理，结果非常清晰，系统性较强、能够很好的解决模糊难以量化的问题	计算过程较复杂繁琐，指标权重的确定具有较强的主观性
层次分析法	企业竞争力评价、成本效益评价等	系统性评价方法，在处理复杂问题上具有很强的实用性和有效性，所需的定量数据较少	定性分析较多，数据统计量较大，权重确定的主观因素大，特征值和特征向量的精确求法较复杂
DEA方法	企业竞争力评价、企业投入产出效率评价等	在多投入多产出的大系统有效性综合评价方面具有较强的优势	只能表示评价的相对发展水平，很难呈现评价对象的实际发展水平
主成分分析法	区域、产业竞争力评价	能够有效抹去指标间的相关性影响，利用综合指标代替多个指标，反映原指标的大部分信息	主成分的因子负荷符号正负交替，使得评价函数意义不明了
TOPSIS法	一般性系统评价	几何意义较为明确，操作起来清晰明了	未能考虑指标间的关系
熵值法	企业竞争力评价、商业投资评价等	全面、客观、较强的可比较性，客观赋权的可信度和精准度都很高	指标权重主要依赖于评价样本数据
动态评价法	区域、产业或企业竞争力评价等	较好地考虑事物变化规律，纳入时间因素，更具客观性、科学性	不适用截面数据，数据时效性有要求

二、评价方法的分析与选择

（一）评价方法的分析

如上所述，现有主流的评价方法都有各自的优劣势和使用范畴，大体可以划分成主客观两种赋权法以及动态评价法。主观赋权法是指按照专家自己的专业知识、经验，通过人为推测断定获得指标权重；客观赋权法是指决策者借助科学的计算方法，对原始客观数据之间的内在关系进行整理、计算和分析来确定指标权重（陈海秋，2004）。对于现实中不同评价问题，这两类赋权法各有利弊，需要研究者根据具体问题选择合适的评价方法。

第一类是主观赋权法，如层次分析法等。这类评价方法主要是相关领域专家凭借自身的知识库，根据指标的重要性赋予相应的权重。它虽然能够反映专家的经验判断和需求，但是主观因素较强，存在不同程度的主观随意性，往往注意不到指标的客观数据本身所蕴含的信息，因而会造成指标权重没有足够公正合理的科学根据，以致评价结果有可能会产生一定的偏差。

第二类是客观赋权法，如 TOPSIS 法等。这类评价方法虽然能够有效补充主观方法所不具备之处，但是客观评价方法中的数据包络法、主成分分析法等仅能得到最后的综合得分，不适用于权重的计算和不同维度评价指数的构建，同时也忽视了不用评价对象之间的差异问题以及决策者关于指标本身的主观信息。

（二）评价方法的选择

如上所述，本研究所构建的评价指标体系的二级指标之间具有十分密切的相互依存关系。若选择主观赋权法，可能就会无法注意到各个指标之间相关性而导致指标权重误差。有鉴于此，本研究采用客观赋权法，通过指标真实数据内在信息确定指标权重，考虑指标间关联对权重确定可能产生的影响，也能够避免主观影响，使得赋权过程更加科学合理（王启超等，2020）。进一步，本研究采用客观赋权法中最为常用的"熵值法"（陈伟等，2021；韩东林等，2012）。该方法是借助科学方法对指标客观信息进行计算得到评价权值和专家主观判断权值，并将二者整合而成的一种实用权值的赋权方法（郭淑娟和辛安娜，2011）。"熵值法"是基于客观数据计算所获得的，且计算非常方便，具有更高的可信度和准确度，能深刻地反映指标的不同能力（Guan 等，2019）。该方法不仅能够最大限度地挖掘并运用客观指标数据里所蕴含的信息，避免传统主客观评价相分离的问题，而且还能有效解决不同指标数据涵盖信息的交叉出现以及主观因素对权重计算过程的扰乱，有助于评价结果更加科学、合理和客观（潘雄锋等，2015）。

此外，企业知识竞争力是动态变化、并不断发展的，具有较大的不确定性。同时，知识优势转化成企业竞争力需要经历一个知识活动过程。因此，在研究企业知识竞争力评价问题时，不仅要考虑对指标赋权，而且还应考虑在一定时间内，人们对评价对象指标数据的重视程度可能存在差异。有鉴于此，本研究根据以往竞争力评价相关研究，将基于时间序列的动态评价方法应用于企业知识竞争力评价研究之中，以此来反映其动态发展过程或阶段，进而将静态和动态有机结合起来进行综合评价。该方法通过时序加权或时序几何平均算子对时间维度赋权重来计算时序权重，再将两次加权综合起来得到评价值，有助于评价过程更具科学性，评价结果更加客观、准确。

三、指标权重确定方法——熵值法

如上所述，我们采取"熵值法"对评价指标赋权重，进而对企业知识竞争力展开评价。"熵值法"是一种客观赋权法，是借助科学计算方法分别对各个指标的实际数据计算得到权重的方法。

（一）基本原理

熵（Entropy）是在信息论中对系统不确定性的度量。它通过评价指标的实际数据来确定其信息熵，然后结合指标之间的差异程度对评价对象的整体影响来确定权重。即依照每个指标标志值的差异水平进行赋权，从而得出各个指标的权重大小。倘若一个指标信息熵值越小，说明该指标数值的差异水平越大，所传达的信息量越多，因而该指标对评价结果的影响就越大，其权重也就越大；相反，如果某指标更大的信息熵，说明指标值具有较小的差异水平，所传递的信息量就越少，因而该指标对评价结果的影响就越小，其权重相应也就越小（王昆和宋海洲，2003）。

因此，在实际进行综合评价时，可采用信息熵值来确定指标数值之间的差异程度，进一步计算各个评价指标的权重，并对所有评价指标进行加权，最终得到更加科学准确的评价结果。"熵值法"的基本计算步骤如图3-4所示。

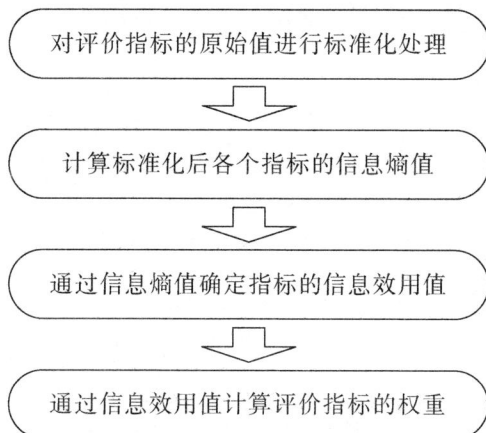

图3-4　熵值法的基本步骤图

（二）计算步骤

熵值法确定权重，具体包括以下七个步骤：

1. 原始数据的收集与整理

假设有 m 个样本企业，n 个企业知识竞争力评价指标，组成初始数据矩阵：

$$X = \begin{pmatrix} x_{11} & \cdots & x_{1n} \\ \vdots & \ddots & \vdots \\ x_{m1} & \cdots & x_{mn} \end{pmatrix} \tag{3-1}$$

其中，X_{ij} 表示第 i 个评价对象第 j 个评价指标的实际数值，$i = 1, 2, \cdots m$；$j = 1, 2, \cdots, n$。

对于评价指标 X_j，样本差异程度越大，该评价指标对实证结果的作用就越大。若该指标值都是相等的，则该评价指标对实证结果就没有什么作用。

2. 数据处理

为排除结果受到量纲影响而产生差异，需要对各指标进行归一化或者标准化处理。

归一化处理：

正向指标，其评价指标值越大越好，即指标值越接近最大值越好：

$$x'_{ij} = \frac{x_j - x_{\min}}{x_{\max} - x_{\min}} \tag{3-2}$$

负向指标，其评价指标值越小越好，即指标值越接近最小值越好：

$$x'_{ij} = \frac{x_{\max} - x_j}{x_{\max} - x_{\min}} \tag{3-3}$$

其中 x_j 为第 j 项指标值，$x_{\max}$ 为第 j 项指标的最大值，$x_{\min}$ 为第 j 项指标的最小值。

3. 评价指标占比

计算第 j 个评价指标中，第 i 个样本评价指标值的比重：

$$p_{ij} = \frac{x_{ij}}{\sum_i^m x_{ij}}, \quad 0 \le p_{ij} \le 1 \tag{3-4}$$

因此，可以建立评价指标数据的比重矩阵：

$$P = \begin{pmatrix} p_{11} & \cdots & p_{1n} \\ \vdots & \ddots & \vdots \\ p_{m1} & \cdots & p_{mn} \end{pmatrix} \tag{3-5}$$

4. 评价指标的信息熵值

定义第 j 个评价指标的信息熵值 e_j：

$$e_j = - k \sum_{i}^{m} p_{ij} \ln p_{ij} \tag{3-6}$$

式中，$i = 1, 2, \cdots m$；$j = 1, 2, \cdots, n$。

其中，常数 k 为调节系数，

$$k > , \ k = \frac{1}{\ln m} \tag{3-7}$$

保证 $0 \leqslant e_j \leqslant 1$，即 e_j 最大值为 1。

因此，第 j 个评价指标的信息熵值为

$$e_j = - \frac{1}{\ln m} \sum_{i}^{m} p_{ij} \ln p_{ij} \tag{3-8}$$

5. 评价指标的信息效用值

定义第 j 个评价指标的信息效用价值 d_j：

$$d_j = 1 - e_j \tag{3-9}$$

6. 评价指标权重

计算得到企业知识竞争力评价指标的权重 w_j：

$$w_j = \frac{d_j}{\sum_{j=1}^{n} d_j} \tag{3-10}$$

7. 综合评价得分

企业知识竞争力的综合评价得分 F_i：

$$F_i = \sum_{j=1}^{n} w_j z_{ij} \tag{3-11}$$

其中，$i = 1, 2, \cdots m$；$j = 1, 2, \cdots, n$，F_i 是第 i 个评价对象的综合评价得分，其值越大，说明评价对象的企业知识竞争力指数越大，其企业知识竞争力就越强。

四、基于时间序列的动态评价方法

基于时间序列的动态评价方法是在一定的时间范围内，通过对不同时间赋权，进而确定时间序列权重，并借助时序算术平均算子将前后两次进行加权合成得到评价值，从而实现企业知识竞争力的动态评价（余鹏等，2019）。

（一）基本原理

该方法是探究引入时间度，将时间序列的立体数据转化为截面数据的一种

评价方法。其基本原理是依照"厚今薄古"的基本思想，即更加重视较近期指标数据，而对较远期指标数据重视程度较低（郭亚军等，2007）。引入时间 λ，计算时间权向量 $v = [v_1 \cdots v_q]^T$。v_t 显示时间段 t 所对应的时间权重。式（3-12）与式（3-13）分别是时间权向量熵 E 及时间度 λ 的表达式。

$$E = - \sum_{t=1}^{q} v_t \cdot \ln v_t \qquad (3-12)$$

式（3-12）中，时间权向量 λ 差异越小，则熵值 E 就越大。

$$\lambda = \sum_{t=1}^{q} \frac{q-t}{q-1} v_t \qquad (3-13)$$

其中，时间度 λ 反映研究者对时间序列的重视度。当 $v = [1, 0, \cdots, 0]^T$ 时，$\lambda = 1$；当 $v = [0, 0, \cdots, 1]^T$ 时，$\lambda = 0$；当 $v = [1/q, 1/q, \cdots, 1/q]^T$ 时，$\lambda = 0.5$。λ 越接近 1，说明研究者更加关注远期数据；λ 越接近 0，说明研究者更加关注近期数据；当 $\lambda = 0.5$ 时，说明研究者对各个年度数据具有一样的重视程度。

其中，λ 的取值如表 3-18 所示。

表 3-18 时间度的 λ 参考表

时间度入 λ	时间权向量 v_i	说明
0.1		非常重视近期数据
0.3		重视近期数据
0.5	$0 \leqslant v_i \leqslant v_{t+1} \leqslant 1$ $0 \leqslant v = v_{t+1} \leqslant 1$ $0 \leqslant v_{t+1} < v_t \leqslant 1$	同等重视所用时期的数据
0.7		非常重视远期数据
0.9		重视远期数据
0.2/0.4/06/0.8		对应以上两相邻判断的中间情况

（二）计算步骤

假设有 q 年度企业知识竞争力数据，n 家企业，且第 i 家企业第 t 年度企业知识竞争力记为 KC_{it}（$t = 1, 2, \cdots, q$），其动态知识竞争力记为 KC_i（$i = 1, 2, \cdots, n$）。动态评价方法包括以下几个基本步骤。

第一步：运用式（3-11）分别计算出每个年度各个企业的知识竞争力 KC_{it}，得到时间序列立体的知识竞争力数据表。

第二步：计算各个年份的时间权向量 $v = [v_1 \cdots v_q]^T$。在时间度 λ 预先假定的情况下，使得 $\{v_t\}$ 差异最小的思想来构建模型。

在时间范围 $[1, q]$ 内，假设时间权向量为 $v = [v_1 \cdots v_q]^T$，可借助以下非线性规划模型求最值问题的方法来求解 v 值：

$$\max\left(-\sum_{t=1}^{q} v_t \cdot \ln v_t\right)$$

$$s.t.\begin{cases} \sum_{t=1}^{q} \dfrac{q-t}{q-1} v_t \\ \sum_{t=1}^{q} v_t = 1 \end{cases} \tag{3-14}$$

第三步：对各个企业每个年度知识竞争力进行二次加权，得到各个企业的动态综合知识竞争力得分 KC_i，如下式所示：

$$KC_i = A(<1, F_i(1)>, <2, F_i(2)>\cdots, <q, F_i(q)>)$$

$$= \sum_{t=1}^{q} v_t \cdot F_i(t) \tag{3-15}$$

企业知识竞争力动态评价得分 KC_i 大小表示在时间范围 $[1, q]$ 内评价对象的整体优劣情况，进一步通过该得分 KC_i 来对评价对象进行动态评价分析。

第四章

企业知识竞争力评价体系实证研究

如上所述，基于知识优势是企业知识竞争力的先行指标，知识竞争力评价就可简化为对知识优势的识别和衡量，为企业知识竞争力评价提供了一个详细简明、可量化且具有可操作性的评价体系。下面，我们以中国ICT上市公司为研究对象，应用该评价体系对其知识竞争力水平展开一个实证研究，进而验证本评价体系的科学性、合理性。

有鉴于此，本部分主要按照以下步骤展开：第一，关于ICT产业发展概况的论述，包括对ICT产业的定义、分类，全球ICT产业发展概况，以及中国ICT产业发展现状进行详细阐释。第二，选取2012—2019年中国ICT上市公司为研究样本，对样本数据进行描述性分析和预处理。第三，采取"熵权法"和"时间序列法"分别计算相应权重，进而对企业知识竞争力进行静态和动态评价分析。第四，根据静态和动态评价结果，按照上市板块、所属区域和成立年限等方面分别对样本企业的知识竞争力进行异质性分析。最后，建立计量回归模型，对企业知识竞争力与企业竞争力关系进行实证分析，并对回归结果进行讨论，进一步根据上市板块、所属区域和成立年限等方面进行分组回归和讨论。

第一节 ICT产业发展概述

一、ICT产业的定义及分类

ICT是信息（Information）、通信（Communication）、技术（Technology）的简称。ICT产业是在国家信息化产业发展过程中，由信息技术（IT）与通信技术（CT）依据各自的发展需要，相互融合、延伸演化而形成的一个新的技术领域。目前，国际上有关ICT产业的概念还没有一个统一而公认的界定。尽管如此，美国商务部（USDC）将其界定为软件、硬件和与其相关的服务通信三大类型，是如今较为认同并被广泛采用的。另外，也有其他组织机构的界定。例如，ICT产业被联合国划分为制造业和服务业两大领域。其中，制造业领域主要包括能够处理信息和实现通信传输的ICT相关制造产品；服务业领域主要包括电子信息，以及能为顾客提供的通信服务功能（具惠善，2018）。ICT产业被韩国信息社会发展研究所（KISDI）界定为：是一系列以技术（群）为中心的营利性组织和研究机构，被视为在融合时代所必要的核心产业（Mun和Nadiri，2002）。2007年，ICT产业被OECD定义为：借助电子手段传输，具备处理信息和借助媒介传输信息的，并与信息通信产业相关的产品或服务。中国信通院在OECD定义基础上，将ICT产业研究范畴界定为ICT的制造业和服务业①。

　　ICT产业属于高新技术产业的范畴，是基于信息化、数字化、网络化等于一体成长起来的一种新兴产业（申皓然，2019）。因此，本研究在现有定义的基础上，结合ICT产业与IT产业、CT产业的关系，将ICT产业定义为：ICT产业是一个信息技术产业和通信技术产业融为一体的生产服务部门集合，具体包括电子信息产业、计算机通信技术、信息传输、软件和信息技术服务业的相互融合。ICT产业不仅涉及信息的采集、加工、存储与流通等流程的相关制造，而且还包括信息与通信服务的活动及基础设施（范诗婕，2013）。随着信息技术的飞速发展和技术创新对产业的重要性日益突出，ICT产业对政府的职能、产业的发展业态、企业的组织结构、消费者的消费形式，以及企业与个人服务方式的影响显得尤为重要（具惠善，2018）。

　　目前，ICT产业的各个行业之间界限越来越不清晰，世界各个组织机构和学者们也对其进行了分类。例如，经济合作与发展组织（OECD）将其划分为信息设备制造业与服务业；联合国在OECD分类基础上，将其划分为信息与通信技术制造业以及服务业（范诗婕，2013）。国内学者王宏伟（2009）、蔡跃洲和张钧南（2015）等将ICT产业划分为ICT硬件产业（ICT制造）和ICT软件产业（ICT服务）。其中，ICT硬件产业（制造）包括计算机、通信设备及其他电子设备制造业；ICT软件产业（服务）包括电信和其他信息传输、计算机软件服务及信息技术服务业。这一分类与中国证监会《上市公司行业分类指引（2012年修订）》非常相吻合。因此，本研究借鉴这一分类方法对ICT产业进行分类，也更加符合中国实际国情，如图4-1所示。

---

① 中国信息通信研究院. ICT产业创新发展白皮书（2020年）[M/OL]. 2020 [2020-10-21]. http：//www.caict.ac.cn/kxyj/qwfb/bps/202010/P020201020747846648780.pdf.

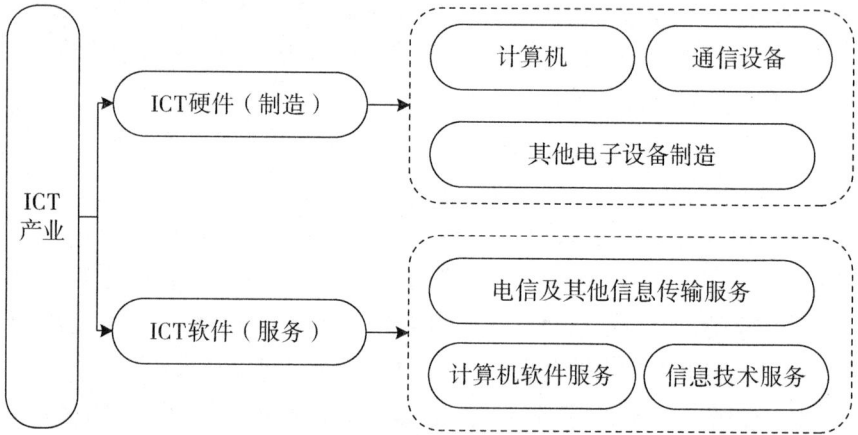

图 4-1　ICT 产业分类图

二、全球 ICT 产业发展概况

全球 ICT 产业最早诞生于 20 世纪 50 年代，兴起于 20 世纪末。随着当今世界"数字经济"的逐渐崛起，（移动）互联网、物联网等技术出现了前所未有的发展。特别是，人工智能（AI）、大数据、区块链等也实现了全所未有突破，特别是在 2019 年之后，全球 5G 正在步入关键发展时期，5G 商业执照开始对外发放，这是继 2013 年 4G 开发以来出现的又一次通信技术变革（申皓然，2019）。由此可见，21 世纪已然发展成为 ICT 时代，"互联网+"时代的发展趋势必将是以 ICT 产业为主导。

作为 ICT 产业重要领域的电信行业，全球电信的销售额基本保持平稳。依照中国信息通信研究院的数据，2019 年，全球电信服务业收入预计达 16,200 亿美元，同比增长 0.6%。其中，移动互联网及相关服务业收入占比近 66%，移动流量业务成为核心的增长动力。

2015—2019 年，全球移动终端用户的普及率缓慢增长，首批 5G 移动用户出现。截止到 2019 年，全球移动电话用户预计达 79.8 亿户，同比增长 3.0%，移动普及率达到 101.5 部/百人。2019 年是 5G 网络的商用元年，全球共 35 个国家和地区的 65 家运营商实现 5G 商用。全球移动用户规模如图 4-2 所示。

2015—2019 年，全球移动流量保持稳定增长，但增速明显放缓。2019 年全球移动用户 DOU（Dataflow of usage）达 7.3GB/（户·月），与上一年相比增幅

全球移动用户规模（亿户）

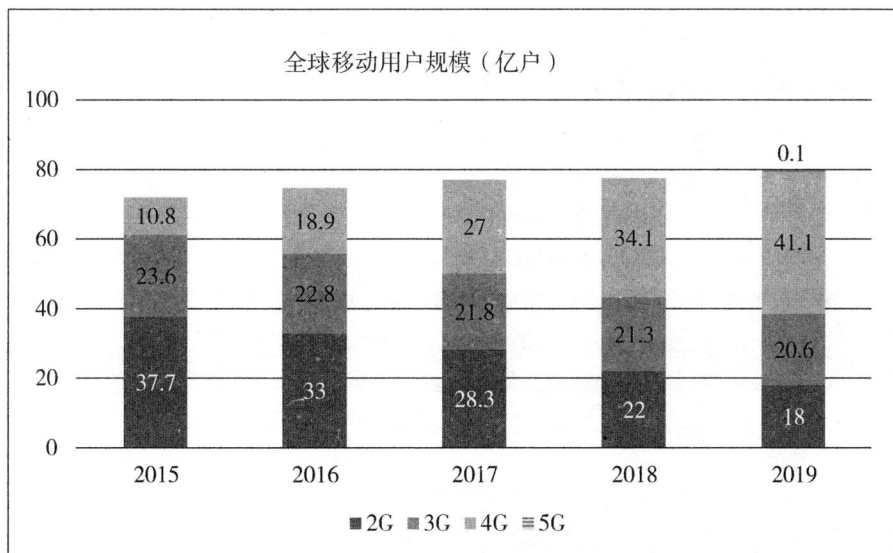

图 4-2 全球移动用户规模图

数据来源：GSMA（中国信息通信研究院《2020 年 ICT 深度观察》）

为 30%，增速较 2018 年显著放缓①。中国移动用户的 DOU 为 8.4GB（户·月），与上一年相比增幅为 50.4%。全球各地区移动用户 DOU 的分布情况如图 4-3 所示。

　　从全球 ICT 产业的区位布局来看，全球层面 ICT 产业主要集中在发达国家地区；国家层面的 ICT 产业主要分布于国际性、区域性或一线中心大城市；城市或区域层面的 ICT 产业主要集中在各类高新科技产业园区，如美国硅谷、中国北京中关村。ICT 产业集聚区通常属于一种学习型的网络服务体系，通常邻近于高等学府或科研机构密集区，拥有较高创新性的商业环境，并形成较为完善的社会配套服务体系。因此，全球各地区 ICT 产业集聚区的商业模式、创新主体、发展阶段与竞争力等方面均具有一定的差异性。以全球 ICT 产业几大典型集聚区为例，如表 4-1 所示。

---

① 中国信息通信研究院 . 2020 年 ICT 深度观察［R］. 北京：人民邮电出版社，2020.

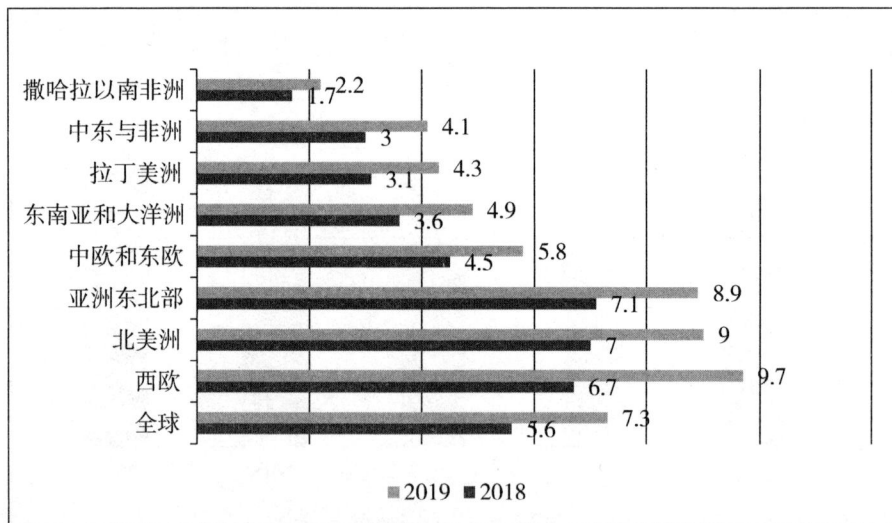

图4-3 各地区移动用户DOU（GB/户·月）分布情况图

数据来源：爱立信（中国信息通信研究院《2020年ICT深度观察》）

表4-1 全球ICT产业主要集聚区的对比表

全球ICT产业区域	商业模式	创新主体与重点	发展阶段与竞争力
美国硅谷科技园	市场为主导	大型企业为创新主体，技术创新为创新重点	最为成熟、最具有创新力和竞争力
128公路地区科技园	技术驱动为主导	科研机构和大学为主体，技术创新为创新重点	文化较为保守，相对滞后，竞争力被削弱
印度班加罗尔科技园	政府为主导	大型企业为创新主体，技术创新为创新重点	专业化程度较低、具有较强竞争力
台湾新竹科技园	市场与政府主导	本土中小企业为创新主体，科技产品的生产与产业化为创新重点	专业化程度较低、具有较强竞争力

资料来源：作者整理

三、中国ICT产业发展现状

目前，中国ICT产业在全球市场上的重要地位越来越凸显。按照罗兰贝格的考察结果，截至2018年底，中国ICT产业全球市场份额（13.3%）在全球市场中排第三位，仅次于美国（31.0%）和欧盟（19.4%）。此外，与全球其他高新技术产业相比,中国 ICT 产业在全球市场中也具有举足轻重的地位(罗兰贝格,2020)①,已经赶超医药(11.1%)、医疗器械(8.1%)、航空航天(7.3%)等产业②,如图 4-4 所示。

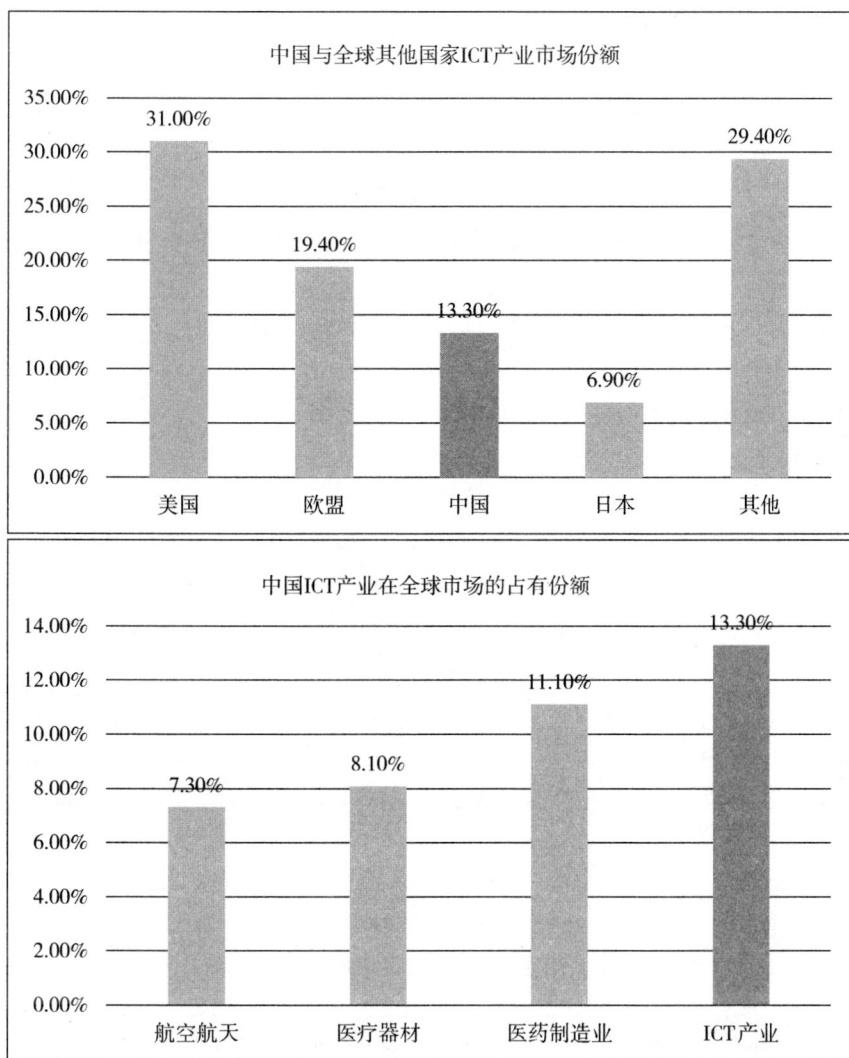

图 4-4 **2018 年中国 ICT 市场份额在不同国家和产业对比情况图**

数据来源:Bitkom,EITO,IDC(罗兰贝格《中国 ICT 产业营商环境白皮书》)

---

① 罗兰贝格. 中国 ICT 产业营商环境白皮书 [R]. 上海:法国里昂商学院,2020.
② 民机战略观察. 全球航空航天工业市场规模究竟有多大?[EB/OL].(2018-09-25). https://m.sohu.com/a/256093619_465915/.

目前，中国 ICT 产业正处在蓬勃发展时期，总体发展势头良好，呈现了不同发展特征。

（一）行业销售收入规模呈现稳步增长，市场发展空间广阔

作为高新技术创新与应用最活跃的先导型产业，中国 ICT 产业实现了跨越式的快速发展，成了国民经济数字化转型的关键力量。过去三十年，中国 ICT 产业收入规模呈双倍数增长，增速远超过全球其他产业，产业不断发生转型升级。"十二五"期间，ICT 产业销售额达 1.7 万亿元，超额完成预期规划目标，发展势头强劲①。2019 年，中国 ICT 产业销售规模逾越 25.31 万亿元，同比增长 7.8%②。其中，2019 年电信销售额达 1.31 万亿元，较上年增幅为 0.8%。《2019 年通信业统计公报》显示，2014—2019 年电信业务总量增长加快，营收出现企稳回升状态，如图 4-5 所示。另外，中国 ICT 产业中服务业比重持续增大，包括电信、互联网和计算机软件等 ICT 服务业收入占比已经超过 38%。中国 ICT 产业的收入分布情况如图 4-6 所示。

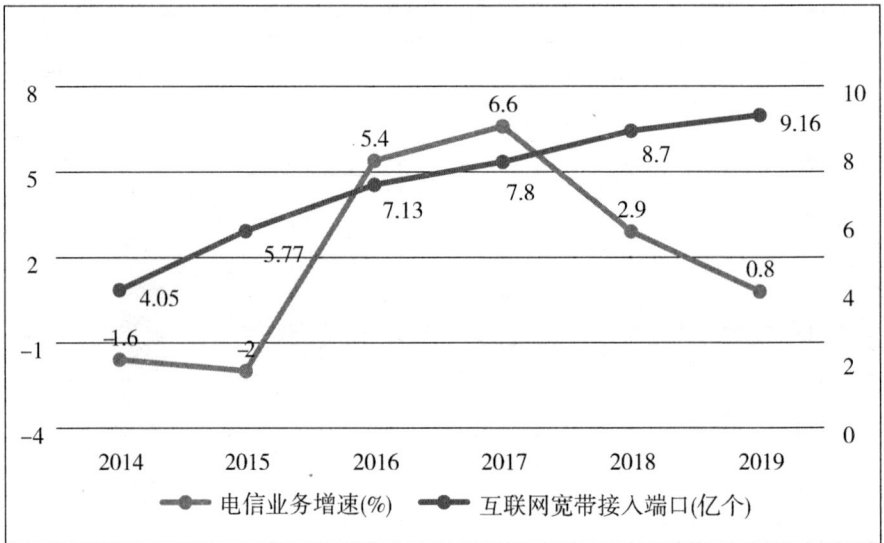

图 4-5　2014—2019 年电信业务收入及互联网宽带端口发展情况图

数据来源：工业和信息化部（中国信息通信研究院《2020 年 ICT 深度观察》）

---

① 工业和信息化部.信息通信行业发展规划（2016—2020）[EB/OL].（2016-12-20）. https://www.miit.gov.cn/jgsj/ghs/wjfb/art/2020/art_ f7a337a02f474eceaad34e56 113a0109.html.

② 中国信息通信研究院.2020 年 ICT 深度观察 [R].北京：人民邮电出版社，2020.

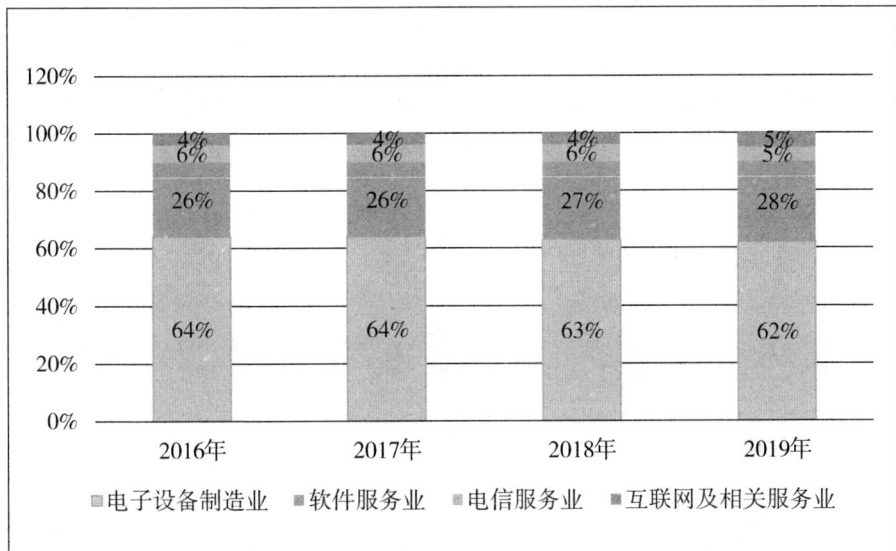

图 4-6　中国 ICT 产业收入分布情况图
数据来源：工业和信息化部（中国信息通信研究院《2020 年 ICT 深度观察》）

（二）中国 ICT 产业基础设施逐步完善，产业自主创新能力急剧上升

互联网核心能力不断提升，接入端口趋势更加明显。宽带接入端口数由 2014 年的 4.05 亿个增加至 2019 年的 9.16 亿个，如图 4-5 所示①。光纤宽带覆盖率位居世界首位，农村 75% 以上用户已覆盖光缆，而非乡村范围达 90% 家庭能够具备条件带进光纤宽带。4G 网络基站规模已逾越 177 万个，基本完成城镇连续全覆盖。5G 技术研发也取得了突破性进展，基础设施建设稳步推进，为 5G 技术应用带来更多机会。中国 ICT 产业领域自主创新能力逐渐迸发，中国在全球经济体中的创新指数在逐年不断攀升，完成了四年连续上升，ICT 产业领域各指标每年的创新指数排名也在不断提高。

（三）中国 ICT 产业呈现创新型发展，不断释放高市场活力

随着产业技术不断实现创新升级，中国 ICT 产业市场已逐步从单一市场发展成为形成技术研发与创造力的关键战略要地。此外，中国 ICT 产业也逐渐显示多样化发展态势，市场需求被激活，市场活力得到释放，细分产业相互促进、共同发展，为企业全球化进程提供机会。更进一步地，具有较高附加值的中国 ICT 产业，其利润率通常也会比较高，更能吸引中外资企业的不断涌入。这些也

---

①　工业和信息化部 . 2019 年通信业统计公报［EB/OL］.（2020-02-27）. https：//www. miit. gov. cn/gxsj/tjfx/txy/art/2020/art_ 2d61a3d279ba4d53aa944359d20b8d7f. html.

为中国 ICT 企业带来更加丰富的研究开发（R&D）费用，有助于加快推进 ICT 产业的发展。

（四）中国 ICT 产业区域集聚明显，产业基地初具规模但发展不均衡

伴随着中国 ICT 产业集聚程度的不断提升，中国 ICT 产业逐渐呈现显著的区域集聚特征，并已大体发展成为环渤海湾、长三角、珠三角、部分中西部等 ICT 产业集聚基地（李海超等，2014）。这些区域不仅成了中国 ICT 产业的支柱，而且也在一定程度上影响了所在区域社会生活和经济发展。然而，中国 ICT 产业虽已初具规模，但在企业规模、发展模式、发展速度、自主创新能力等方面仍然存在较大差异，发展程度也迥然不同（刘恒军等，2006）。

第二节　样本数据选择和预处理

一、样本选取与数据来源

本研究样本数据在采集过程中要确保具有科学性、真实性、可靠性和可得性。基于此，依据证监会颁布的《上市公司行业分类指引》（2012 年修订），我们采用 2012—2019 年中国 ICT 上市公司（母公司及所有子公司）作为研究样本。

选择 2012 年和 2019 年作为起止时间，是因为《国民经济行业分类标准》在 2011 年进行了第三次修订，2019 年是指标数据所能获取的最新年份。

我们选择中国 ICT（信息和通信）产业上市公司作为研究样本，主要是基于以下几个方面原因：

第一，ICT 产业属于高新技术产业，对国家未来产业发展起着支撑性作用。ICT 产业是国家未来发展的支柱产业代表，在整个国民经济中占较大的市场份额，一定程度上能够反映国民经济的发展状况（李海超等，2014）。ICT 产业属于国家网络、信息基础设施与服务构建的战略性、先导性产业，对经济全球化进程的推进具有极其关键性作用。ICT 产业也是目前国民经济行业中发展速度最快、创新活力最强的领域之一。

第二，ICT 产业是实现强国战略的有力支撑和重要内容。《信息通信行业发展规划（2016—2020 年）》指出，要不断提升 ICT 产业技术和服务水平，努力增强中国企业的国际竞争力，加快构建现代化互联网产业体系。《中国制造 2025》提出，将制造业强国建设的重心在于智能化，大幅地提升制造业的信息

化服务水平。这就要求，进一步推动 ICT 产业与制造业实现协调发展，让互联网、物联网 ICT 产业推动创新驱动发展，进一步推进传统行业智能化与转型升级发展，实现制造业强国和网络强国。

第三，ICT 产业属于代表性的技术、人才和资本等聚集型产业，对技术进步、研发投资、就业的拉动效果也非常明显（蔡跃洲和牛新星，2021）。ICT 产业对人员的学历、知识结构、专业能力、创造能力等方面要求都比较高，能够比较集中地反映中国企业的自主创新能力与经济竞争力。党的十九大报告、中共十九届五中全会等，都明确要求不断增强我国经济创新力和竞争力，把持续驱动作为国家先行战略，以科技创新驱使全面创新。这些宏观政策目标都能够在中国 ICT 产业的演进路径中得到很好的体现和落实。此外，ICT 产业的知识进步不仅可以依靠研发人员和研发投入得以实现，而且还可以通过技术引进、购买许可、并购等方式达成，进而使企业的可持续竞争力实现迅速提升。

第四，上市公司的制度较为规范，数据资料更加客观公正和齐全，且公开透明，比较易于获取。因此，研究中国 ICT 产业的企业知识竞争力发展情况，以及 ICT 产业企业知识竞争力对企业竞争力的影响效应，对于搞清楚中国企业的知识竞争力总体水平，及保护和提升中国企业竞争力都具有非常重大的理论意义和现实意义。

本研究指标数据主要取自于国泰安（CSMAR）数据库、万得（Wind）数据库、国家知识产权局以及上市公司年报，力图保证数据合理、真实和可靠。

为确保样本筛选的合理性，采用 2011 年之前在沪、深证券交易所上市的，且成长性较好的公司。在上述筛选标准基础上，进一步选择剔除部分 S，ST，＊ST，S＊ST，PT 等成长性不好的公司，以及主要指标数据严重缺失的其他公司，最后得到 2012—2019 年的 152 家上市公司，共计 1216 个观测值。

二、样本数据描述性分析

（一）样本企业基本信息分析

表 4-2 列示了样本企业的注册地、上市板、控股类型及成立年份。根据现有文献对区域的界定（何真，2018），可划分为环渤海湾京津地区、长江三角洲和珠江三角洲的三大经济圈。其中，样本企业总体分布为，环渤海湾京津地区 46 家，长江三角洲 40 家，珠江三角洲 54 家，占据了样本企业的 92.11%，如图 4-7 和 4-8 所示。

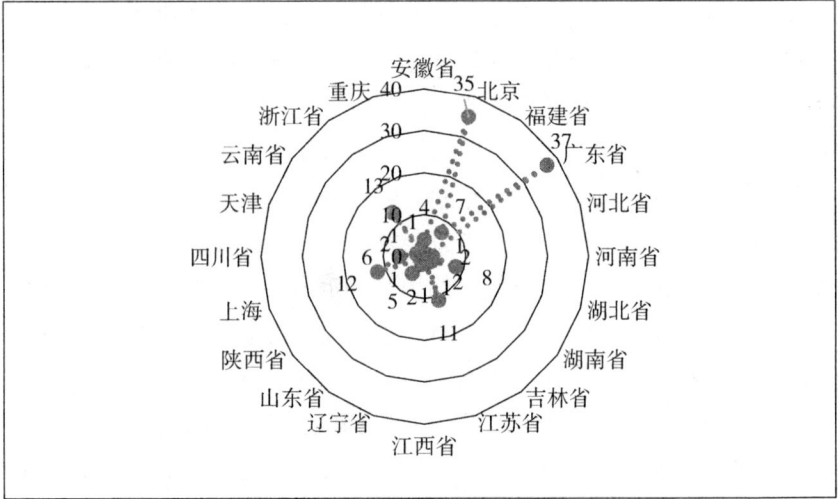

图 4-7　ICT 样本企业各地分布情况图

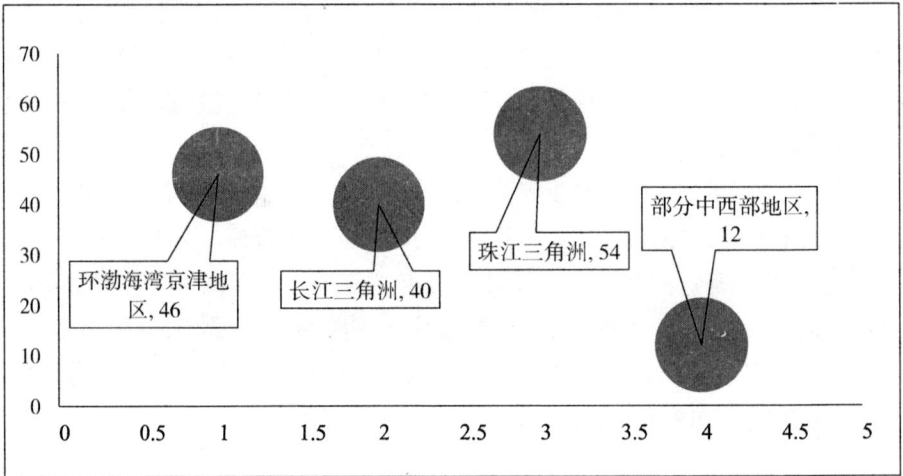

图 4-8　不同集聚区域 ICT 上市公司分布情况图

表 4-2　样本企业的基本信息描述表

简称	注册地	上市板	控股类型	成立年份	简称	注册地	上市板	控股类型	成立年份
深科技	广东	主板	中央国有	1985	天源迪科	广东	创业板	民营企业	1993
中兴通讯	广东	主板	民营企业	1997	世纪鼎利	广东	创业板	民营企业	2001
中国长城	广东	主板	中央国有	1997	三五互联	福建	创业板	民营企业	2004

简称	注册地	上市板	控股类型	成立年份	简称	注册地	上市板	控股类型	成立年份
特发信息	广东	主板	地方国有	1999	中青宝	广东	创业板	民营企业	2003
TCL 科技	广东	主板	民营企业	1982	华平股份	上海	创业板	民营企业	2003
神州信息	广东	主板	民营企业	1996	数字政通	北京	创业板	民营企业	2001
烽火电子	陕西	主板	地方国有	1992	思创医惠	浙江	创业板	民营企业	2003
汇源通信	四川	主板	民营企业	1994	数码科技	北京	创业板	民营企业	2000
京东方 A	北京	主板	地方国有	1993	银之杰	广东	创业板	民营企业	1998
创维数字	四川	主板	民营企业	2002	易联众	福建	创业板	民营企业	2000
富通鑫茂	天津	主板	民营企业	1997	振芯科技	四川	创业板	民营企业	2003
中信国安	北京	主板	地方国有	1997	顺网科技	浙江	创业板	民营企业	2005
中嘉博创	河北	主板	民营企业	1997	大富科技	安徽	创业板	民营企业	2001
紫光股份	北京	主板	中央国有	1999	信维通信	广东	创业板	民营企业	2006
南天信息	云南	主板	地方国有	1998	东方国信	北京	创业板	民营企业	1997
浪潮信息	山东	主板	地方国有	1998	迪威迅	广东	创业板	民营企业	2001
华工科技	湖北	主板	中央国有	1999	万达信息	上海	创业板	地方国有	1995
东信和平	广东	中小板	中央国有	1998	汉得信息	上海	创业板	民营企业	2002
联创电子	江西	中小板	民营企业	1998	中海达	广东	创业板	民营企业	2006
远光软件	广东	中小板	中央国有	1998	东软载波	山东	创业板	民营企业	1993
东华软件	北京	中小板	民营企业	2001	美亚柏科	福建	创业板	中央国有	1999
国脉科技	福建	中小板	民营企业	2000	天泽信息	江苏	创业板	民营企业	2000
生意宝	浙江	中小板	民营企业	2000	亿通科技	江苏	创业板	民营企业	2001
恒宝股份	江苏	中小板	民营企业	1996	易华录	北京	创业板	中央国有	2001
三维通信	浙江	中小板	民营企业	1993	佳讯飞鸿	北京	创业板	民营企业	1995
北纬科技	北京	中小板	民营企业	1997	拓尔思	北京	创业板	民营企业	1993
远望谷	广东	中小板	民营企业	1999	银信科技	北京	创业板	民营企业	2004
武汉凡谷	湖北	中小板	民营企业	1989	方直科技	广东	创业板	民营企业	1993
二三四五	上海	中小板	民营企业	1989	天玑科技	上海	创业板	民营企业	2001
科大讯飞	安徽	中小板	中央国有	1999	新开普	河南	创业板	民营企业	2000
奥维通信	辽宁	中小板	民营企业	2000	初灵信息	浙江	创业板	民营企业	1999

续表

简称	注册地	上市板	控股类型	成立年份	简称	注册地	上市板	控股类型	成立年份
启明信息	吉林	中小板	中央国有	2000	金信诺	广东	创业板	民营企业	2002
川大智胜	四川	中小板	民营企业	1994	佳创视讯	广东	创业板	民营企业	2000
拓维信息	湖南	中小板	民营企业	1996	华宇软件	北京	创业板	民营企业	2001
卫士通	四川	中小板	中央国有	1998	海联讯	广东	创业板	地方国有	2000
久其软件	北京	中小板	民营企业	1999	富春股份	福建	创业板	民营企业	2001
光迅科技	湖北	中小板	中央国有	2001	中际旭创	山东	创业板	民营企业	2005
辉煌科技	河南	中小板	民营企业	2001	宜通世纪	广东	创业板	民营企业	2001
日海智能	广东	中小板	民营企业	2003	邦讯技术	北京	创业板	民营企业	2002
焦点科技	江苏	中小板	民营企业	1996	硕贝德	广东	创业板	民营企业	2004
亚联发展	广东	中小板	民营企业	1999	东土科技	北京	创业板	民营企业	2000
皖通科技	安徽	中小板	民营企业	1999	中国联通	北京	主板	中央国有	2001
漫步者	广东	中小板	民营企业	2001	浙江富润	浙江	主板	民营企业	1994
汉王科技	北京	中小板	民营企业	1998	同方股份	北京	主板	中央国有	1997
太极股份	北京	中小板	中央国有	1987	永鼎股份	江苏	主板	民营企业	1994
卓翼科技	广东	中小板	民营企业	2004	波导股份	浙江	主板	民营企业	1995
千方科技	北京	中小板	民营企业	2002	大唐电信	北京	主板	中央国有	1998
新北洋	山东	中小板	地方国有	2002	凯乐科技	湖北	主板	民营企业	1993
合众思壮	北京	中小板	地方国有	1998	航天信息	北京	主板	中央国有	2000
新亚制程	广东	中小板	民营企业	2003	大恒科技	北京	主板	民营企业	1998
星网锐捷	福建	中小板	地方国有	1996	长江通信	湖北	主板	中央国有	1996
中远海科	上海	中小板	中央国有	1993	精伦电子	湖北	主板	民营企业	1994
四维图新	北京	中小板	民营企业	2002	华胜天成	北京	主板	民营企业	1998
广联达	北京	中小板	民营企业	1998	金证股份	广东	主板	民营企业	1998
雷科防务	江苏	中小板	民营企业	2002	湘邮科技	湖南	主板	中央国有	2000
深南股份	广东	中小板	民营企业	2004	亨通光电	江苏	主板	民营企业	1993
达实智能	广东	中小板	民营企业	1995	烽火通信	湖北	主板	中央国有	1999
启明星辰	北京	中小板	民营企业	1996	中天科技	江苏	主板	民营企业	1996
盛路通信	广东	中小板	民营企业	1998	中国软件	北京	主板	中央国有	1994

简称	注册地	上市板	控股类型	成立年份	简称	注册地	上市板	控股类型	成立年份
海格通信	广东	中小板	地方国有	2000	恒生电子	浙江	主板	民营企业	2000
二六三	北京	中小板	民营企业	1999	信雅达	浙江	主板	民营企业	1996
榕基软件	福建	中小板	民营企业	1993	用友网络	北京	主板	民营企业	1995
通鼎互联	江苏	中小板	民营企业	2001	方正科技	上海	主板	中央国有	1993
杰赛科技	广东	中小板	中央国有	1994	云赛智联	上海	主板	地方国有	1993
三七互娱	安徽	中小板	民营企业	1995	号百控股	上海	主板	中央国有	1992
巨人网络	重庆	中小板	民营企业	1997	东软集团	辽宁	主板	民营企业	1991
雷柏科技	广东	中小板	外资企业	2002	佳都科技	广东	主板	民营企业	2001
海能达	广东	中小板	民营企业	1993	闻泰科技	湖北	主板	民营企业	1993
宁通信B	江苏	主板	中央国有	1997	浪潮软件	山东	主板	地方国有	1994
神州泰岳	北京	创业板	民营企业	2001	南京熊猫	江苏	主板	中央国有	1992
网宿科技	上海	创业板	民营企业	2000	东方通信	浙江	主板	中央国有	1996
银江股份	浙江	创业板	民营企业	1992	浙大网新	浙江	主板	地方国有	1994
华星创业	浙江	创业板	民营企业	2003	天津磁卡	天津	主板	地方国有	1979
超图软件	北京	创业板	民营企业	1997	鹏博士	四川	主板	民营企业	1985
数知科技	北京	创业板	民营企业	2004	宝信软件	上海	主板	中央国有	1994
朗科科技	广东	创业板	民营企业	1999	华东电脑	上海	主板	中央国有	1993

（二）指标描述性统计分析

1. 全样本描述性分析

对 2012—2019 年 152 家中国 ICT 上市公司所有变量的实际数据展开描述性统计，如表 4-3 所示。

从各个指标的实际数据结果来看，各个层次知识变量的规模指标差异性非常大，上下波动也异常显著。例如，员工规模均值为 6167，远远偏离中位数 2110，标准差为 20820，极差为 253715，其中，硕士以下学历员工规模均值最大，为 5785；专利规模均值为 1137，是中位数 148.5 的 7.7 倍，标准差为 6967，其中，发明专利均值最高，为 983；市场份额均值为 0.00141，也是中位数 0.000291 的 4.8 倍，标准差为 0.00579。这也说明，样本企业知识变量的规模指标数据整体上差异性很大，分散程度非常高。

相比而言，各个层次知识变量的质量指标实际数据波动相对较为平稳，差异程度较低。例如，平均受教育年限均值为 14.94，中位数为 15.28，标准差为 1.132；专利平均受教育年限均值为 16.30，中位数为 16.71，标准差为 3.237；商标最久使用期限均值为 15.60，中位数为 15，标准差为 6.495。

由此可知，中国 ICT 上市公司总体规模分化现象特别严重，数据鸿沟呈现扩大化趋势，凸显非常严重的两极分化现象。

表 4-3　企业知识竞争力指标描述性统计表

指标		均值	中位值	标准差	极差	最小值	最大值	观测值
员工规模	总体样本	6176	2110	20820	253715	9	253724	1216
	硕士及以上	979.4	180	3152	24143	4	24147	379
	硕士以下	5785	2036	20280	238484	8	238492	1035
平均受教育年限		14.94	15.28	1.132	4.905	12	16.91	1216
专利规模	总体样本	1137	149	6967	87323	0	87323	1216
	发明专利	983	88	6584	84424	0	84424	1216
	新型实用	120	25	433.1	7105	0	7105	1215
	外观设计	35	8	106.8	1281	0	1281	1216
专利平均授权年限		16.30	16.71	3.237	20	0	20	1216
市场份额		0.00141	0.000291	0.00579	0.0778	0	0.0778	1216
商标最久使用期限		15.60	15	6.495	37	1	38	1216

2. 进一步分组描述性分析

由上述全样本的描述性统计分析可知，各个变量的规模指标数据表现出一种非常显著的"马太效应"特征。为了进一步考察样本指标数据的变化情况，根据样本信息特征，分别从上市板块、注册地所属区域等方面对样本企业进行描述性统计，然后进一步从均值和标准差两个维度对样本 ICT 上市公司企业知识竞争力水平的差异性进行深入分析。

首先，按照上市板块，对主板、中小板和创业板上市的样本 ICT 企业进行描述性统计分析，如表 4-4 所示。由表可知，在三个上市板块上市的 ICT 公司数量相差不大，基本徘徊在均值 51 家左右（其中，主板 53 家；中小板 51 家；创业板 48 家）。

从指标均值来看，在主板的 ICT 企业三个层次知识指标均显著高于在其他上市的企业。例如，员工规模指标均值，在主板上的为13512，而在其他上市的分别为2617和1859。进一步地，对硕士以下学历员工规模指标均值，主板上的为13738，而在其他上市的为2435和1691。对于专利规模指标均值而言，主板上的为2747件（发明专利为2439件，占比为88.79%），中小板上的为357件（发明专利为258件，占比为72.27%），创业板上的为189件（发明专利为143件，占比为75.66%）。主板上的企业专利规模显著高于其他板块上市的ICT企业，发明专利总数的均值依然普遍高于其他两种专利。从指标标准差来看，主板ICT企业各层次知识的质量指标离散程度显著高于其他中小板和创业板上企业的，整体上呈现更加离散状态。由此可知，主板上市的ICT企业发展程度大多都较高，企业创设时间更长，规模较大，具有较深厚的知识积累，但企业之间发展得很不均衡，存在着较大的差异性。

表4-4 按上市板块分组进行描述性统计

变量		主板上市			中小板上市			创业板上市		
		均值	标准差	观测值	均值	标准差	观测值	均值	标准差	观测值
员工规模	总体样本	13512	33971	424	2617	2254	408	1859	1845	384
	硕士及以上	1774	4453	178	389	511	109	141	129	92
	硕士以下	13738	34638	328	2435	2030	384	1691	1661	323
平均受教育年限		14.69	1.139	424	14.99	1.177	408	15.16	1.019	384
专利规模	总体样本	2747	11623	424	357	551.9	408	189	238.2	384
	发明专利	2439	10999	424	258	481.4	408	143	203.9	384
	新型实用	240	707.4	423	75	112.8	408	35	65.95	384
	外观设计	68	171.1	424	23	38.29	408	11	19.31	384

续表

变量	主板上市			中小板上市			创业板上市		
	均值	标准差	观测值	均值	标准差	观测值	均值	标准差	观测值
专利平均授权年限	15.96	3.231	424	16.31	3.039	408	16.66	3.409	384
品牌规模	0.0035	0.0094	424	0.00037	0.00035	408	0.000204	0.00018	384
商标最久使用期限	19.52	6.034	424	14.89	5.961	408	12.02	5.048	384

然后，按照注册地所属区域，对不同区域的 ICT 上市公司进行描述性统计分析。其中，环渤海湾京津地区的 ICT 上市公司有 46 家；长江三角洲地区的 ICT 上市公司有 40 家；珠江三角洲地区的 ICT 上市公司有 54 家；部分中西部地区的 ICT 上市公司有 12 家，如表 4-5 所示。

从指标均值来看，在环渤海湾京津地区和珠江三角洲的 ICT 上市公司三个层次知识的规模指标均值整体都比较高，在样本企业中占据重要地位。例如，对于员工规模指标，环渤海湾京津地区和珠江三角洲的 ICT 上市公司均值分别为 10165 和 5721，而长江三角洲和其他地区的 ICT 上市公司均值分别为 2992 和 3552。对于专利规模指标，珠江三角洲的 ICT 上市公司均值最大，为 1822；其次是环渤海湾京津地区，为 1227。进一步地，珠江三角洲 ICT 上市公司的发明专利申请量也是最大，为 1669；其次是环渤海湾京津地区，为 1026。各层次知识的质量指标均值差异性相对较小，平均受教育年限大体维持在 15 左右，专利平均授权年限和商标最久使用期限也都徘徊在 16 左右。从指标标准差来看，样本 ICT 上市公司各层次知识的规模指标总体离散程度都比较大。对于员工规模指标而言，环渤海湾京津地区 ICT 上市公司的标准差也是最大的，为 34923，其次是珠江三角洲，为 12314。而对于专利规模指标，珠江三角洲的标准差最大，为 10617，其次是环渤海湾京津地区，为 5167。由此可知，环渤海湾京津地区和珠江三角洲分别是 ICT 上市公司相对较为集聚的地方，但不同 ICT 上市公司的发展程度存在很大的不同，知识的积累程度也参差不齐。

表 4-5　按所属区域分组进行描述性统计表

变量		环渤海湾京津地区			长江三角洲		
		均值	标准差	观测值	均值	标准差	观测值
员工规模	总体样本	10165	34923	368	2992	2808	320
	硕士及以上	877	1568	126	360	544.2	67
	硕士以下	10473	34789	322	2723	2714	262
平均受教育年限		15.41	0.943	368	14.78	1.160	320
专利规模	总体样本	1227	5167	368	322	411.9	320
	发明专利	1026	4445	368	202	272.9	320
	新型实用	170	708.8	368	90	148.3	320
	外观设计	30	62.58	368	30	76.77	320
专利平均授权年限		17.08	3.307	368	16.20	3.160	320
品牌规模		0.00235	0.0093	368	0.000598	0.000816	320
商标最久使用期限		15.85	6.34	368	15.98	6.338	320

变量		珠江三角洲			部分中西部地区		
		均值	标准差	观测值	均值	标准差	观测值
员工规模	总体样本	5721	12314	432	3552	3769	96
	硕士及以上	1427	4810	145	726	972	41
	硕士以下	4454	7812	386	2804	2975	65
平均受教育年限		14.71	1.175	432	14.64	0.951	96
专利规模	总体样本	1822	10617	432	432	904	96
	发明专利	1669	10206	432	330	823	96
	新型实用	107	283	432	82	77	96
	外观设计	46	155	432	19	37	96
专利平均授权年限		16.05	3.227	432	15	2.399	96
品牌规模		0.00138	0.00432	432	0.000697	0.001	96
商标最久使用期限		14.56	6.655	432	18.08	6.045	96

三、数据预处理

有鉴于各个指标之间的量纲差异性很大，不同指标数值之间跨度特别大。

为了使得不同量纲和性质的指标之间能够相互比较，在对企业知识竞争力进行测度和评价之前就是通过科学方法标准化各个指标的实际数据（Gregory 和 Jackson，1992；Ma 和 Guo，2011；郭亚军，2007）。目前，关于数据无量纲化处理的方法比较多，常用有均值化、z-score 变换、归一化、比重法等。这些方法各有优劣势，通常根据实际研究问题的需要进行选择（胡永宏，2012；岳立柱等，2020；詹敏等，2016）。本研究方样本企业数量较多，为了使得评价数据不至于太小且易于展示，保留各个评价指标内在固有的信息，同时还要确保评价结果能够合理有效地实现等级排序（张卫华和赵铭军，2005），我们选择"均值化"无量纲化法处理。

"均值化"无量纲化法操作步骤如下：

$$Z_i = X_i / X_0 \tag{4-1}$$

其中，X_i 为原始值；X_0 为标准值，即该指标在所有样本相同时间段内的均值；Z_i 为无量纲化数值。

第三节　静态评价及结果分析

一、指标权重的计算

（一）指标数据无量纲化处理

利用公式（4-1）"均值化"标准方法对每个指标的实际数据进行处理。

（二）指标权重的计算

利用第三章熵值法计算方法，对样本企业知识竞争力各个二级指标权重进行确定，如表4-6所示。

表4-6　样本企业知识竞争力二级指标体系权重表

年份	一级指标	通用性知识		专用性知识		专有性知识	
	二级指标	员工规模	平均受教育年限	专利规模	专利平均授权年限	市场份额	商标最久使用期限
2012	信息熵	0.6922	0.9753	0.3958	0.9862	0.5661	0.9682
	效用值	0.3078	0.0247	0.6042	0.0138	0.4339	0.0318
	权重	0.2173	0.0174	0.4267	0.0098	0.3064	0.0224

续表

年份	一级指标	通用性知识		专用性知识		专有性知识	
	二级指标	员工规模	平均受教育年限	专利规模	专利平均授权年限	市场份额	商标最久使用期限
2013	信息熵	0.6883	0.9756	0.4415	0.9891	0.5661	0.9682
	效用值	0.3117	0.0244	0.5585	0.0109	0.4339	0.0318
	权重	0.2274	0.0178	0.4073	0.0079	0.3164	0.0232
2014	信息熵	0.7006	0.9751	0.4720	0.9948	0.5980	0.9682
	效用值	0.2994	0.0249	0.5280	0.0052	0.4020	0.0318
	权重	0.2319	0.0193	0.4089	0.0040	0.3113	0.0246
2015	信息熵	0.7135	0.9787	0.4955	0.9950	0.6260	0.9682
	效用值	0.2865	0.0213	0.5045	0.0050	0.3740	0.0318
	权重	0.2342	0.0174	0.4125	0.0041	0.3058	0.0260
2016	信息熵	0.7200	0.9778	0.5129	0.9845	0.6594	0.9682
	效用值	0.2800	0.0222	0.4871	0.0155	0.3406	0.0318
	权重	0.2378	0.0189	0.4138	0.0132	0.2894	0.0270
2017	信息熵	0.7478	0.9774	0.5251	0.9835	0.6782	0.9682
	效用值	0.2522	0.0226	0.4749	0.0165	0.3218	0.0318
	权重	0.2252	0.0202	0.4241	0.0148	0.2874	0.0284
2018	信息熵	0.7512	0.9772	0.5332	0.9839	0.6926	0.9682
	效用值	0.2488	0.0228	0.4668	0.0161	0.3074	0.0318
	权重	0.2275	0.0208	0.4268	0.0148	0.2811	0.0291
2019	信息熵	0.7641	0.9784	0.5460	0.9785	0.6440	0.9682
	效用值	0.2359	0.0216	0.4540	0.0215	0.3560	0.0318
	权重	0.2105	0.0192	0.4051	0.0192	0.3176	0.0284

二、静态评价结果

下面，采用静态评价模型的计算公式（3-11）对中国 ICT 上市公司 2012—2019 年样本企业无量纲化后的指标数据进行了测算，分别得到企业知识竞争力以及三个层次知识的指数值，如表附 1 至附 4 所示。（见附录 2）

三、评价结果分析

（一）中国 ICT 上市公司整体性评价分析

下面，根据表附 1 中国 ICT 上市公司 2012—2019 年企业知识竞争力综合得分，分别从纵横向两个方面进行整体性评价分析。

1. 横向维度

根据表附 1 的数据，计算得到中国 ICT 上市公司 2012—2019 年每家企业知识竞争力指数的得分均值，如表 4-7 所示。

从横向维度来看，由中国 ICT 上市公司 2012—2019 年企业知识竞争力得分均值可知，ICT 上市公司的企业知识竞争力水平处于较为严重的"强者愈强、弱者愈弱"两极分化现象（如表 4-7 所示）。在 152 家样本企业中，有 135 家的得分位于样本企业知识竞争力得分均值 1.0009 以下，占 88.82%。

对于排名前十位的企业而言，大体可以分为四大档。首先，排在第一位的中兴通讯为第一档，其企业知识竞争力指数高达 37.5173，是排在第十位深科技得分 1.7441 的 21 倍多，也是整体均值的 37 倍多。其次，中国联通和新东方 A 为第二档，综合得分分别为 24.3146 和 13.6615。虽然远远落后于中兴通讯，但在整体样本企业中仍然位居较高位，分别是样本整体均值的 24 倍和 13 倍之多。再次，TCL 科技和中国长城为第三档，其综合得分分别为 7.1190 和 4.4479。最后，排在最后的五家企业为第四档，其综合得分大体在 2.200 上下浮动，五家企业间的企业知识竞争力得分差异性较小。

对于排名后十位的企业而言，企业知识竞争力综合得分的均值为 0.0950，得分处于一个非常低的水平。排在后五位企业为北纬科技、亿通科技、海联讯、湘邮科技、方直科技，其企业知识竞争力综合得分均在 0.1 以下。其中，最后一位的方直科技知识竞争力综合得分仅为 0.0714。

由此可见，中国 ICT 上市公司的企业知识竞争力水平数据鸿沟进一步加剧，"马太效应"更加凸显。不同 ICT 上市公司的知识竞争力水平分布的不平衡性也十分明显，即便是得分前十位的企业也存在了相当大的差异性。

表 4-7　中国 ICT 上市公司 2012—2019 年企业知识竞争力得分均值及排名表

简称	得分	排名	简称	得分	排名	简称	得分	排名
中兴通讯	37.5173	1	华工科技	0.4115	52	盛路通信	0.2122	103
中国联通	24.3146	2	恒生电子	0.4057	53	合众思壮	0.1973	104

续表

简称	得分	排名	简称	得分	排名	简称	得分	排名
京东方 A	13.6615	3	广联达	0.4033	54	久其软件	0.1953	105
TCL 科技	7.1190	4	特发信息	0.3900	55	数知科技	0.1952	106
中国长城	4.4479	5	金证股份	0.3789	56	辉煌科技	0.1950	107
浪潮信息	2.6063	6	信雅达	0.3710	57	漫步者	0.1936	108
航天信息	2.4474	7	联创电子	0.3709	58	超图软件	0.1928	109
烽火通信	2.1814	8	南天信息	0.3508	59	天泽信息	0.1922	110
同方股份	2.0593	9	美亚柏科	0.3503	60	东软载波	0.1914	111
深科技	1.7441	10	三维通信	0.3473	61	二三四五	0.1905	112
星网锐捷	1.7061	11	大恒科技	0.3355	62	川大智胜	0.1867	113
亨通光电	1.6393	12	信维通信	0.3345	63	巨人网络	0.1851	114
东软集团	1.6137	13	远光软件	0.3341	64	波导股份	0.1827	115
鹏博士	1.5997	14	东土科技	0.3329	65	振芯科技	0.1749	116
中天科技	1.4013	15	佳都科技	0.3327	66	华平股份	0.1744	117
用友网络	1.2764	16	永鼎股份	0.3318	67	奥维通信	0.1727	118
紫光股份	1.1745	17	三七互娱	0.3307	68	新开普	0.1721	119
创维数字	0.9221	18	中嘉博创	0.3296	69	皖通科技	0.1679	120
方正科技	0.9028	19	东信和平	0.3289	70	亚联发展	0.1666	121
杰赛科技	0.8597	20	汉得信息	0.3284	71	顺网科技	0.1641	122
南京熊猫	0.8529	21	佳讯飞鸿	0.3262	72	拓尔思	0.1609	123
科大讯飞	0.7577	22	万达信息	0.3233	73	富通鑫茂	0.1606	124
神州信息	0.7536	23	天源迪科	0.3180	74	思创医惠	0.1595	125
中信国安	0.7464	24	千方科技	0.3176	75	银信科技	0.1541	126
汉王科技	0.7391	25	号百控股	0.3138	76	国脉科技	0.1519	127
海能达	0.7263	26	易华录	0.3127	77	易联众	0.1499	128
宝信软件	0.7083	27	宜通世纪	0.3120	78	榕基软件	0.1450	129
大唐电信	0.6744	28	云赛智联	0.3038	79	二六三	0.1442	130
新北洋	0.6548	29	卫士通	0.2972	80	长江通信	0.1435	131
浪潮软件	0.6383	30	烽火电子	0.2966	81	佳创视讯	0.1362	132
光迅科技	0.6257	31	宁通信 B	0.2887	82	银之杰	0.1361	133

续表

简称	得分	排名	简称	得分	排名	简称	得分	排名
大富科技	0.6148	32	华宇软件	0.2866	83	邦讯技术	0.1341	134
东方通信	0.6115	33	达实智能	0.2790	84	精伦电子	0.1306	135
东华软件	0.6000	34	朗科科技	0.2735	85	中青宝	0.1237	136
浙大网新	0.5947	35	银江股份	0.2664	86	新亚制程	0.1236	137
日海智能	0.5933	36	金信诺	0.2530	87	汇源通信	0.1227	138
闻泰科技	0.5730	37	焦点科技	0.2530	88	天津磁卡	0.1219	139
神州泰岳	0.5621	38	数码科技	0.2504	89	深南股份	0.1175	140
中国软件	0.5544	39	远望谷	0.2491	90	中远海科	0.1175	141
华胜天成	0.5311	40	雷科防务	0.2457	91	三五互联	0.1147	142
海格通信	0.5209	41	拓维信息	0.2408	92	初灵信息	0.1118	143
通鼎互联	0.4952	42	恒宝股份	0.2407	93	富春股份	0.1086	144
华东电脑	0.4648	43	东方国信	0.2402	94	天玑科技	0.1044	145
网宿科技	0.4646	44	雷柏科技	0.2394	95	迪威迅	0.1024	146
浙江富润	0.4559	45	硕贝德	0.2257	96	生意宝	0.1022	147
武汉凡谷	0.4515	46	中海达	0.2250	97	北纬科技	0.0948	148
四维图新	0.4497	47	世纪鼎利	0.2249	98	亿通科技	0.0942	149
凯乐科技	0.4471	48	中际旭创	0.2236	99	海联讯	0.0801	150
卓翼科技	0.4440	49	华星创业	0.2181	100	湘邮科技	0.0797	151
太极股份	0.4329	50	启明信息	0.2158	101	方直科技	0.0714	152
启明星辰	0.4255	51	数字政通	0.2144	102			

2. 纵向维度

根据表附1的数据，计算得到中国ICT上市公司2012—2019年每年企业知识竞争力指数的均值和标准差，如图4-9所示。

由每一年的得分均值可知，企业知识竞争力指数的均值，由2012年的1.0026变为2019年的1.0000，降幅为0.26%，虽然2019年出现了小幅回升，但总体呈现逐年缓慢下降趋势。这表明，样本期间中国ICT上市公司企业知识竞争力总体趋于横向的均值水平，发展较为平稳，且出现整体趋好的态势。

由每一年的标准差可知，企业知识竞争力指数的标准差，由2012年的4.6907变为2019年的3.3515，降幅为28.55%，除了在2019年出现微小上升，但整体呈逐年变小趋势。这表明，样本期间中国 ICT 上市公司各个样本企业的知识竞争力差异性在逐步缩小，企业间差距在减少，上下波动逐年变小，也说明中国 ICT 企业整体水平呈逐年向好走势。

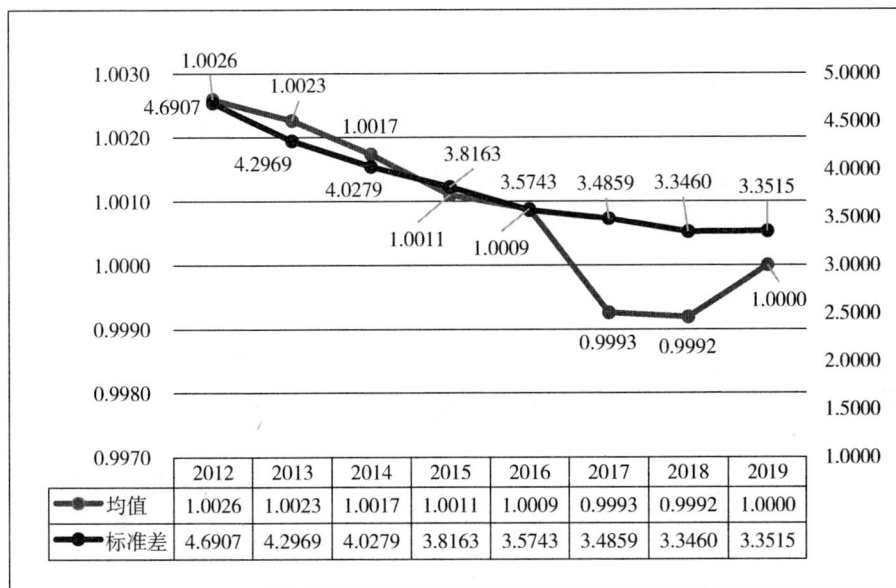

	2012	2013	2014	2015	2016	2017	2018	2019
均值	1.0026	1.0023	1.0017	1.0011	1.0009	0.9993	0.9992	1.0000
标准差	4.6907	4.2969	4.0279	3.8163	3.5743	3.4859	3.3460	3.3515

图 4-9　中国 ICT 上市公司 2012—2019 年企业知识竞争力整体情况图

（二）评分前十位企业具体评价分析

由于样本数据量较大，我们选取中国 ICT 上市公司 2012—2019 年企业知识竞争力综合得分均值排名前十位的企业，分别从企业知识竞争力综合指数，以及通用性知识、专有性知识和专有性知识三层次知识指数进行具体评价分析。由表附 1 可知，样本期间企业知识竞争力指数得分均值前十位的企业分别为中兴通讯、中国联通、京东方 A、TCL 科技、中国长城、浪潮信息、航天信息、烽火通信、同方股份和深科技。

如上所述，中国 ICT 上市公司各样本企业 2012—2019 年企业知识竞争力的评价结果均具有非常大的差异性，而均值得分前十位企业之间以及不同年份得分和排名也都存在着较大的不同，如表 4-8 和图 4-10 所示。

从横向维度来看，中兴通讯 2012—2019 年的知识竞争力从 51.1994 变为28.516，呈急剧下降趋势，但由于其具有很高的通用性知识指数和专用性知识指数而高居样本企业首位。中国联通的知识竞争力指数在 2012 至 2013 年出现了小幅增加趋势；2013 至 2018 年下降趋势较为明显，2019 年又出现了上升趋势。

京东方 A 从 2012 年的 5.7931 变为 2019 年的 17.528，呈快速递增趋势，增幅为 202.57%，在样本期间内表现出较好的增长态势。

TCL 科技的综合知识竞争力由 2012 年的 6.7583 变为 2019 年的 5.642，其中，2012—2014 年呈缓慢上升趋势，增幅为 18.73%；2014—2018 年出现逐年下降的变化态势。由此可知，TCL 科技知识竞争力指数出现了先上升再下降的变化态势。中国长城由于专有性知识指数在 2012—2018 年一直处于大幅下降态势，其知识竞争力一路跌入十家企业最末位，但 2019 年又出现了上升反弹。浪潮信息和烽火通信 2012—2018 年企业知识竞争力均呈逐年递增趋势，增幅分别为 129.98% 和 52.79%，但 2019 年都出现了小幅下降趋势。

航天信息的综合知识竞争力指数在 2012—2015 年呈现缓慢上升态势，2015—2019 年先降后升，再小幅下降的变化态势。深科技的知识竞争力指数 2012—2013 年呈缓慢先降后升，再下降再上升的波浪式变化趋势。同方股份 2012—2014 年呈先降后升缓慢的 U 型变化趋势，2014—2018 呈逐年下降，2019 年呈小幅上升，降幅为 23.76%。

表 4-8　中国 ICT 上市公司 2012—2019 年企业知识竞争力指数得分及排名表

年份 简称	2012		2013		2014		2015	
	评分	排名	评分	排名	评分	排名	评分	排名
深科技	1.9423	8	1.6604	10	1.7450	10	1.6683	10
中兴通讯	51.1994	1	44.0347	1	40.7382	1	38.3155	1
中国长城	7.0684	3	6.4656	5	5.9357	5	5.1787	5
TCL 科技	6.7583	4	7.6442	4	8.0239	4	7.7260	4
京东方 A	5.6893	5	7.9255	3	10.4210	3	13.1606	3
浪潮信息	1.6319	10	1.9040	8	2.4351	8	2.8520	6
中国联通	26.4682	2	28.3924	2	26.3246	2	23.9754	2
同方股份	2.4480	6	2.4029	6	2.4581	7	2.3341	8
航天信息	2.0634	7	2.2431	7	2.5162	6	2.6442	7
烽火通信	1.7571	9	1.8247	9	1.9413	9	2.1055	9
年份 简称	2016		2017		2018		2019	
	评分	排名	评分	排名	评分	排名	评分	排名
深科技	2.0943	9	1.5205	9	1.4526	9	1.8696	9
中兴通讯	34.7212	1	32.7326	1	29.8813	1	28.516	1
中国长城	4.3510	5	1.0552	10	1.0394	10	4.4889	5

续表

年份\简称	2012		2013		2014		2015	
	评分	排名	评分	排名	评分	排名	评分	排名
TCL 科技	7.1102	4	7.1316	4	6.9161	4	5.642	4
京东方 A	15.7022	3	18.8376	3	20.0279	3	17.528	3
浪潮信息	2.9696	6	3.1991	5	3.7531	5	2.1053	8
中国联通	22.4545	2	21.1585	2	20.7405	2	25.003	2
同方股份	1.8184	10	1.6570	8	1.4897	8	1.8664	10
航天信息	2.6141	7	2.6511	6	2.5515	7	2.2958	7
烽火通信	2.2922	8	2.5071	7	2.6846	6	2.3386	6

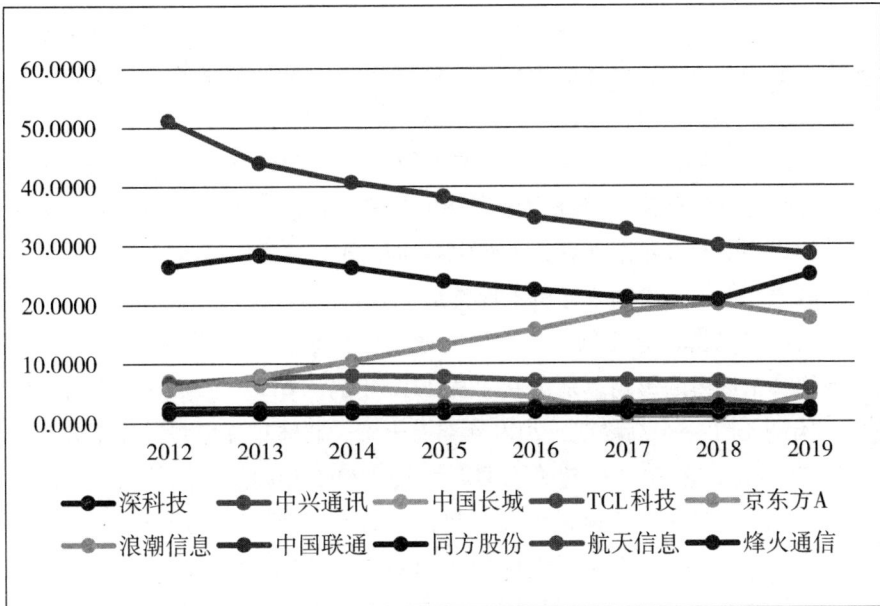

图 4-10 中国 ICT 上市公司前十位企业知识竞争力指数图

从纵向维度来看，2012—2019 年间企业知识竞争力指数除了 2012 年京东方
A 排名落后于中国长城外，其余排名由高到低分别均为中兴通讯、中国联通、
京东方 A、TCL 科技、中国长城。2012 年排名位次由高到低分别为同方股份、
航天信息、深科技、烽火通信、浪潮信息。2013 年排名位次由高到低分别为同
方股份、航天信息、浪潮信息、烽火通信、深科技。2014—2016 年排名位次除
了 2014 年航天信息高于同方股份、同方股份高于浪潮信息、烽火通信高于深科

技外，由高到低分别为浪潮信息、航天信息、烽火通信、深科技、同方股份。2017—2019 年排名位次除了 2017 年航天信息高于烽火通信、2019 年深科技高于同方股份和烽火通信高于浪潮信息外，由高到低分别浪潮信息、烽火通信、航天信息、同方股份、深科技。

综上所述，2012—2019 年中国 ICT 上市公司企业知识竞争力得分呈现较为明显的马太效应。不同企业同一年份的综合知识竞争力指数具有很大的不同，同时同一家上市公司的每一年的知识竞争力指数也是相差甚远。中兴通讯、中国联通在样本期间内始终位居前两位，京东方 A 从 2013 年开始一跃成为第三位，呈现较好的发展势头。

（三）评分前十位企业各层次知识评价分析

1. 通用性知识指标

中国 ICT 上市公司各样本企业 2012—2019 年通用性知识指标的评价结果均具有很大的不同，均值得分前十位企业不同年份的得分和排名也存在着较大差异，如表 4-9 和图 4-11 所示。

从横向维度来看，中国联通和中兴通讯 2012—2019 年的通用性知识指数分别呈缓慢平稳下降态势，但都稳居第一位和第二位，且前者远高于后者。从员工规模和平均受教育年限来看，虽然中兴通讯 2012—2019 年硕士以上人数领先于中国联通，但由于中国联通员工规模是中兴通讯的几倍，远远超过中兴通讯，整体通用性知识指数遥遥领先。这说明通用性知识指数不但取决于学历水平，而且受到员工规模的影响。京东方 A 从 2012 年的 1.0127 变为 2019 年的 1.972，在 2018 年达到了一个高峰期，2019 年略有下降，总体呈逐年缓慢递增趋势，增幅为 94.73%，且在 2014 年超出了 TCL 科技，2015 年超过中国长城，稳居第三位。中国长城总体上呈下降的变化态势，由 2012 年第三位的 1.8520 变为 2019 年第七位的 0.4255，一路下滑至较低位，降幅为 77.02%。

TCL 科技通用性知识指数在 2012 至 2013 年呈小幅上升趋势，增幅为 20.03%，2013 至 2016 年出现逐年下降，由 2013 年的 1.3957 变为 2016 年的 1.0663，降幅为 23.60%，2016 至 2019 年先出现缓慢回升，但在 2019 年出现了大幅下降。这些主要是由于 TCL 科技人员规模由 2018 年的 37871 名降至 2019 年的 11404 名，其中，本科及以下人员规模出现了急剧减少。同方股份在 2012 至 2014 年出现较明显的上升趋势，增幅为 27.49%；此后出现了逐年下降趋势，由 2014 年的 0.8187 变为 2019 年的 0.4139，降幅达 49.44%。深科技、航天信息和烽火通信 2012—2019 年均呈现了小幅上下波动、整体缓慢增长趋势，分别由 2012 年的 0.7636、0.6157、0.3849 升至 2019 年的 0.9074、0.6623、0.4761。浪潮信息的通用性知识指数由 2012 年的 0.0811 变为 2019 年的 0.1849，增幅为 127.99%，整体上处于较低水平，但呈现逐年递增趋势，这主要是由于人员规模整体呈逐年增加，特别是本科以上学历人员增加较快。

表 4-9　中国 ICT 上市公司 2012—2019 年通用性知识指数得分及排名表

年份 简称	2012		2013		2014		2015	
	评分	排名	评分	排名	评分	排名	评分	排名
深科技	0.7636	6	0.6656	7	0.7416	8	0.7906	7
中兴通讯	3.4164	2	3.0394	2	3.1533	2	3.2248	2
中国长城	1.8520	3	1.7890	3	1.6544	3	1.4824	4
TCL 科技	1.1628	4	1.3957	4	1.2442	5	1.1447	5
京东方 A	1.0127	5	1.1943	5	1.4306	4	1.6401	3
浪潮信息	0.0811	10	0.1109	10	0.1372	10	0.1417	10
中国联通	9.4911	1	9.7462	1	9.4927	1	8.7824	1
同方股份	0.6544	7	0.7976	6	0.8343	6	0.7465	8
航天信息	0.6157	8	0.6353	8	0.7542	7	0.8305	6
烽火通信	0.3849	9	0.4060	9	0.4074	9	0.4255	9
年份 简称	2016		2017		2018		2019	
	评分	排名	评分	排名	评分	排名	评分	排名
深科技	1.3271	4	0.8327	5	0.7462	5	0.9074	4
中兴通讯	2.9238	2	2.4986	2	2.2847	2	2.125	2
中国长城	1.3103	5	0.4766	7	0.4782	7	0.4255	7
TCL 科技	1.0663	6	1.1501	4	1.2766	4	0.3637	9
京东方 A	1.7705	3	2.0909	3	2.2813	3	1.972	3
浪潮信息	0.1606	10	0.1442	10	0.1763	10	0.1849	10
中国联通	9.0644	1	8.3691	1	8.1894	1	7.3429	1
同方股份	0.4947	8	0.4692	9	0.4459	9	0.4139	8
航天信息	0.8061	7	0.7124	6	0.7173	6	0.6623	5
烽火通信	0.4659	9	0.4702	8	0.5206	7	0.4761	6

　　从纵向维度来看，中国联通、中兴通讯、京东方 A、深科技和浪潮信息的通用性知识指数在 2012—2019 年间均呈现中国联通高于中兴通讯、中兴通讯高于京东方 A、京东方 A 高于深科技、深科技高于浪潮信息的态势。而对于 TCL 科技、中国长城的通用性知识指数在 2012—2016 年出现中国长城高于 TCL 科

技，但在 2017—2018 年间 TCL 科技反超中国长城，排在第四位，2019 年又被中国长城超出，呈现此消彼长的变化态势。同方股份、航天信息和烽火通信的通用性知识指数在 2012—2014 年间均呈现同方股份高于航天信息、航天信息高于烽火通信的态势；而在 2015—2019 年航天信息均高于同方股份和烽火通信。

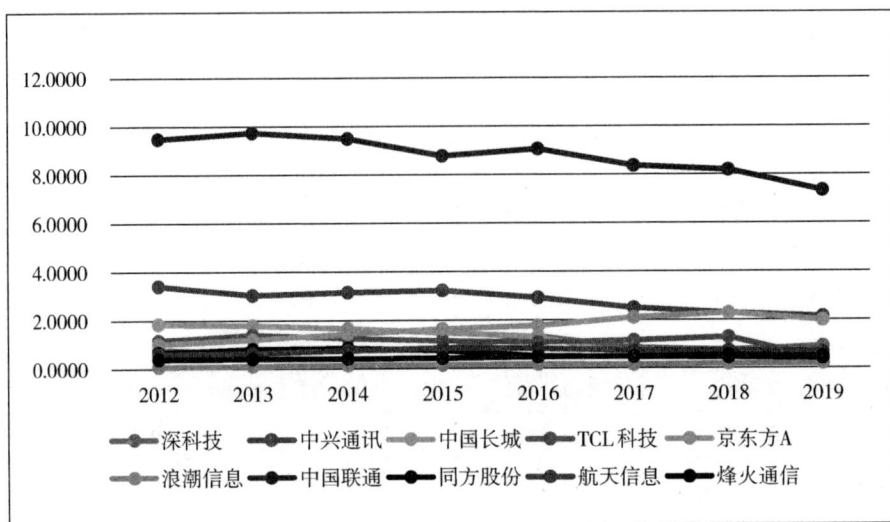

图 4-11　中国 ICT 上市公司前十位通用性知识指数图

2. 专用性知识指标

中国 ICT 上市公司各样本企业 2012—2019 年专用性知识指标的评价结果均具有非常大的差异性，均值得分前十位企业不同年份得分和排名也存在着较大差异，如表 4-10 和图 4-12 所示。

表 4-10　中国 ICT 上市公司 2012—2019 年专用性知识指数得分及排名表

年份 简称	2012		2013		2014		2015	
	评分	排名	评分	排名	评分	排名	评分	排名
深科技	0.1288	10	0.1068	10	0.1080	10	0.1115	10
中兴通讯	42.5277	1	36.6857	1	33.2850	1	30.2916	1
中国长城	0.2308	9	0.2109	9	0.1976	9	0.1855	9
TCL 科技	1.2410	4	1.3515	5	1.4423	5	1.5597	5
京东方 A	3.0514	2	4.7842	2	7.0341	2	9.1788	2
浪潮信息	1.3927	3	1.5302	3	1.8911	3	2.2034	3
中国联通	1.0619	5	1.3590	4	1.6980	4	1.9924	4

年份简称	2012		2013		2014		2015	
	评分	排名	评分	排名	评分	排名	评分	排名
同方股份	0.3809	8	0.2902	8	0.2340	8	0.2047	8
航天信息	0.5159	7	0.6338	7	0.6844	7	0.7156	7
烽火通信	0.8373	6	0.8729	6	0.9432	6	1.0079	6

年份简称	2016		2017		2018		2019	
	评分	排名	评分	排名	评分	排名	评分	排名
深科技	0.1172	10	0.1131	10	0.1178	10	0.1193	10
中兴通讯	27.6397	1	26.0857	1	24.6275	1	22.214	1
中国长城	0.1828	9	0.1733	9	0.1718	8	0.1935	8
TCL 科技	1.6597	5	1.7156	5	1.7038	5	1.0357	6
京东方 A	11.0966	2	13.1720	2	14.3867	2	14.257	2
浪潮信息	2.2667	3	2.0643	4	1.9401	4	1.7846	4
中国联通	2.1980	4	2.3763	3	2.5512	3	2.7016	3
同方股份	0.1861	8	0.1733	8	0.1595	9	0.1427	9
航天信息	0.7306	7	0.7787	7	0.8403	7	0.8843	7
烽火通信	1.0881	6	1.2087	6	1.3001	6	1.3031	5

从横向维度来看，中兴通讯和京东方 A 在 2012—2019 年的专用性知识指数分别稳居第一位和第二位，且前者远高于后者。其中，中兴通讯呈现逐年递减趋势，而京东方 A 由 2012 年的 3.0514 变为 2019 年的 14.257，呈逐年递增态势。中兴通讯 2012—2019 年专利规模和专利平均授权期限均高于京东方 A，其中，中兴通讯发明专利规模是京东方 A 两倍左右。中国联通从 2012 年的 1.0619 变为 2019 年的 2.7016，呈逐年缓慢递增趋势，且在 2013 年超过 TCL 科技，位居第四位，最后在 2017 年超出了浪潮信息而位居第三位，增幅为 154.41%。

TCL 科技由 2012 年的 1.2410 降至 2019 年的 1.0357，虽然在 2019 年由第五位跌至第六位，但总体上基本趋于稳定。同方股份和中国长城分别由 2012 年的 0.3809 和 0.2308 变为 2019 年的 0.1427 和 0.1935，除了中国长城在 2019 年出现小幅回升，但大体上呈逐年递减趋势。深科技由 2012 年的 0.1288 变为 2019 年的 0.1193，呈现小幅波动、逐年缓慢下降趋势。浪潮信息先由 2012 的 1.3927 增至 2016 年的 2.2667，然后又降至 2019 年的 1.7846，出现了先增后减的缓慢变化态势。航天信息和烽火通信分别由 2012 年的 0.5159 和 0.8373 变为 2019 年

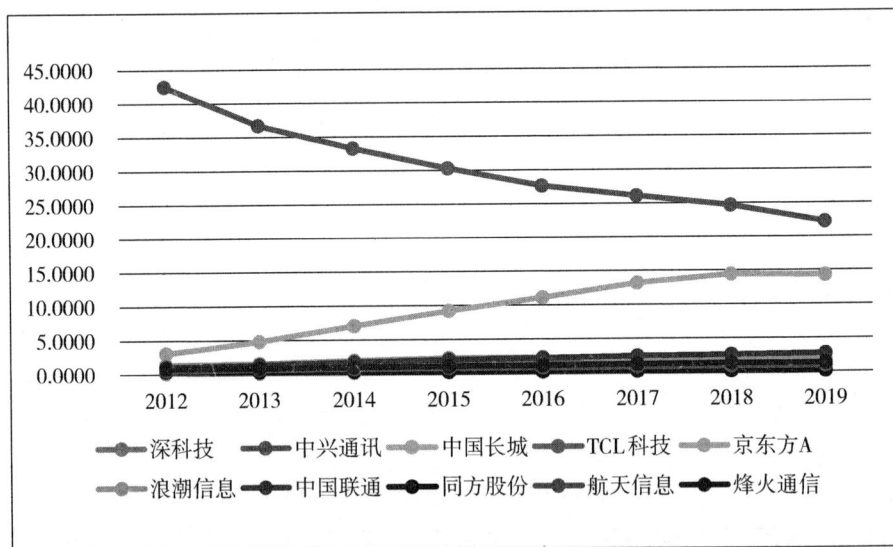

图 4-12　中国 ICT 上市公司前十位专用性知识指数图

的 0.8843 和 1.3031，均呈现了缓慢增长趋势，航天信息一直稳居第七为，而烽火通信在 2019 年开始由第六升至第五位。

从纵向维度来看，中兴通讯、京东方 A、航天信息和深科技的专用性知识指数在 2012—2019 年间均呈现中兴通讯高于京东方 A、京东方 A 高于航天信息、航天信息高于深科技的态势。而对于 TCL 科技、中国联通的专用性知识指数除了在 2012 年低于 TCL 科技之外，2013—2019 年间均呈现中国联通高于 TCL 科技态势。而浪潮信息在 2012—2016 年间高于中国联通，但在 2017—2019 年间均被中国联通反超。浪潮信息在 2012—2018 年间均高于 TCL 科技。同方股份、中国长城和烽火通信的专用性知识指数在 2012—2017 年间均呈现烽火通信高于同方股份、同方股份高于中国长城的态势；而在 2016—2019 年烽火通信一直位居高位，但中国长城反超，排在同方股份前面。

3. 专有性知识指标

中国 ICT 上市公司各样本企业 2012—2019 年专有性知识指标的评价结果均具有非常大的差异性，均值得分前十位企业不同年份得分和排名也存在着较大差异，如表 4-11 和图 4-13 所示。

表4-11　中国 ICT 上市公司 2012—2019 年专有性知识指数得分及排名表

年份 简称	2012		2013		2014		2015	
	评分	排名	评分	排名	评分	排名	评分	排名
深科技	1.0498	7	0.8880	8	0.8954	8	0.7662	8
中兴通讯	5.2552	2	4.3096	4	4.3000	3	4.7990	3
中国长城	4.9857	3	4.4658	3	4.0837	4	3.5109	4
TCL 科技	4.3545	4	4.8970	2	5.3373	2	5.0216	2
京东方 A	1.6252	5	1.9471	5	1.9562	5	2.3417	5
浪潮信息	0.1580	10	0.2629	10	0.4068	10	0.5069	10
中国联通	15.9151	1	17.2872	1	15.1338	1	13.2007	1
同方股份	1.4126	6	1.3151	6	1.3899	6	1.3829	6
航天信息	0.9318	8	0.9739	7	1.0776	7	1.0981	7
烽火通信	0.5350	9	0.5458	9	0.5907	9	0.6720	9
年份 简称	2016		2017		2018		2019	
	评分	排名	评分	排名	评分	排名	评分	排名
深科技	0.6500	9	0.5747	9	0.5886	9	0.8429	7
中兴通讯	4.1577	3	4.1483	3	2.9691	4	4.1765	3
中国长城	2.8580	4	0.4054	10	0.3894	10	3.8699	4
TCL 科技	4.3843	2	4.2659	2	3.9357	2	4.2426	2
京东方 A	2.8352	5	3.5748	4	3.3598	3	1.2989	6
浪潮信息	0.5423	10	0.9905	7	1.6367	5	0.1359	10
中国联通	11.1921	1	10.4131	1	9.9999	1	14.958	1
同方股份	1.1375	6	1.0144	6	0.8843	7	1.3098	5
航天信息	1.0774	7	1.1599	5	0.9939	6	0.7493	8
烽火通信	0.7383	8	0.8282	8	0.8638	8	0.5594	9

从横向维度来看，中国联通专有性知识指数先由 2012 年的 15.9151 增至 2013 年的 17.2872，之后逐年下降至 2018 年的 9.9999，但 2019 年又升至 14.958，呈现先升后降，再上升的变化趋势，但一直位居最高位。由此可知，中国联通专有性知识指数虽有小范围上升，但处于逐年降低动向，远高于其他企业。中兴通讯专有性知识指数在 2012—2014 年下降趋势，由 5.2552 变为 4.3000，降幅为 18.18%；2014—2015 年呈上升趋势，升至 2015 年的 4.7990，增幅为 11.6%；2015—2018 年下降趋势明显，降幅为 38.13%，2019 年又出现

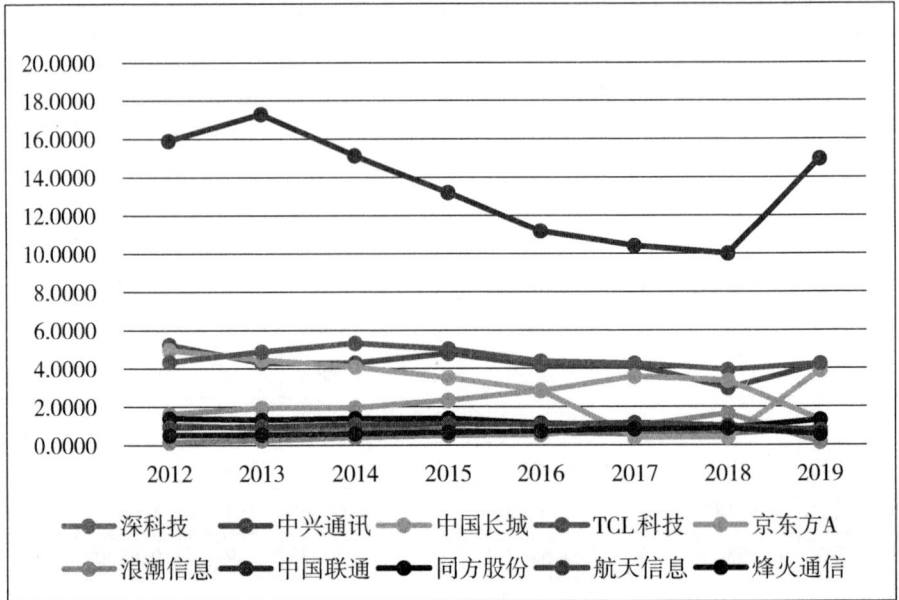

图 4-13　中国 ICT 上市公司前十位专有性知识指数图

了反弹上升变化。由此可知，中兴通讯专有性知识指数呈现先降后升，再下降的波动变化态势。

TCL 科技专有性知识指数在 2012 至 2014 年逐年上升，增幅为 22.57%；2014—2018 年呈现逐年下降态势，降幅为 26.26%，2019 年出现小幅上升。由此可见，TCL 科技先增后减再升，但 2013 年开始一直保持第二位。同方股份、深科技的专有性知识指数由 2012 年的 1.4126、1.0498 变为 2019 年的 1.3098、0.8429，虽然略有上升，总体呈先降后升、小幅起伏波动的下降变化趋势。

中国长城专有性知识指数由 2012 年的 4.9857 急速降至 2018 年的 0.3894，降幅为 92.19%，但 2019 年又调至 3.8699，呈上下起伏波动变化趋势，位次也由第三位降至末位，再升至第四位。由此可知，中国长城专有性知识指数2012—2018 年呈逐年下降趋势，主要是由于其在样本期间的市场份额出现了大幅度下降。

京东方 A、浪潮信息和烽火通信专有性知识指数 2012—2019 年均逐年先升后降趋势。其中，京东方 A 由 1.6252 逐年增至 3.3598，翻了一番，但 2019 年出现了大幅下降趋势；烽火通信由 2012 年的 0.5350 变为 2018 年的 0.5594，一直徘徊在第九位；浪潮信息先由 2012 年的最末位升至 2018 年的第五位，再降至 2019 的最末位。航天信息 2012—2019 年出现先缓慢上升，再下降又上升，最后再次下降的变化态势。

从纵向维度来看，中国联通、中兴通讯、TCL 科技、中国长城和京东方 A 的专有性知识指数在 2012—2019 年间均呈现中国联通一直保持最高位；2012 年中兴通讯高于中国长城，中国长城高于 TCL 科技，但 2013 年 TCL 科技高于中国长城、中国长城高于中兴通讯，从 2014 年开始，TCL 科技高于中兴通讯、中兴通讯高于中国长城。2012—2016，京东方 A 一直位居第五位，2017 年开始排名超过中国长城而排在第四位，2018 年又再次超过中兴通讯而排在第三位，但 2019 年再次被中兴通讯反超。

同方股份、航天信息、深科技、烽火通信和浪潮信息的专有性知识指数在 2012—2016 年间除了 2012 年和 2019 年深科技排名高于航天信息外，其余排名由高到低分别均为同方股份、航天信息、烽火通信、深科技、浪潮信息；2017 年，排名位次由高到低为航天信息、同方股份、浪潮信息、烽火通信、深科技；2018 年排名位次由高到低为浪潮信息、航天信息、同方股份、烽火通信、深科技。总体来看，样本期间各企业位次变化都呈现比较平稳的变化趋势。

第四节　动态评价及结果分析

一、时间权重的计算

由于知识存在一定的时滞性，且每年指标数据对评价结果的重要程度也会有所差异。因此，在对中国 ICT 企业进行综合评价时，就要考虑样本数据的时效性。根据第三章关于时间年份权重的计算结果，并与静态评价得到的样本企业每年企业知识竞争力得分进行二次加权，实现企业知识竞争力的动态评价。

本研究借鉴郭亚军等（2007）、石宝峰等（2018）、易平涛等（2016）人提出的"厚今薄古"思想，注重考虑近期数据对综合评价结果的影响效应。因此，为了强调样本近期数据的重要性，但同时也不忽略远期数据对综合评价结果的作用，$\lambda = 0.3$ 为比较理想的取值，取值为 1 至 8，分别表示 2012 至 2019 年。本研究使用 Matlab R2019a 软件进行编程来求解第三章公式（3-14），求得 2012 至 2019 年的时间权重，如表 4-12 所示。

表 4-12 2012—2019 年时间权重表

年份	$\lambda = 0.3$							
	2012	2013	2014	2015	2016	2017	2018	2019
时间权重	0.0366	0.0490	0.0655	0.0875	0.1169	0.1563	0.2089	0.2793

二、动态评价结果

根据表附 1 及表 4-10 的时间序列权向量，借助上一章动态评价模型（3-15），计算得到中国 ICT 上市公司样本企业 2012—2019 年企业知识竞争力动态评价得分，以及相应的排名，如表 4-13 所示。

表 4-13 动态评价得分及排名表

简称	企业知识竞争力	排名	通用性知识	排名	专用性知识	排名	专有性知识	排名
中兴通讯	33.4342	1	2.5658	2	26.8422	1	4.0262	3
中国联通	23.4301	2	8.3445	1	2.3069	3	12.7787	1
京东方 A	16.2901	3	1.8939	3	11.9534	2	2.4427	5
TCL 科技	6.7899	4	0.9653	5	1.4499	5	4.3747	2
中国长城	3.5619	5	0.8399	7	0.1863	35	2.5357	4
浪潮信息	2.7813	6	0.1596	53	1.9340	4	0.6877	13
航天信息	2.4758	7	0.7162	8	0.7870	8	0.9726	7
烽火通信	2.3389	8	0.4676	14	1.1750	6	0.6963	12
同方股份	1.8766	9	0.5229	12	0.1834	36	1.1703	6
亨通光电	1.7839	10	0.5188	13	0.4877	14	0.7774	9
深科技	1.7208	11	0.8729	6	0.1161	53	0.7318	11
东软集团	1.6446	12	0.6334	9	0.6546	9	0.3566	17
星网锐捷	1.6105	13	0.3032	17	1.0473	7	0.2600	27
中天科技	1.5625	14	0.3557	16	0.4550	16	0.7518	10
鹏博士	1.3781	15	1.0664	4	0.0247	132	0.2871	25
紫光股份	1.3714	16	0.3559	15	0.0453	97	0.9702	8
用友网络	1.3103	17	0.5369	11	0.4410	18	0.3324	21
创维数字	0.9876	18	0.2017	38	0.5346	12	0.2512	29

简称	企业知识竞争力	排名	通用性知识	排名	专用性知识	排名	专有性知识	排名
科大讯飞	0.9727	19	0.2789	22	0.4002	19	0.2935	23
杰赛科技	0.9514	20	0.2014	39	0.5774	10	0.1726	44
神州信息	0.8382	21	0.2936	19	0.1629	42	0.3817	14
海能达	0.8377	22	0.2587	26	0.3934	20	0.1855	39
方正科技	0.8163	23	0.2664	25	0.2788	24	0.2711	26
南京熊猫	0.8109	24	0.1444	60	0.4531	17	0.2134	33
中信国安	0.7958	25	0.5917	10	0.0140	151	0.1901	37
浪潮软件	0.7419	26	0.0844	91	0.5582	11	0.0992	79
闻泰科技	0.7368	27	0.2922	20	0.0766	79	0.3679	15
新北洋	0.7099	28	0.1372	63	0.4657	15	0.1070	75
宝信软件	0.6910	29	0.1591	54	0.2775	25	0.2543	28
光迅科技	0.6648	30	0.1691	47	0.3232	21	0.1726	45
汉王科技	0.6560	31	0.0661	107	0.5310	13	0.0588	112
东华软件	0.6554	32	0.2860	21	0.0249	130	0.3445	18
东方通信	0.6065	33	0.1181	69	0.3164	22	0.1719	46
大富科技	0.5913	34	0.2204	32	0.2575	28	0.1134	72
中国软件	0.5766	35	0.2575	27	0.0764	81	0.2428	30
海格通信	0.5765	36	0.2679	23	0.1563	45	0.1522	54
大唐电信	0.5746	37	0.1302	66	0.1449	48	0.2995	22
浙大网新	0.5715	38	0.1929	41	0.1750	37	0.2035	34
网宿科技	0.5714	39	0.1234	67	0.2724	27	0.1756	42
日海智能	0.5604	40	0.1604	52	0.2534	29	0.1466	56
神州泰岳	0.5544	41	0.1556	56	0.2845	23	0.1143	71
凯乐科技	0.5074	42	0.1077	75	0.0361	113	0.3636	16
卓翼科技	0.5068	43	0.3016	18	0.0514	91	0.1538	53
华胜天成	0.5010	44	0.1648	50	0.0940	69	0.2422	31
通鼎互联	0.5010	45	0.1447	59	0.1678	41	0.1885	38
浙江富润	0.4816	46	0.1159	71	0.2352	30	0.1306	61

续表

简称	企业知识竞争力	排名	通用性知识	排名	专用性知识	排名	专有性知识	排名
四维图新	0.4723	47	0.1659	49	0.2043	32	0.1021	77
华东电脑	0.4714	48	0.0894	85	0.0423	104	0.3397	19
太极股份	0.4665	49	0.1558	55	0.0208	138	0.2899	24
三七互娱	0.4592	50	0.0932	81	0.0329	118	0.3331	20
信维通信	0.4572	51	0.1695	46	0.1889	34	0.0988	80
恒生电子	0.4557	52	0.2391	28	0.0605	87	0.1561	52
联创电子	0.4496	53	0.1974	40	0.1009	63	0.1512	55
金证股份	0.4492	54	0.2093	36	0.0443	98	0.1956	36
广联达	0.4484	55	0.2104	35	0.0941	68	0.1438	57
启明星辰	0.4443	56	0.1448	58	0.1728	38	0.1267	63
千方科技	0.4362	57	0.1343	64	0.0765	80	0.2254	32
华工科技	0.4248	58	0.2342	30	0.0235	135	0.1671	48
特发信息	0.4201	59	0.1443	61	0.1022	60	0.1735	43
美亚柏科	0.4126	60	0.1009	78	0.2314	31	0.0803	94
汉得信息	0.4046	61	0.2665	24	0.0187	142	0.1195	67
武汉凡谷	0.3994	62	0.1836	45	0.1155	54	0.1003	78
佳都科技	0.3928	63	0.0821	95	0.1255	51	0.1851	40
信雅达	0.3858	64	0.2136	33	0.0864	74	0.0858	92
东土科技	0.3801	65	0.0621	111	0.2767	26	0.0413	131
天源迪科	0.3744	66	0.1681	48	0.0413	106	0.1650	49
易华录	0.3653	67	0.0765	99	0.1547	46	0.1341	58
南天信息	0.3636	68	0.1839	44	0.0186	143	0.1612	51
华宇软件	0.3575	69	0.1878	42	0.0471	95	0.1226	65
中嘉博创	0.3567	70	0.2272	31	0.0135	152	0.1160	70
远光软件	0.3565	71	0.1609	51	0.1080	56	0.0875	89
万达信息	0.3557	72	0.1856	43	0.0505	92	0.1196	66
宜通世纪	0.3521	73	0.2389	29	0.0270	127	0.0862	91
永鼎股份	0.3511	74	0.1310	65	0.0942	67	0.1259	64

简称	企业知识竞争力	排名	通用性知识	排名	专用性知识	排名	专有性知识	排名
云赛智联	0.3507	75	0.0929	82	0.0564	90	0.2014	35
三维通信	0.3421	76	0.0749	100	0.1701	40	0.0971	82
号百控股	0.3357	77	0.1171	70	0.0361	114	0.1826	41
卫士通	0.3234	78	0.0844	92	0.1415	49	0.0975	81
大恒科技	0.3202	79	0.1082	74	0.0423	103	0.1697	47
东信和平	0.3192	80	0.0843	93	0.1597	43	0.0752	99
达实智能	0.3111	81	0.0862	88	0.1079	57	0.1170	68
佳讯飞鸿	0.3097	82	0.0459	131	0.2016	33	0.0622	107
烽火电子	0.3046	83	0.1186	68	0.0952	65	0.0907	87
东方国信	0.3029	84	0.2046	37	0.0206	139	0.0778	97
金信诺	0.2884	85	0.1074	76	0.0944	66	0.0866	90
数字政通	0.2850	86	0.2118	34	0.0146	149	0.0587	113
银江股份	0.2802	87	0.0490	124	0.1029	59	0.1283	62
焦点科技	0.2724	88	0.0864	87	0.1095	55	0.0766	98
宁通信 B	0.2686	89	0.0724	102	0.0625	85	0.1337	60
中际旭创	0.2643	90	0.0816	96	0.0883	73	0.0943	83
数知科技	0.2635	91	0.0618	112	0.0378	112	0.1640	50
恒宝股份	0.2613	92	0.0645	109	0.1032	58	0.0936	84
数码科技	0.2596	93	0.0623	110	0.1344	50	0.0629	106
中海达	0.2591	94	0.0961	80	0.1172	52	0.0458	126
朗科科技	0.2499	95	0.0283	151	0.1712	39	0.0504	123
拓维信息	0.2499	96	0.1474	57	0.0336	117	0.0690	102
硕贝德	0.2453	97	0.0832	94	0.0920	71	0.0700	101
盛路通信	0.2391	98	0.0908	83	0.0821	78	0.0662	104
远望谷	0.2388	99	0.0429	136	0.1566	44	0.0392	139
久其软件	0.2374	100	0.1063	77	0.0248	131	0.1063	76
天泽信息	0.2363	101	0.0690	103	0.0752	82	0.0921	86
雷柏科技	0.2338	102	0.0485	126	0.1472	47	0.0381	140

续表

简称	企业知识竞争力	排名	通用性知识	排名	专用性知识	排名	专有性知识	排名
超图软件	0.2304	103	0.1112	72	0.0396	110	0.0795	95
世纪鼎利	0.2294	104	0.0989	79	0.0927	70	0.0378	142
华星创业	0.2273	105	0.1422	62	0.0239	134	0.0612	108
雷科防务	0.2247	106	0.0744	101	0.0580	88	0.0924	85
巨人网络	0.2241	107	0.0896	84	0.0177	144	0.1169	69
合众思壮	0.2158	108	0.0856	89	0.0575	89	0.0727	100
东软载波	0.2135	109	0.0543	118	0.1013	61	0.0579	116
二三四五	0.2124	110	0.0680	105	0.0337	116	0.1107	73
亚联发展	0.2117	111	0.0486	125	0.0294	122	0.1338	59
启明信息	0.2094	112	0.0771	98	0.0425	100	0.0898	88
新开普	0.2035	113	0.0851	90	0.0680	84	0.0504	121
辉煌科技	0.1944	114	0.0452	133	0.1010	62	0.0483	125
顺网科技	0.1880	115	0.0658	108	0.0437	99	0.0785	96
漫步者	0.1879	116	0.1088	73	0.0250	129	0.0541	118
银信科技	0.1863	117	0.0482	127	0.0739	83	0.0642	105
皖通科技	0.1839	118	0.0618	113	0.0615	86	0.0606	109
川大智胜	0.1829	119	0.0449	134	0.0975	64	0.0405	133
拓尔思	0.1793	120	0.0689	104	0.0423	102	0.0680	103
思创医惠	0.1784	121	0.0798	97	0.0397	109	0.0589	111
易联众	0.1760	122	0.0869	86	0.0476	94	0.0414	130
振芯科技	0.1687	123	0.0478	129	0.0912	72	0.0297	150
波导股份	0.1682	124	0.0433	135	0.0156	145	0.1093	74
富通鑫茂	0.1662	125	0.0571	116	0.0281	125	0.0811	93
华平股份	0.1643	126	0.0419	139	0.0827	76	0.0398	137
奥维通信	0.1570	127	0.0314	147	0.0836	75	0.0420	129
银之杰	0.1525	128	0.0479	128	0.0498	93	0.0548	117
榕基软件	0.1500	129	0.0543	117	0.0470	96	0.0486	124
国脉科技	0.1486	130	0.0670	106	0.0312	121	0.0504	122

续表

简称	企业知识竞争力	排名	通用性知识	排名	专用性知识	排名	专有性知识	排名
佳创视讯	0.1467	131	0.0298	150	0.0823	77	0.0346	147
二六三	0.1463	132	0.0595	114	0.0264	128	0.0604	110
长江通信	0.1336	133	0.0331	145	0.0423	101	0.0581	115
中远海科	0.1323	134	0.0425	137	0.0314	120	0.0585	114
新亚制程	0.1293	135	0.0388	141	0.0397	108	0.0508	120
精伦电子	0.1243	136	0.0385	142	0.0423	105	0.0435	128
汇源通信	0.1234	137	0.0574	115	0.0142	150	0.0517	119
天津磁卡	0.1197	138	0.0413	140	0.0381	111	0.0403	134
初灵信息	0.1187	139	0.0465	130	0.0320	119	0.0402	135
邦讯技术	0.1152	140	0.0503	120	0.0408	107	0.0240	152
迪威迅	0.1144	141	0.0455	132	0.0288	123	0.0402	136
中青宝	0.1143	142	0.0421	138	0.0348	115	0.0374	143
富春股份	0.1093	143	0.0491	123	0.0221	136	0.0381	141
生意宝	0.1060	144	0.0500	121	0.0150	147	0.0410	132
三五互联	0.1056	145	0.0516	119	0.0192	141	0.0348	146
天玑科技	0.1043	146	0.0497	122	0.0246	133	0.0300	149
深南股份	0.1014	147	0.0373	143	0.0201	140	0.0440	127
亿通科技	0.0978	148	0.0298	149	0.0286	124	0.0393	138
北纬科技	0.0941	149	0.0336	144	0.0276	126	0.0329	148
湘邮科技	0.0829	150	0.0321	146	0.0148	148	0.0361	144
海联讯	0.0788	151	0.0308	148	0.0209	137	0.0271	151
方直科技	0.0781	152	0.0279	152	0.0153	146	0.0349	145

三、评价结果分析

（一）中国 ICT 上市公司动态评价分析

下面，根据表 4-13 中国 ICT 上市公司动态评价得分，分别从横向和纵向维度对样本企业知识竞争力，以及通用性知识、专用性知识和专有性知识三个层面知识进行动态评价分析。

由中国 ICT 上市公司企业知识竞争力动态评价得分可知，ICT 上市公司的企业知识竞争力水平处于较为严重的"强者愈强、弱者愈弱"两极分化现象。在152 家样本企业中，有 135 家的得分位于样本企业知识竞争力得分均值 1.0009 以下，占 88.82%。

目前，虽然部分企业综合知识竞争力排名较靠前，但专用性知识位居较低水平，未来可能会出现发展后劲不足的情况。例如，中国长城企业知识竞争力排在第 5 位，其专用性知识得分却在第 35 名；同方股份企业知识竞争力排在第 9 位，其专用性知识却排在了第 36 位；深科技企业知识竞争力排在第 11 位，其专用性知识得分也落在第 53 位；鹏博士企业知识竞争力排在第 15 位，但其专用性知识竟落在了第 132 位。

另外，还有一些企业虽然企业知识竞争力落在较低水平，但目前其专用性知识排在了较高水平，未来将极大可能成为最具成长性的后起之秀。例如，星网锐捷知识竞争力排第 13 位，其专用性知识竟排在了第 7 位；杰赛科技知识竞争力虽然排在第 20 位，但其专用性知识排在了第 10 位；浪潮软件知识竞争力排在第 26 位，但其专用性知识位居第 11 位；远望谷知识竞争力排第 99 位，其专用性知识却排在了第 44 位；雷柏科技知识竞争力排第 102 位，其专用性知识却排在了第 47 位；东软载波知识竞争力排第 109 位，其专用性知识却排在了第 61 位；佳创视讯知识竞争力排在第 131 位，其专用性知识却排在了第 77 位。

由动态评价结果可知，样本 ICT 上市公司企业知识竞争力差距仍然非常大。部分企业当前综合知识竞争力排在了较高位次，但因其他层次知识水平处于较低水平，未来可能表现较低发展潜力。另外，还有些企业虽然短期内企业知识竞争力水平较低，但由于其专用性知识指数处于较高位次，未来必将转化成显性竞争力而一跃变成今后发展的潜力股，也是投资者未来投资的主要方向。

（二）评分前十位企业动态评价分析

根据表 4-13 中国 ICT 上市公司动态评价得分结果，选取评分前十位的上市公司进行具体深入分析。从动态评价得分来看，中兴通讯仍然稳居第一位，其次为中国联通、京东方 A、TCL 科技和中国长城，其余五家企业知识竞争力得分基本维持在 2.200 上下波动（如图 4-14 所示）。由此也可说明，中国 ICT 上市公司的知识竞争力水平两极分化现象仍然非常严重。

从其他层次知识来看，中兴通讯的通用性知识和专有性知识均远落后于中国联通，但专用性知识位于最高位，大约是中国联通 11 倍之多。中国联通的专用性知识位居较低位，仅高于浪潮信息，但由于其通用性知识和专有性知识较高，使得其综合知识竞争力得分较高。类似于中兴通讯，京东方 A 具有较高的

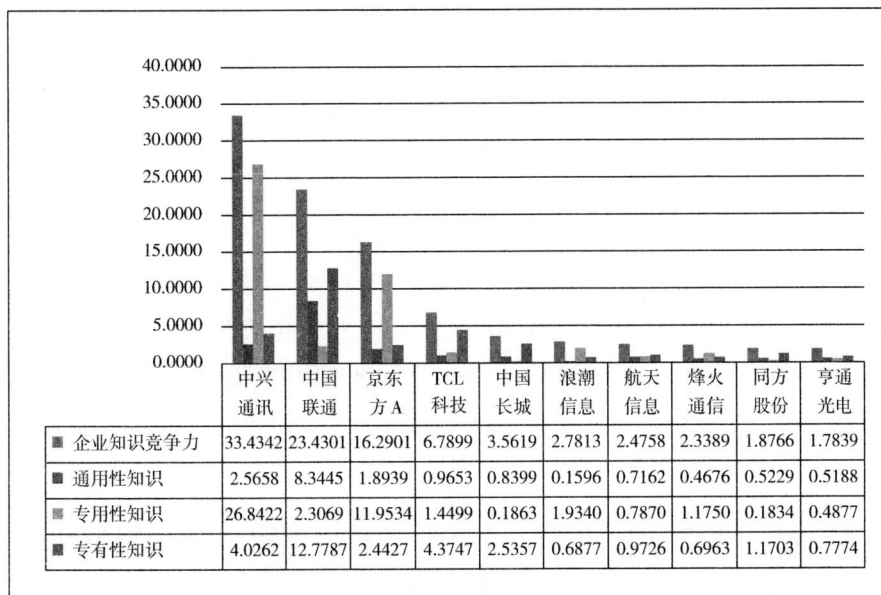

图 4-14 动态评价前十位企业知识竞争力及各层次知识得分情况图

企业知识竞争力得分,主要取决于其专用性知识,在十家企业中仅次于中兴通讯,且 2012—2019 年呈现逐年递增的变化态势,是中国 ICT 上市公司中具有非常大发展潜力的企业之一。

综上所述,中国联通主要得益于较高的员工规模和市场占有份额,具有更加宽泛的业务市场,这与它是中央国有企业的性质是紧密相关的。其员工规模由 2012 年的 218598 人增至 2019 年的 243790 人。其中,硕士以上人员占比由 2012 年的 4.84% 变为 2019 年的 7.75%。虽然总体员工规模很大,但高学历人员还不到员工总数的十分之一。

中兴通讯竞争力水平在 ICT 产业中一直位居较高位,仅次于华为企业。中兴通讯始终围绕核心技术开展自主创新,积极参与 5G、光通信等网络方面建设和关键技术的演变进化,加强技术的持续积累,不断提升产品的核心竞争力。例如,在云视频领域,不断引领 5G 和 AI 的技术创新,最早提出了"超视频"的概念。2019 年中兴通讯的业务总营收为 90736.6 亿元人民币。其业务主要分布在中国、亚洲(中国除外)、非洲等全球其他地区,而中国市场销售总额达 58217.0 亿元,占 64.16%。①

---

① 中兴通讯. 中兴通讯股份有限公司 2019 年年度报告 [EB/OL]. (2020-04-17). https://www.zte.com.cn/china/about/investorrelations/corporate_ report.

京东方 A 一直不断强化自身的技术创新能力。专利申请总量由 2012 年的 4,575 件快速上升至 2019 年的 56017 件，其中发明专利由 2012 年的 3346 件增加至 2019 年的 48298 件。到 2019 年底为止，京东方 A 自主专利的申请数量合计逾 5.5 万件，授权专利合计逾 2.7 万件。2019 年新增加的专利申请数量逾 9600 件（海外专利申请数量逾 3600 件）。①

TCL 科技成立至今不到四十年，以科技为核心业务，一直坚持以技术创新为发展的核心驱动力，不断强化技术研发，持续提升产品的创新力和竞争力。累积专利申请量从 2012 年的 1851 件快速上升至 2019 年的 3991 件，其中发明专利由 2012 年的 1305 件增加至 2019 年的 3415 件。2019 年，TCL 科技 R&D 费用达 54.6 亿元，PCT 申请数量为 2752 件，至今合计申请数量为 11261 件。

第五节　中国 ICT 上市公司企业知识竞争力异质性分析

如前所述，企业的知识优势（包括质量优势和数量优势）决定企业的定价权力和市场份额，即企业竞争力。以 Grant（1996）为代表的企业知识理论也表明，企业在再生产过程中知识积聚和知识水平的不同决定了企业的异质性，企业竞争力也会因企业内外部环境因素的不同而存在一定差异。已有研究同样证实，企业自身资源选择过程，所处的成长阶段，地域、制度、市场等外部环境，以及企业之间的规范理性等的不同会导致企业之间竞争力水平存在较大异质性（Francis，1992；Oliver，1997）。

根据样本企业信息特征分析，企业在成立年限、上市板块以及所属集聚区域等方面均存在较大不同，同样也都会造成企业的知识质量和数量存在着不同程度的差异，进而可能会影响企业之间的知识竞争力水平。因此，下面将分别从样本企业这些信息特征出发，结合前文静态和动态的评价结果，按照均值和标准差的分析方法，对样本 ICT 上市公司 2012—2019 年企业知识竞争力变化情况进行分析，并对不同企业之间企业知识竞争力异质性进行深入探讨。

一、基于上市板块的异质性分析

不同上市板块对企业的成立时间、资产规模、股本大小、中长期业绩、市

---

① 京东方. 京东方科技集团股份有限公司 2019 年年度报告 [EB/OL].（2020-04-28）. https://convergencemedia. boe. com. cn/pdf/e2jsYXxfwngqLYMQ6oFo9d2osDJJSV. pdf.

值、盈利能力以及企业的成长状况等方面都具有不同的标准要求，进一步也决定了企业的知识创新能力和人才创造力。目前，中国企业能够上市的路径主要是内地的沪、深证券交易所和香港证券交易所。其中，内地上市板块主要包括主板、中小板、创业板、科创板和新三板。

主板上市是在第一板上公开发布上市，企业的上市条件十分高。该板块上市的公司通常要求企业的资产规模较大且发展较为成熟，还要在上市的前三年具有较高的持续盈利能力。而中小板上市门槛没有主板高，包括了一些不符合主板上市要求的，这些企业往往也具有较高的营收增长速度和盈利能力，建立中小板也是为了激发这些企业积极进行自主创新。创业板市场是为一些企业规模和市场业绩都较小，但成长性却比较高的高科技和中小规模企业能上市的板块。这些企业市场风险较高，偏向于较为显著的高科技，具有一定前瞻性。科创板是 2018 年 11 月 5 日成立的、不同于主板市场的板块，主要针对与国家战略相符的、具有重大关键科技的，并独立于第一板块市场的新设板块。科创板上市周期短，采取市场化定价，注重企业的研发能力，对行业具有较高要求。新三板是为我国小微企业，尤其是一些创新型小微企业融资的发展平台，其融资通道的功能非常凸显。它能够规范中小企业，提升企业知名度，但其流通性相对较差。由此可见，不同上市板块也会对中国 ICT 上市的企业知识竞争力水平产生较大影响，并结合我们研究实际，主要选取在主板、中小板和创业板上市的 ICT 公司。

（一）静态评价结果的异质性分析

根据表附 1 的静态评价结果，按照主板、中小板和创业板的不同对上市板块进行分类，分别计算得到每一年不同上市板块 ICT 上市公司企业知识竞争力水平的均值和标准差，如图 4-15 所示。

从均值指标来看，（1）横向对比可知，2012—2019 年，各年份主板上市的 ICT 上市公司企业知识竞争力水平明显高于在中小板和创业板上市的 ICT 上市公司；（2）纵向对比可知，主板上市的 ICT 上市公司企业知识竞争力指数由 2012 年的 2.4253 变为 2019 年的 2.2070，呈现逐年小幅下降趋势，降幅为 9.00%；而中小板和创业板上市的 ICT 上市公司企业知识竞争力指数分别由 2012 年的 0.3089、0.1687 变为 2019 年的 0.4192、0.2844，整体上呈逐年上升变化态势，增幅分别为 35.71%、68.58%。

从标准差指标来看，主板上市的 ICT 上市公司企业知识竞争力指数波动幅度也相当大，具有非常高的差异性，而中小板和创业板上市的 ICT 公司整体变化较为平稳，创业板相对于中小板更加平缓，企业间知识竞争力水平差异性更小。整体而言，主板上市的 ICT 公司企业知识竞争力水平大多徘徊于 2.21～2.43 之间；而中小板和创业板上市的 ICT 公司则分别在 0.31～0.42 和 0.17～0.28 之间。

综上所述，主板上市的 ICT 公司每年企业知识竞争力整体水平显著高于中小板和创业板，但在中小板和创业板上市的 ICT 公司变化程度较小，并且均表现出较高的成长性。这是因为，主板上市企业自身具有很大的知识累积优势，但创新性或灵活性总体上相对较弱，创业板在创新性方面表现出尤为显著的比较优势。

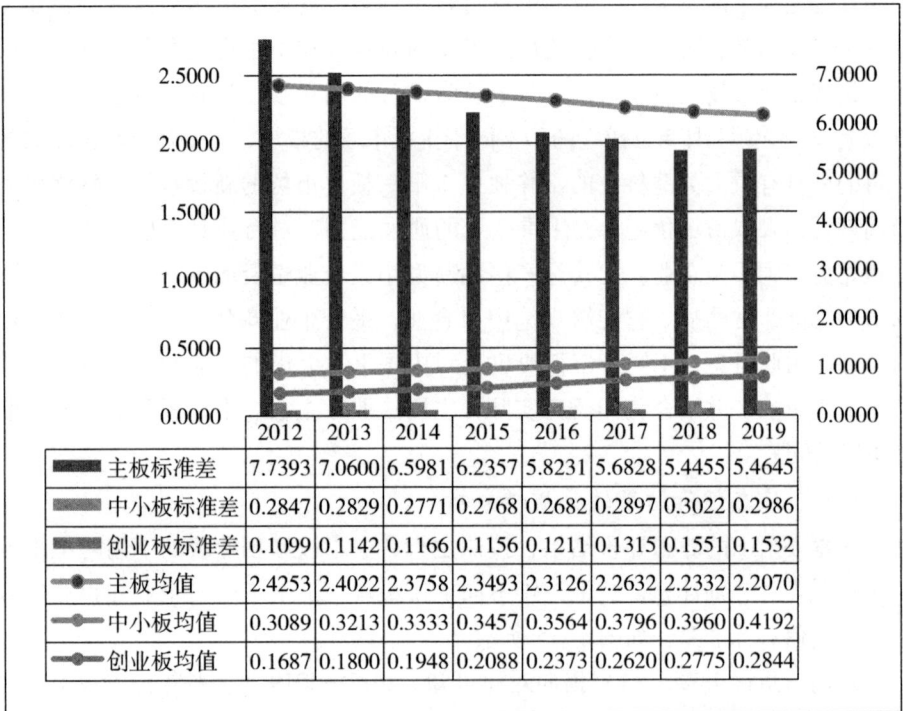

	2012	2013	2014	2015	2016	2017	2018	2019
主板标准差	7.7393	7.0600	6.5981	6.2357	5.8231	5.6828	5.4455	5.4645
中小板标准差	0.2847	0.2829	0.2771	0.2768	0.2682	0.2897	0.3022	0.2986
创业板标准差	0.1099	0.1142	0.1166	0.1156	0.1211	0.1315	0.1551	0.1532
主板均值	2.4253	2.4022	2.3758	2.3493	2.3126	2.2632	2.2332	2.2070
中小板均值	0.3089	0.3213	0.3333	0.3457	0.3564	0.3796	0.3960	0.4192
创业板均值	0.1687	0.1800	0.1948	0.2088	0.2373	0.2620	0.2775	0.2844

图 4-15 2012—2019 年不同上市板块企业知识竞争力情况图

（二）动态评价结果的异质性分析

根据表 4-13 的动态评价结果，分别按照主板、中小板和创业板的三个主要板块，通过对上市板块企业数量和动态得分的均值进行汇总整理，最终得到基于上市板块的中国 ICT 上市公司 2012—2019 年综合得分情况，如表 4-14 所示。

表 4-14　基于上市板块的中国 ICT 上市公司 2012—2019 年动态评价得分情况表

企业特征	不同类别	数量	均值得分	大于均值以上数量	大于均值数量占比	标准差
企业上市板块	主板	53	2.2747	8	15.09%	5.7724
	中小板	51	0.3799	20	39.22%	0.2766
	创业板	48	0.2521	21	43.75%	0.1270

数据来源：根据动态评价结果整理得到

通过对样本公司进行横向比较（如表 4-14 所示），分析得到以下：

从样本企业数量来看，三个上市板块的 152 家样本企业，数量大体相当。其中，53 家在主板、51 家在中小板和 48 家在创业板三大块，分别占 34.87%、33.55% 和 31.58%。由此可见，主板企业数量最多，创业板企业数量最少。

从企业知识竞争力动态评价得分的均值来看，在主板上市的 ICT 公司得分均值为 2.2747，远远大于样本均值 1.0002。但是，在其余两个板块上市的 ICT 公司则远小于均值得分，分别为 0.3799 和 0.2521。

在高于样本企业动态评价得分均值的 ICT 公司中，每一上市板块的均值得分参差不齐，甚至相差较大。在创业板上市的 48 家公司中，高于均值的公司数量最多有 21 家，占 43.75%，其次是在中小板上市的 51 家中，有 20 家高于均值，占 39.22%，最后是在主板上市的 53 家公司中只有 8 家高于均值得分，仅占 15.09%。

综上所述，在样本期间，在创业板和中小板上市的 ICT 公司高于样本企业知识竞争力动态得分均值的比重最大，但企业知识竞争力水平均较低。主板市场上市的 ICT 公司动态评价得分的均值要远高于样本期间企业的得分均值，其企业知识竞争力水平整体上较高。这可能的解释是，根据知识优势转化为企业竞争力的过程可知，知识优势产生竞争力需要经历一定时间，知识累积优势越显著，最终在市场上竞争力水平必然会越高。相对主板市场，创业板上市的公司成长性较好，运营较为良好，创新性和灵活性都较高，低门槛进入，但运作要求较为严格，普遍规模比较小。而主板上市的公司通常多数为所在行业的领先企业，资产规模较大，发展较为大型成熟，通常也具有较高较持续的市盈率。

二、基于所属区域的异质性分析

中国不同区域的经济水平、科技发展程度等存在很大差异，如环渤海区域、珠江三角洲、长江三角洲等沿海区域的经济发展水平明显高于中西部其他地区。

作为知识和技术密集型的 ICT 产业，会受到区域的人才、技术、资金、市场与信息等资源要素的制约或推动，其技术投入成本与技术创新风险也将得到有效降低（李海超等，2014）。社会的分工与协作将导致经济发展呈现较为显著的区域化发展，这些区域化发展特征也将进一步加快和推进中国 ICT 产业的产生和区域集聚化发展。因此，不同经济区域对 ICT 上市公司发展具有重要影响，就需要对不同区域 ICT 上市公司的企业知识竞争力水平进行异质性分析。

（一）静态评价结果的异质性分析

根据表附 1 的静态评价结果，按照环渤海湾京津地区、长三角、珠三角以及其他中西部等多个地区的不同集聚区域进行分类，分别计算得到每一年不同集聚区域 ICT 上市公司企业知识竞争力水平的均值和标准差，如图 4-16 所示。

从均值指标来看，（1）横向对比可知，2012—2019 年，各年份环渤海湾京津地区和珠江三角洲的 ICT 上市公司企业知识竞争力水平普遍高于其他两个区域。具体来看，2012—2014 年，珠江三角洲 ICT 上市公司企业知识竞争力水平高于环渤海湾京津地区；2015—2019 年环渤海湾京津地区 ICT 上市公司企业知识竞争力水平反超珠江三角洲地区的。（2）纵向对比可知，环渤海湾京津地区 ICT 上市公司企业知识竞争力指数由 2012 年的 1.1520 变为 2019 年的 1.4825，呈现逐年上升变化趋势，增幅为 28.69%；珠江三角洲 ICT 上市公司企业知识竞争力指数由 2012 年的 1.4922 变为 2019 年的 1.0942，除了 2019 年出现微小上升趋势外，呈逐年下降趋势，降幅为 27.81%；长江三角洲 ICT 上市公司企业知识竞争力指数由 2012 年的 0.3492 变为 2019 年的 0.4609，除了 2019 年出现微小下降趋势外，呈逐年上升的变化态势，增幅为 31.99%；另外，部分中西部地区 ICT 上市公司企业知识竞争力指数由 2012 年的 0.4049 变为 2018 年的 0.5928，增幅为 46.41%，然后又变为 2019 年的 0.5233，降幅为 11.72%，呈现先升后降的变化趋势。

从标准差指标来看，环渤海湾京津地区和珠江三角洲的 ICT 上市公司企业知识竞争力水平虽然都很高，但其波动幅度也都相当大，样本企业间的差异表现得非常明显。例如，珠江三角洲的中兴通讯和环渤海湾京津地区的中国联通企业知识竞争力水平分别位居样本企业的较高位，且远远超过所在区域的其他企业。整体而言，环渤海湾京津地区和珠江三角洲的 ICT 上市公司企业知识竞争力水平大多分别徘徊于 1.15~1.48 和 1.08~1.49 之间；而长江三角洲和部分中西部地区的 ICT 上市公司则分别在 0.35~0.46 和 0.40~0.59 之间。

综上所述，环渤海湾京津地区和珠江三角洲的 ICT 上市公司每年的企业知识竞争力处于较高水平，且显著高于长江三角洲和部分中西部地区，但长江三角洲和部分中西部地区 ICT 公司的变化程度较小，且表现出良好的发展态势和较高的成长性。这可能的原因是，各个区域的发展程度不同，高科技产业集聚呈现不同特征，组织内拥有许多异质性知识资源（蔡跃洲和牛新星，2021），必然造成企业竞争力水平的差异性。这一点正好进一步验证了本研究的理论模型。

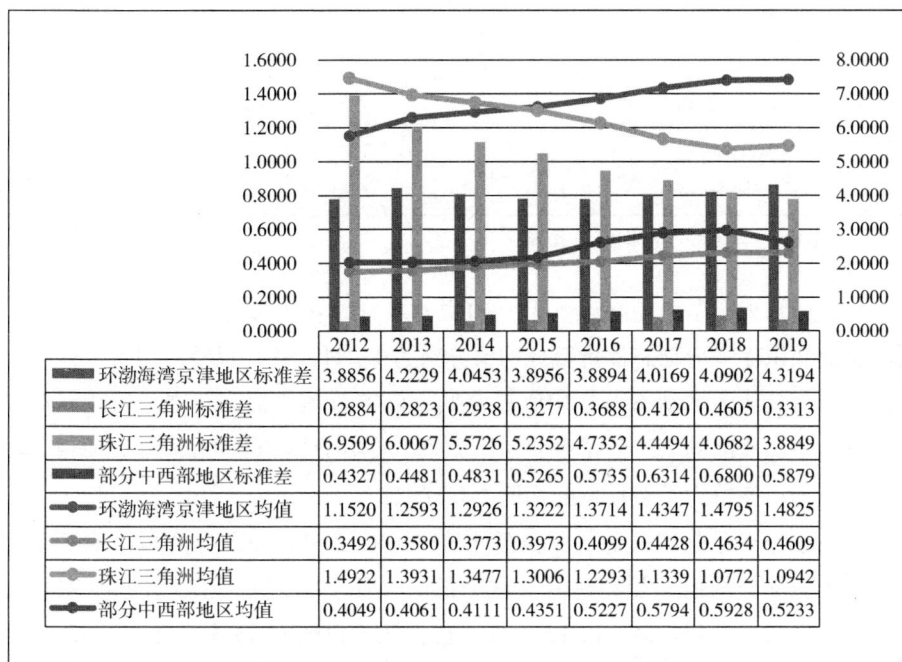

	2012	2013	2014	2015	2016	2017	2018	2019
■ 环渤海湾京津地区标准差	3.8856	4.2229	4.0453	3.8956	3.8894	4.0169	4.0902	4.3194
■ 长江三角洲标准差	0.2884	0.2823	0.2938	0.3277	0.3688	0.4120	0.4605	0.3313
■ 珠江三角洲标准差	6.9509	6.0067	5.5726	5.2352	4.7352	4.4494	4.0682	3.8849
■ 部分中西部地区标准差	0.4327	0.4481	0.4831	0.5265	0.5735	0.6314	0.6800	0.5879
●—环渤海湾京津地区均值	1.1520	1.2593	1.2926	1.3222	1.3714	1.4347	1.4795	1.4825
●—长江三角洲均值	0.3492	0.3580	0.3773	0.3973	0.4099	0.4428	0.4634	0.4609
●—珠江三角洲均值	1.4922	1.3931	1.3477	1.3006	1.2293	1.1339	1.0772	1.0942
●—部分中西部地区均值	0.4049	0.4061	0.4111	0.4351	0.5227	0.5794	0.5928	0.5233

图 4-16 2012—2019 年不同集聚区域企业知识竞争力情况图

（二）动态评价结果的异质性分析

根据表 4-13 的动态评价结果，分别按照环渤海湾京津地区、长三角、珠三角以及其他中西部等多个地区的不同集聚区域，以不同集聚区域企业数量和动态得分的均值进行汇总整理，最终得到基于所属区域的中国 ICT 上市公司2012—2019 年综合得分情况，如表 4-15 所示。

通过对样本公司进行横向比较（如表 4-15 所示），分析得到以下：

从样本企业数量来看，152 家样本上市公司环渤海湾京津地区有 46 家、长江三角洲有 40 家、珠江三角洲有 54 家以及部分中西部地区有 12 家，分别占样本企业的 30.26%、26.32%、35.53% 和 7.89%。其中，环渤海湾京津地区、长江三角洲、珠江三角洲，共占 92.11%，集聚了大部分 ICT 上市公司，也是中国ICT 企业相对较为集中的区域。

表 4-15 基于所属区域的中国 ICT 上市公司 2012—2019 年动态评价得分情况表

企业特征	不同类别	数量	均值得分	大于均值以上数量	大于均值数量占比	标准差
企业所属区域	环渤海湾京津地区	46	1.4119	6	13.04%	4.0450
	长江三角洲	40	0.4325	15	37.50%	0.3541
	珠江三角洲	54	1.1765	6	11.11%	4.5469
	部分中西部地区	12	0.5214	3	25.00%	0.5807

数据来源：根据动态评价结果整理得到

从企业知识竞争力动态评价得分的均值来看，环渤海湾京津地区和珠江三角洲企业知识竞争力动态评价得分均值分别为 1.4119 和 1.1765，均高于样本企业的均值，其他区域动态得分均值都要低于样本总体均值。其中，长江三角洲和部分中西部地区的 ICT 公司企业知识竞争力得分分别为 0.4325 和 0.5214，均低于企业知识竞争力动态评价的均值 1.0002。

在高于样本企业知识竞争力动态评价得分均值中，环渤海湾京津地区企业知识竞争力得分均值明显高于其他区域的。在环渤海湾京津地区的 46 家企业中，有 6 家高于得分均值，占 13.04%；在长江三角洲的 40 家企业中，有 15 家高于得分均值，占 37.50%；在珠江三角洲的 54 家企业中，有 6 家高于得分均值，占 11.11%；而部分中西部地区的 12 家企业中，有 3 家企业高于得分均值，占 25.00%。

综上所述，在样本期间，中国 ICT 上市公司集中分布在环渤海湾京津地区、长江三角洲和珠江三角洲等较为发达的区域，其中，环渤海湾京津地区 ICT 上市公司的企业知识竞争力整体高于样本企业的平均水平。环渤海湾京津地区的 46 家企业中，北京就有 35 家，占 76.09%。北京是国内知名一流大学和各类研究中心集中的地方，也是高科技企业集聚的城市之一，汇聚了包括中关村、清华或北大科技园等许多大型的科技园区。长江三角洲也是我国高新科技产业的集聚区域之一，主要包括江浙沪皖的主要沿海或沿江地区的部分发达城市，集中打造具有世界影响力的科技创新高地。珠江三角洲是中国改革开放最先试点的区域，集中表现为人口集聚最多和创新能力最强的经济区域，也是亚太区域最具活力和创造力的区域之一。环渤海湾京津地区 ICT 上市公司整体水平最高的原因可能是，这些区域主要聚集了包括中国联通、京东方 A、同方股份、航天信息等在内的一些老牌 ICT 上市公司，具有较大的知识累积效应，整体综合实力雄厚，企业竞争力水平也将明显高于其他地区。这可能的解释是，企业之间竞争能力的不同取决于企业拥有资源的差异，而不同区域发展程度各不相同，组织所具有的内外部资源也会有所差别，这与前文理论模型相一致。

三、基于成立年限的异质性分析

如前所述，企业的动态转型升级本质上就是企业在知识再生产过程不断进行知识积累和积淀，使得企业知识不断发生进化的过程，但这一知识进化过程是具有一定的时间累积性。在不同时间内成立的企业，在企业的创新能力和人才创造力等方面存在较大的差异性，也会对企业知识竞争力水平产生较大影响。因此，需要充分考虑中国 ICT 上市公司不同成立年限的企业知识竞争力水平差异性。1993 年，朱镕基总理提出要全面实施国有企业改革，搞活国有企业，1993 年国有企业正好开始进入整体创新发展阶段，这是 ICT 产业的一个重要发展期（赵婷婷，2020）。此外，中国在 2001 年开始正式加入 WTO，对信息通信产业核心技术发展产生了强大的推动作用，这也是 ICT 产业的一个关键转型期。由此可见，中国 ICT 公司按照成立年限可以划分为 1993 年之前，1993—2002 年之间，2002 年之后三大类。

（一）静态评价结果的异质性分析

根据表附 1 的静态评价结果，按照 1993 年之前，1993—2002 年之间，2002年之后的不同成立时期进行分类，分别计算得到每一年不同成立年限 ICT 上市公司企业知识竞争力水平的均值和标准差，如图 4-17 所示。

从均值指标来看，（1）横向对比可知，2012—2019 年，各年份 2002 年之前成立的 ICT 上市公司企业知识竞争力水平明显高于 2002 之后成立的 ICT 上市公司；（2）纵向对比可知，1993 年之前成立的 ICT 上市公司企业知识竞争力指数开始由 2012 年的 1.2077 上升为 2014 年的 1.3750，呈现逐年小幅上升趋势，增幅为 13.85%，然后逐渐降至 2019 年的 1.0861，降幅为 21.01%；而 1993—2002年之间成立的 ICT 上市公司由 2012 年的 1.0970 变为 2019 年的 1.0919，呈现先下降再缓慢上升的小幅变化趋势。2002 年之后成立的 ICT 上市公司由 2012 年的0.1745 变为 2019 年的 0.2743，呈现逐年缓慢增长态势，增幅为 57.19%。

从标准差指标来看，1993—2002 年之间成立的 ICT 上市公司企业知识竞争力指数波动幅度非常大，具有较大的差异性，其次是 1993 年之前成立的 ICT 上市公司，而 2002 年之后成立的 ICT 上市公司企业知识竞争力水平最为平稳。整体而言，1993年之前成立和1993—2002年之间成立的ICT上市公司企业知识竞争力水平大多分别徘徊于1.09~1.38和1.08~1.10之间；而2002年之后成立的ICT上市公司则在0.17~0.27之间。

综上所述，2002年之前成立的ICT上市公司每年的企业知识竞争力整体水平显著高于2002年之后成立的，但在2002年之后成立的ICT上市公司的变化程度较小且表现出较高的成长性。这可能的原因，知识具有一定的累积效应，知识转化成竞争力存在一定时滞性，企业成立时间越久，其知识优势可能就会越显著，企业知识竞争力通常就会越高。

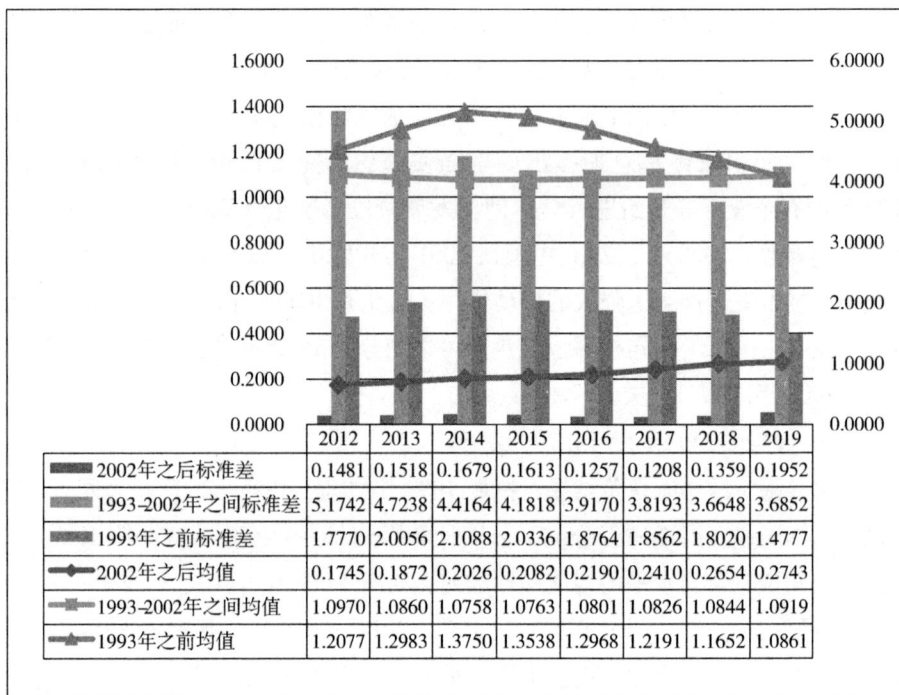

	2012	2013	2014	2015	2016	2017	2018	2019
2002年之后标准差	0.1481	0.1518	0.1679	0.1613	0.1257	0.1208	0.1359	0.1952
1993-2002年之间标准差	5.1742	4.7238	4.4164	4.1818	3.9170	3.8193	3.6648	3.6852
1993年之前标准差	1.7770	2.0056	2.1088	2.0336	1.8764	1.8562	1.8020	1.4777
2002年之后均值	0.1745	0.1872	0.2026	0.2082	0.2190	0.2410	0.2654	0.2743
1993-2002年之间均值	1.0970	1.0860	1.0758	1.0763	1.0801	1.0826	1.0844	1.0919
1993年之前均值	1.2077	1.2983	1.3750	1.3538	1.2968	1.2191	1.1652	1.0861

图4-17　2012—2019年不同成立年限企业知识竞争力情况图

（二）动态评价结果的异质性分析

根据表4-13的动态评价结果，分别按照1993年之前，1993—2002年之间，2002年之后的不同成立时期，以不同时间区域企业数量和动态得分的均值进行汇总整理，最终得到基于成立年限的中国ICT上市公司2012—2019年综合得分情况，如表4-16所示。

表 4-16　基于成立年限的中国 ICT 上市公司 2012—2019 年动态评价得分情况表

企业特征	不同类别	数量	均值得分	大于均值以上数量	大于均值数量占比	标准差
企业成立年限	2002 年之后	17	0.2940	3	17.65%	0.1346
	1993—2002 年之间	123	1.0459	13	10.57%	3.8826
	1993 之前	12	1.6156	2	16.67%	1.7705

数据来源：根据动态评价结果整理得到

通过对样本公司进行横向比较（如表 4-16 所示），分析得到以下：

从样本企业数量来看，样本企业上市公司按照成立年份可以划分为 1993 年之前，1993—2002 年之间，2002 年之后三个时间段，企业数量分别有 12 家、123 家、17 家，各自占样本企业的比重为 7.89%、80.92%、11.18%。其中，1993—2002 年间成立的 ICT 企业数量最多，占样本企业的 80.92%。

从企业知识竞争力动态评价得分的均值来看，在 1993 年之前成立的 ICT 上市公司动态评价得分的均值为 1.6156，高出样本均值 1.0002 的 38.09%。在 1993—2002 年之间成立的 ICT 企业动态评价得分的均值为 1.0459，略高于样本企业的得分均值。但是，在 2002 年之后成立的 ICT 公司则远小于均值得分，分别为 0.2940。

在高于样本企业动态评价得分均值的 ICT 公司中，不同年份成立的 ICT 上市公司的均值得分参差不齐，甚至相差较大。在 2002 年之后成立的 17 家公司中，高于均值的公司数量最多有 3 家公司，占 17.65%，其次是在 1993 年之前成立的 12 家中，有 2 家高于均值，占 16.67%，最后是在 1993—2002 年之间成立的 123 家公司中只有 13 家高于均值得分，仅占 10.57%。

综上所述，在 2002 年之后成立的 ICT 公司高于所在年份得分均值的比例最大，但企业知识竞争力水平均较低。然而，1993 年之前成立的 ICT 公司动态评价得分的均值要高于本样本期间企业的得分均值，其企业知识竞争力水平整体上较高。相对而言，2002 年之后成立的样本企业，成立时间较短，有些尚还不具规模，市场占有份额相对较小，创新能力也较弱。而在 1993 年之前成立的样本企业，成立时间较久，具有更大的知识积累优势，盈利水平、创新能力等都相对较高，具备较高的市场盈利能力，企业竞争力水平更高。这可能的解释是，知识优势变成企业竞争力存在一定转化周期，成立时间越久且发展良好的企业，其在市场上的知识竞争力水平就会越高。这表明，知识优势最终必将转化为知识竞争力，进一步证实了本研究的理论模型。

第六节　企业知识竞争力与企业竞争力关系的回归分析

一、模型设定选择与变量定义

根据前面的理论分析，需要检验企业知识竞争力与企业竞争力之间的关系，进一步验证企业知识竞争力评价指标体系的科学性、准确性与合理性。基于此，我们将构建以下待检验的回归模型：

$$EC_{it} = \beta_0 + \beta_1 \times EKC_{it} + \beta_2 \times FL_{it} + \beta_3 \times LE_{it} + \beta_4 \times FG_{it}$$
$$+ \beta_5 \times YR_{it} + \beta_6 \times IND_{it} + \varepsilon_{it} \tag{4-2}$$

其中，EC_{it} 为因变量，表示企业竞争力。该数值越大，表示企业竞争力水平越高。EKC_{it} 为自变量，表示企业知识竞争力得分。该得分越高，表示知识含量越高。企业寿命（FL_{it}）、资本结构（LE_{it}）和企业成长性（FG_{it}）均是控制企业知识竞争力对企业竞争力影响的企业层面变量；YR_{it} 和 IND_{it} 分别指代年度和行业控制变量。

（一）企业竞争力

波特（Porter）认为，持续竞争优势是企业获得超过所在行业平均经济利润的根源，并将竞争优势等同于企业绩效（Porter，1985）。也就是说，一个具有持续竞争优势的企业，能够长期在经济绩效方面比竞争对手获得较高的经营业绩。企业竞争优势即企业竞争力，是企业在市场业绩创造上与同行其他企业所存在的不同，可以通过会计核算中的财务指标来衡量（Barney 和 Hesterly，2018；周建等，2009）。根据现有研究，总资产收益率（ROA）、净资产收益率（ROE）和 Tobin's Q 值是被人们广泛使用的指标（刘汉民等，2018）。Prasetyo（2016）研究发现，从统计学角度来看，竞争优势的三种测量方法中，ROA 为最佳代理变量，ROE 次之。但是，Tobin's Q 值指标往往因市场的股价频繁波动和较高的周转率而存在较大的潜在偏差（徐莉萍等，2006）。因此，我们采用总资产收益率（ROA）来衡量企业竞争力。

（二）知识变量

如前所述，知识变量主要包括企业知识竞争力，以及通用性知识、专用性知识和专有性知识。我们主要采用企业知识竞争力评价体系评价后的综合得分作为回归模型的自变量。

（三）控制变量

根据以往相关文献的做法（Sorensen 和 Stuart，2000；许照成和侯经川，2019；杨林等，2018），本研究主要包括以下几个控制变量：

1. 企业寿命（FL_{it}）：即企业成立年限，是自企业创办到样本研究期间之间的时间，一般采取自然对数来衡量。企业创办年份越长，通常可能会积累更多的知识，其知识含量相应也会越高，越有助于开展知识创新活动，进而在较大程度上影响企业竞争力水平。

2. 资本结构（LE_{it}）：即资产负债率，用总负债与总资产之间的比率衡量。资本结构能够较大程度地反映企业资产状况，体现了企业运用债权人资金开展经营以及偿债和融资的能力。该数值越大，说明企业偿债能力也越大。

3. 企业成长性（FG_{it}）：即营业收入增长率，企业营业收入增值与上一年营业收入总额的比值。企业成长性是一种持续增长能力，对企业获取长久经营绩效具有关键性作用。

与此同时，本研究还包括了年度（YR_{it}）和行业（IND_{it}）虚拟控制变量。其中，行业变量用来控制不同行业特征对企业竞争力可能造成的影响；年度变量用来控制随着年度变化外部政策、经济等宏观状况变动对企业竞争力的影响。变量的描述如表 4-17 所示。

表 4-17 变量定义与说明表

变量类型	变量名称	变量符号	变量界定
被解释变量	企业竞争力	$EC_{i,t}$	净利润/总资产
解释变量	企业知识竞争力	EKC_{it}	企业知识竞争力指数
	通用性知识	$GK_{i,t}$	通用性知识指数
	专用性知识	$SK_{i,t}$	专用性知识指数
	专有性知识	$PK_{i,t}$	专有性知识指数
控制变量	企业寿命	$FL_{i,t}$	成立年限取自然对数
	资本结构	$LE_{i,t}$	总负债/总资产
	企业成长性	$FG_{i,t}$	主营业收入增长额/上年主营业收入总额
虚拟变量	行业	$IND_{i,t}$	参照 2012 年证监会分类标准
	年度	$YR_{i,t}$	年份哑变量

二、回归结果与讨论

在实证回归之前，对主要研究变量分别在1%和99%水平上实行缩尾，进而消除异常值对实证结果可能产生的不利影响（Flannery 和 Rangan，2006）。另外，对主要研究变量采用方差膨胀因子（VIF）进行诊断，研究表明，样本企业各个变量的 VIF 均值都远低于临界值 10，可说明所有变量之间没有多重共线性问题。因此，通过上述方法对数据进行处理之后，能够确保原模型的估计结果是无偏、一致和有效的。具体检验思路是重点分析 ICT 企业的知识对企业竞争力的影响，进而检验二者之间的关系。

表 4-18 报告了 ICT 企业的知识竞争力对企业竞争力影响的基准回归结果。其中，模型（1）是以企业竞争力为因变量，仅控制了年度固定效应和行业固定效应。模型（2）是加入了所有控制变量的 OLS 检验结果。

表 4-18 知识与企业竞争力之间关系的检验分析表

变量	模型（1）	模型（2）
企业知识竞争力	0.0832***	0.1246***
	(0.0166)	(0.0247)
企业寿命		1.0727***
		(0.1924)
资本结构		−3.1362**
		(0.9157)
企业成长性		0.8658***
		(0.1078)
常数项	−0.5992*	−2.5112***
	(0.2673)	(0.6215)
观测值	1216	1216
R^2	0.0423	0.1357

注：***p<0.01，**p<0.05，*p<0.1，括号内为标准误。年度和行业虚拟变量包含在各模型中，结果未列示

从模型（1）的回归结果可知，企业知识竞争力的回归系数为 0.0832，在 1%水平上显著。模型（2）的回归结果显示，企业知识竞争力的回归系数为

0.1246，在1%水平上显著。这也说明，企业知识竞争力（即相对知识水平）与企业竞争力呈显著正向关系，进一步佐证了本研究前面的理论模型。因此，相对知识水平就可以反映企业竞争力水平，也即本研究所构建的企业知识竞争力评价指标体系是合理、可靠的。

三、内生性问题处理

（一）倾向得分匹配法（PSM）

由于本研究的结果可能受到样本选择、遗漏变量和双向因果的影响，本研究参考现有研究（才国伟等，2015；谢德仁等，2016），进一步采用倾向得分匹配方法（简称为PSM）（Rosenbaum和Rubin，1983）寻找企业相对知识水平的对照组匹配性样本，进而分析其对企业竞争力的差异。

PSM具体实施步骤如下：第一步，根据企业是否具有相对知识优势生成虚拟变量 D_EKC_{it}。其中，企业具有相对知识优势，$D\_EKC_{it}=1$，反之，$D\_EKC_{it}=0$；第二步，以相对知识优势虚拟变量为被解释变量，以原模型中除相对知识水平以外的其他变量（包括行业和年度虚拟变量）为解释变量，估计得到具有相对知识优势企业的倾向得分；第三步，分别选取了最近邻匹配方法（简称"NNM"）和倾向得分分别从不具有相对知识优势的企业（控制组）中挑选样本，来匹配具有相对知识优势的企业（处理组）；第四步，依靠匹配前后处理组的平均处理效应（ATT），对相对知识水平与企业竞争力的影响进行回归。PSM匹配前后的处理效应，如表4-19所示。

表4-19　PSM匹配前后的平均处理效应表（1：3的核近邻匹配）

变量	样本	Treated	Control	ATT	S. E.	t 值
EKC_{it}	Unmatched	1.2577	0.9325	0.3252	0.0966	3.37***
	Matched	1.2980	0.7636	0.5344	0.1523	4.29***

注：（1）"Unmatched"为未进行倾向得分匹配前的样本，"Matched"为进行倾向得分匹配后的样本；（2）"Treated"和"Control"分别为具有相对知识优势和不具有相对知识优势的样本；（3）ATT为样本的平均处理效应；（4）S. E. 和 t 值是用于检验 ATT 的显著性；（5）＊＊＊ p<0.01，＊＊ p<0.05，＊ p<0.1

从表4-19可以看出，匹配前和匹配后所有企业竞争力倾向指标的平均处理效应（ATT）均显著不为零。在匹配前，处理组和控制组的企业竞争力平均值在匹配前分别为1.2577和0.9325，二者的ATT为0.3252，且在1%的水平上显著为正；在匹配后，处理组和控制组的企业竞争力平均值在匹配后分别为

1.2980 和 0.7636，二者的 ATT 为 0.5344，且也在 1% 的水平上显著为正。由此可以，对于不具有相对知识优势的企业而言，具有相对知识优势的企业确实具有更高的企业竞争力水平，大约高出 69.98%（＝0.5344/0.7636）。因此，具有知识优势的企业确实比不具有知识优势的企业竞争力水平高，也进一步证实本研究结论是可信和稳健的。

（二）工具变量法

根据前面的理论分析可知，基于企业自身的经营目标和企业竞争力水平，企业在不同情境或发展水平下也可能会通过降低知识获取成本来提升企业知识水平，企业的知识水平越高势必也会提升企业竞争力水平。同时，企业竞争力水平较高的企业，也可能会带来较高的知识水平。因此，知识水平与企业竞争力水平可能互为因果，进而可能造成 OLS 结果产生内生性问题。

为了避免双向因果关系和疏忽一些重要变量而有可能产生的内生性问题，我们选择工具变量法进行处理。首先要选用合适的工具变量来代替内生变量，其次要采用合适的内生性处理方法获得无偏估计，从而解决原模型的内生性问题。一般而言，工具变量的选取要同时符合与内生变量相关以及与随机扰动项无关两个条件。我们借鉴学者们已有研究的处理方法（Stankov, 2018；郭熙保和罗知, 2009），采用知识变量的滞后一期作为工具变量。同时，依据相关研究文献（Hough, 2006），选取两阶段最小二乘法（2SLS）处理内生性问题。主要步骤包括：首先，采取 logistic 方法对工具变量与知识变量进行 OLS 回归；然后，采用上一步回归分析产生的知识变量拟合值来替代实际值，对原来的模型实行进行 2SLS 处理，使得结果参数估计值无偏一致，进而排除了内生性问题产生的影响。从模型（7）新的检验结果看（如表4-20所示），内生性问题处理的检验结果与表4-18的回归结果均是保持一致的。

表4-20　内生性问题处理——工具变量回归表

变量	模型（7）	模型（8）
	2SLS	LIML
企业知识竞争力	0.0352**	0.0014**
	(0.0164)	(0.0007)
企业寿命	0.3738**	0.0168**
	(0.1608)	(0.0067)
资本结构	-1.4723***	-0.0624***
	(0.2566)	(0.0107)

续表

变量	模型（7）	模型（8）
	2SLS	LIML
企业成长性	1.1895 ***	0.0547 ***
	(0.1244)	(0.0052)
常数项	0.6531	−0.0007
	(0.7520)	(0.0314)
观测值	1064	1064
R^2	0.126	0.171

注：＊＊＊ $p<0.01$，＊＊ $p<0.05$，＊ $p<0.1$，括号内为标准误。年度和行业虚拟变量包含在各模型中，结果未列示

尽管 2SLS 方法得到的结果是相同的，但 2SLS 有偏可能会造成"显著性水平扭曲"，这种情形还受弱工具变量的影响而呈现逐步变大的变化趋势。为了确保结果是可靠和稳健的，模型（8）选用了基于单个信息方程的有限信息最大似然性（LIML）进行内生性问题处理，该方法对上述可能出现的弱工具变量显得更加迟钝一些，能够取得较好的处理效果。新的结果与表 4-18 的结果依旧是相同的。这些内生性问题处理方法的使用，也能进一步佐证了本研究的结论是稳健的。

综上所述，本研究对样本企业分别采取了倾向得分匹配法（PSM）和 2SLS、LIML 的工具变量法进行了处理，在很大程度上解决了相对知识水平与企业竞争力之间的内生性问题。此外，表 4-19 和表 4-20 的处理结果也能更进一步反映本研究的结论是稳健和可靠的。

四、稳健性检验

（一）替换因变量

由前面分析可知，目前企业竞争力可由 ROA 和 ROE 两种财务指标进行测量。这里考虑使用 ROE 对因变量进行替换，进行回归分析。模型（1）为基准回归，模型（2）为因变量为 ROE 得到的回归结果，如表 4-21 所示。从新的回归结果可知，企业知识竞争力与企业竞争呈现正向关系，且达到了 1%显著水平（Beta =0.8025，$p<0.01$）。

表 4-21 稳健性检验——替换因变量 ROE 表

变量	模型（1）	模型（2）
企业知识竞争力	0.4666**	0.8025***
	（0.1521）	（0.2120）
企业寿命		13.0938***
		（3.4710）
资本结构		−22.1369**
		（6.7148）
企业成长性		6.6271***
		（0.7694）
常数项	−5.8930***	−34.3678***
	（1.4530）	（9.0745）
观测值	1215	1215
R^2	0.085	0.1721

注：***$p < 0.01$，**$p < 0.05$，*$p < 0.1$，括号内为标准误。年度和行业虚拟变量包含在各模型中，结果未列示

（二）增加控制变量

前面在计算通用性知识变量时，考虑将员工规模作为通用性知识的规模指标。下面，本研究试图增加企业总资产作为模型（4-2）的控制变量。模型（1）是基准回归，模型（2）是原来模型的回归结果，模型（3）是增加总资产变量的回归结果，如表 4-22 所示。从新的回归结果来看，企业知识竞争力与企业竞争力之间关系仍然是正向显著的（Beta =0.0415, $p < 0.01$）。

表 4-22 稳健性检验——增加控制变量表

变量	模型（1）	模型（2）	模型（3）
企业知识竞争力	0.0832***	0.1246***	0.0415***
	（0.0166）	（0.0247）	（0.0109）
企业寿命		1.0727***	0.9226***
		（0.1924）	（0.1968）
资本结构		−3.1362**	−3.4696***
		（0.9157）	（0.9687）

变量	模型（1）	模型（2）	模型（3）
企业成长性		0.8658***	0.7621***
		(0.1078)	(0.1030)
企业总资产			0.6437***
			(0.1592)
常数项	-0.5992*	-2.5112***	-15.1774***
	(0.2673)	(0.6215)	(3.5964)
观测值	1216	1216	1216
R^2	0.0423	0.1357	0.1633

注：＊＊＊ $p<0.01$，＊＊ $p<0.05$，＊ $p<0.1$，括号内为标准误。年度和行业虚拟变量包含在各模型中，结果未列示

（三）变更研究周期

样本周期为 2008—2019 年 ICT 上市公司研究数据。本研究进一步变换样本企业的研究周期进行回归。模型（1）为基准回归模型，模型（2）—模型（4）分别是 2012—2017 年、2012—2018 年、2014—2019 年样本 ICT 上市公司的回归结果，如表 4-23 所示。由不同研究周期新的回归结果可知，企业知识竞争力与企业竞争力仍然呈现正向显著关系，且均在 1% 水平上正向显著（Beta = 0.1129，$p<0.01$；Beta = 0.0871，$p<0.01$；Beta = 0.1992，$p<0.01$）。由此可见，本研究的结论是可靠和稳健的。

表 4-23　稳健性检验——变换样本研究周期表

变量	模型（1）	模型（2）	模型（3）	模型（4）
企业知识竞争力	0.0832***	0.1129***	0.0871***	0.1992***
	(0.0166)	(0.0138)	(0.0142)	(0.0485)
企业寿命		1.3222**	0.7038**	-0.0199
		(0.4660)	(0.2695)	(0.2041)
资本结构		-1.3610***	-1.8422***	-3.8769**
		(0.1039)	(0.3516)	(1.1724)
企业成长性		0.6736***	0.7155***	0.8433***
		(0.0390)	(0.0301)	(0.1406)

续表

变量	模型（1）	模型（2）	模型（3）	模型（4）
常数项	-0.5992*	-3.1628**	-0.7355	-0.7897
	(0.2673)	(1.0205)	(1.0199)	(1.0555)
观测值	1216	912	1064	912
R^2	0.0423	0.1564	0.1314	0.1253

注：***p<0.01，**p<0.05，*p<0.1，括号内为标准误。年度和行业虚拟变量包含在各模型中，结果未列示

五、进一步分析

（一）知识对企业竞争力的滞后效应

由前文的理论分析可知，企业知识转化具有一定的时滞性，如专利转化为企业竞争力需要一个过程，对竞争结果可能会产生滞后效应。因此，当期知识可能要在滞后期的企业竞争力中才能表现出来，或者说，当前期的企业竞争力可能是前期知识转化的结果。有鉴于此，本研究考虑对因变量企业竞争力进行滞后期回归处理，如表4-24所示。

表4-24　企业知识竞争力对企业竞争力滞后效应回归分析

变量	模型（1）基准回归	模型（2）当期回归	模型（3）滞后一期	模型（4）滞后二期	模型（5）滞后三期
企业知识竞争力	0.0832***	0.1246***	0.1183***	0.0730**	0.0223
	(0.0166)	(0.0247)	(0.0188)	(0.0239)	(0.0338)
企业寿命		1.0727***	0.6622*	1.1644***	1.7113**
		(0.1924)	(0.3043)	(0.2152)	(0.4075)
资本结构		-3.1362**	-0.9680**	0.0425	0.3692
		(0.9157)	(0.2902)	(0.1018)	(0.2921)
企业成长性		0.8658***	-0.4079***	-0.1709***	-0.0559
		(0.1078)	(0.0381)	(0.0290)	(0.0604)
常数项	-0.5992*	-2.5112***	-1.0231	-2.8120***	-3.4730
	(0.2673)	(0.6215)	(1.9461)	(0.6176)	(3.0387)

续表

变量	模型（1）	模型（2）	模型（3）	模型（4）	模型（5）
	基准回归	当期回归	滞后一期	滞后二期	滞后三期
观测值	1216	1216	1064	912	760
R^2	0.0423	0.1357	0.0796	0.0408	0.019

注：＊＊＊ p<0.01，＊＊ p<0.05，＊ p<0.1，括号内为标准误差。年度和行业虚拟变量包含在各模型中，结果未列示

从检验结果来看，对于本研究样本数据而言，知识对企业竞争力的滞后效应发生在滞后二期（Beta ＝0.0730，p<0.05），从滞后三期开始回归系数变为正向不显著（Beta ＝0.0223，p>0.1）。这可能的解释是，由本研究的理论模型可知，知识要产生竞争力通常需要经历一个转化过程。这个过程可能是需要持续一段时期，知识才能转变成为满足市场需求的产品或服务，进而获取一定的经济绩效，最终表现为比同行竞争对手更具有竞争力（陈建校和方静，2009；许照成和侯经川，2020）。

（二）各层次知识对企业竞争力的影响效应

如前所述，企业知识竞争力由通用性知识、专用性知识和专有性知识三个层次知识加权合成得到。为了进一步分析不同层次知识变量对企业竞争力的影响效应是否存在差异，将三个层次知识变量分别对企业竞争力进行回归并加以分析比较。

模型（1）—模型（3）分别是通用性知识、专用性知识和专有性知识对企业竞争力的回归检验结果，如表4-25所示。回归结果显示：三类知识与企业竞争力之间均呈正向显著关系（Beta ＝1.0069，p<0.01；Beta ＝0.0764，p<0.05；Beta ＝0.3045，p<0.01）。通用性知识对企业竞争力的回归系数最大，且在1%水平上显著，为1.0069；其次是专有性知识，回归系数为0.3045，也在1%水平上显著；最后是专用性知识，回归系数为0.0764，在5%水平上显著。这可能的解释是，根据企业知识竞争力理论模型可知，（1）通用性知识与人力要素结合起来直接投入企业再生产过程中，能生产出同类具有经济价值的产品或服务，投入市场中最终转化为企业绩效，进而影响企业竞争力。随着互联网的不断深入，ICT 行业规模整体上越来越大，企业的通用性知识水平相对较高，更加易于转化成为企业的经济绩效，产业贡献度也依然比较高。（2）相比而言，专用性知识具有一定滞后性，要想实现经济价值，需要经过一个知识转化过程，对企业竞争力影响效应具有一定延迟效应。目前，虽然我国各类专利成果整体较高，

但是大多数为新型实用和外观设计专利，发明专利授权量相对较少，且专利成果转化率较低，最高大约在 30%，显著低于欧美发达国家 60%~70%①。国家专利成果水平实际上是由各个微观企业的专利水平所构成的，因而企业专利知识水平总体上较低。尽管如此，ICT 行业大多属于高新科技企业，人员大多趋于年轻化，整体具有较强的知识创新能力，偏重于以知识为主的创新，市场创新力度也较大，未来必定会有较大的发展潜力。另外，受制于"工业互联网""独角兽"带动作用，同时也受到日新月异变化的各类技术、市场需求和政策等影响，ICT 行业整体出现较好发展态势。（3）专有性知识是企业在再生产过程中长期进行积累和积淀中形成，一旦形成能够对企业绩效具有直接影响，进而转化为产品的高品质、顾客的高忠诚度和品牌的高认同，体现为高的企业竞争力水平。ICT 企业属于新兴科技产业，尽管开始比较迟，其发展速度却十分迅速，已经出现了一些具有较高品牌知名度的高新技术企业，逐步形成行业垄断地位。

表4-25　三类知识与企业竞争力之间关系的检验分析表

变量	模型（1）	模型（2）	模型（3）
通用性知识	1.0069 ***		
	(0.1709)		
专用性知识		0.0764 **	
		(0.0278)	
专有性知识			0.3045 ***
			(0.0571)
企业寿命	0.9420 ***	0.4811 **	1.0015 ***
	(0.1872)	(0.1872)	(0.1934)
资本结构	-3.2015 **	-1.9679 **	-3.1397 **
	(0.9258)	(0.6048)	(0.9167)
企业成长性	0.8567 ***	0.9662 ***	0.8541 ***
	(0.1074)	(0.1616)	(0.1058)
常数项	-2.2241 ***	-0.0315	-2.2792 ***
	(0.5393)	(0.6217)	(0.6181)

---

① 李毅中. 中国科技成果转化率仅为 30% 发达国家达 60-70% [EB/OL]. (2020-12-05). https://finance.ifeng.com/c/81wvbWRMdt1.

续表

变量	模型（1）	模型（2）	模型（3）
观测值	1216	1216	1216
R^2	0.1390	0.1336	0.1353

注：＊＊＊ $p<0.01$，＊＊ $p<0.05$，＊ $p<0.1$，括号内为标准误。年度和行业虚拟变量包含在各模型中，结果未列示

（三）基于上市板块的分组检验

如前所述，企业在不同上市板块企业知识竞争力得分存在较大的差异，企业竞争力可能也会存在较大的不同。因此，为了进一步分析不同上市板块的 ICT 上市公司企业知识竞争力对企业竞争力是否具有不同影响效应，按照主板、中小板和创业板对样本实行分组检验。

表4-26 的模型（4）为全样本，而模型（1）—模型（3）分别是主板、中小板和创业板的企业知识竞争力与企业竞争力之间关系的影响效应。回归结果表明，模型（1）为主板上市组，其企业知识竞争力与企业竞争力呈显著正相关关系（Beta =0.1185，$p<0.01$）；模型（2）为中小板组，其企业知识竞争力与企业竞争力呈显著正相关关系（Beta =1.2372，$p<0.01$）；模型（3）为创业板组，其企业知识竞争力与企业竞争力呈显著正相关关系（Beta =4.9163，$p<0.01$）。中小板和创业板回归系数均大于全样本的（Beta =0.1246，$p<0.01$）。这表明创业板上市的 ICT 上市公司的企业知识竞争力对企业竞争力的影响效应更强。这可能的解释是，根据前面的理论模型，知识优势（包括质量优势和数量优势）决定企业知识竞争力，也即企业所具有的知识优势越大，知识竞争力必将越强。虽然主板上市的企业通常规模都比较大，成立年限较大，知识水平也较高。但是，中小板和创业板上市的大多数企业也具有较高的成长性，同时还拥有较大的营收增速，发展后劲非常强劲，在同行中具有较大的竞争优势，对企业竞争力的提升具有正向促进作用。

表4-26　上市板块对企业知识竞争力与企业竞争力关系的影响效应表

变量	模型（1）主板组	模型（2）中小板组	模型（3）创业板组	模型（4）全样本
企业知识竞争力	0.1185 ***	1.2372 ***	4.9163 ***	0.1246 ***
	（0.0335）	（0.3272）	（0.2629）	（0.0247）

续表

变量	模型（1）主板组	模型（2）中小板组	模型（3）创业板组	模型（4）全样本
企业寿命	6.5276*	0.7287***	0.1801	1.0727***
	(2.8996)	(0.0826)	(0.6478)	(0.1924)
资本结构	-3.8934**	-2.0617***	-3.4937**	-3.1362**
	(1.1242)	(0.2484)	(1.2120)	(0.9157)
企业成长性	0.4895***	1.1783***	0.8476***	0.8658***
	(0.0646)	(0.1263)	(0.1009)	(0.1078)
常数项	-17.5356*	-0.0899	0.6204	-2.5112***
	(8.0351)	(0.3033)	(1.8558)	(0.6215)
观测值	424	408	384	1216
R^2	0.1818	0.2435	0.1861	0.1357

注：＊＊＊ p<0.01，＊＊ p<0.05，＊ p<0.1，括号内为标准误。年度和行业虚拟变量包含在各模型中，结果未列示

（四）基于所属区域的分组检验

ICT 产业具有区域集聚特征，不同区域内的 ICT 上市的企业知识竞争力得分也具有很大的不同，其对企业竞争力的影响效应可能也会存在一定的差异性。因此，为了进一步分析不同集聚区域的中国 ICT 上市公司对企业竞争力的影响是否存在不同，按照环渤海湾京津地区、长三角、珠三角和部分中西部地区对全样本展开分组回归。

表4-27 的模型（7）为全样本，而模型（1）—模型（4）分别是不同区域的企业知识竞争力与企业竞争力之间关系的影响效应，模型（5）为全模型。回归结果表明，模型（1）为环渤海湾京津地区，其企业知识竞争力与企业竞争力呈显著正相关关系（Beta = 0.1008，p<0.01）；模型（2）为长江三角洲，其企业知识竞争力与企业竞争力呈显著正相关关系（Beta = 1.0278，p<0.01）；模型（3）为珠江三角洲，其企业知识竞争力与企业竞争力呈显著正相关关系（Beta = 0.0433，p<0.05）；模型（4）为部分中西部地区，其企业知识竞争力与企业竞争力呈显著正相关关系（Beta = 0.6410，p<0.05）；模型（5）为全样本，其企业知识竞争力与企业竞争力呈显著正相关关系（Beta = 0.1246，p<0.01）。由此可知，不同集聚区域的 ICT 上市公司的企业知识竞争力对企业竞争力的影响效应存在差异，主要集中在环渤海湾京津地区和长江三角洲地区，均在 1%水平

上显著，而珠江三角洲和部分中西部地区分别在 5% 水平上显著。这可能的解释是，知识优势是企业竞争力决定性因素，企业在市场中竞争差异性取决于企业的异质性知识资源。不同区域在自身经济发展程度、市场化进程等方面往往存在不同程度差异，导致所属区域企业所拥有的内外部资源也不尽相同。环渤海湾京津地区样本企业主要集中在北京地区，是高科技企业汇集的地方，也是中国知名高校和大型的科研机构汇聚的城市。这些区域具备雄厚的研发创新的基础设施，同时具有 ICT 产业所需的孵化器，对 ICT 上市公司的成长和发展具有重要影响（何真，2018；李海超等，2014）。珠江三角洲 ICT 产业主要还是以产业中、低端产品制造为主，规模效应显著，但无论在产品研发，还是在生产、营销，ICT 产业产品均处于相对中低端层次，产品附加值较低。

表 4-27 所属区域对企业知识竞争力与企业竞争力关系的影响效应表

变量	模型（1）环渤海湾京津地区	模型（2）长江三角洲	模型（3）珠江三角洲	模型（4）部分中西部地区	模型（5）全样本
企业知识竞争力	0.1008***	1.0278***	0.0433**	0.6410**	0.1246***
	(0.0141)	(0.1269)	(0.0167)	(0.1908)	(0.0247)
企业寿命	1.0441	−0.4378	0.4898*	0.1063	1.0727***
	(0.5515)	(0.6380)	(0.2426)	(0.7027)	(0.1924)
资本结构	−3.7315***	−1.2591	−1.6991***	−2.9762**	−3.1362**
	(0.9710)	(0.6856)	(0.4337)	(1.2188)	(0.9157)
企业成长性	1.0684***	0.7996***	1.0433***	0.7277***	0.8658***
	(0.0994)	(0.0986)	(0.2581)	(0.1679)	(0.1078)
常数项	−0.5023	1.6504	−0.2492	−3.3095	−2.5112***
	(1.2696)	(1.7872)	(0.5651)	(6.2461)	(0.6215)
观测值	368	320	432	96	1216
R^2	0.1454	0.1863	0.1020	0.2592	0.1357

注：***p<0.01，**p<0.05，*p<0.1，括号内为标准误。年度和行业虚拟变量包含在各模型中，结果未列示

（五）基于成立年限的分组检验

如前所述，不同成立年限 ICT 上市公司企业知识竞争力得分具有很大的差异性，企业竞争力相应可能也会存在着较大的不同。因此，为了进一步分析不同成立年限的 ICT 上市公司企业知识竞争力对企业竞争力的影响效应是否存在

差异，按照 1993 年之前，1993—2002 年之间，2002 年之后的不同成立时期进行分组回归。

　　表 4-28 的模型（4）为全样本，而模型（1）—模型（3）分别是 1993 年之前，1993—2002 年之间，2002 年之后的企业知识竞争力与企业竞争力之间关系的影响效应。回归结果表明，模型（1）为 1993 年之前成立的企业组，其企业知识竞争力与企业竞争力呈显著正相关关系（Beta = 1.0704，p<0.01）；模型（2）为 1993—2002 年之间成立的企业组，其企业知识竞争力与企业竞争力也呈显著正相关关系（Beta = 0.0980，p<0.01）；模型（3）为 2002 年之后成立的企业组，其企业知识竞争力与企业竞争力呈显著正相关关系（Beta = 6.7069，p<0.01），回归系数大于全样本的（Beta = 0.1246，p<0.01）。这表明 2002 年之后成立的 ICT 上市公司的企业知识竞争力对企业竞争力的影响效应更强。这可能的解释是，根据本研究的理论模型可知，知识优势转化成为企业知识竞争力不是一蹴而就，具有一定的时间累积效应。虽然 1993 年之前成立的 ICT 上市公司，企业寿命较长，具有较长时间的知识积累，整体规模大多可能也会很大，但这些企业通常优势可能更多体现在规模效应。然而，2002 年之后成立的大多数 ICT 上市公司虽然规模相对较小，但他们可能具有较大的灵活性，且成长性也较高，更加易于吸收外在创新性知识，知识转化率往往较高，能够较快地掌握行业前沿管理理念和技术，在所在行业中赢得较大竞争优势，对企业竞争力具有更大的正向促进效应。

表 4-28　成立年限对企业知识竞争力与企业竞争力关系的影响效应表

变量	模型（1） 1993 年之前 成立组	模型（2） 1993—2002 年 之间成立组	模型（3） 2002 年之 后成立组	模型（4） 全样本
企业知识竞争力	1.0704 ***	0.0980 ***	6.7069 ***	0.1246 ***
	（0.2497）	（0.0184）	（0.9547）	（0.0247）
企业寿命	7.4135	−0.1228	−3.6429 ***	1.0727 ***
	（5.2229）	（0.3612）	（0.9164）	（0.1924）
资本结构	−2.2801	−3.5216 ***	−1.5017 *	−3.1362 **
	（1.9371）	（0.9964）	（0.7421）	（0.9157）
企业成长性	0.4639 *	0.9779 ***	0.2354	0.8658 ***
	（0.2023）	（0.1269）	（0.2602）	（0.1078）

续表

变量	模型（1）1993 年之前成立组	模型（2）1993—2002 年之间成立组	模型（3）2002 年之后成立组	模型（4）全样本
常数项	−20.9150	1.2207	9.9296***	−2.5112***
	（14.8838）	（1.1644）	（1.8519）	（0.6215）
观测值	96	984	136	1216
R^2	0.1644	0.1620	0.2461	0.1357

注：＊＊＊ p<0.01，＊＊ p<0.05，＊ p<0.1，括号内为标准误。年度和行业虚拟变量包含在各模型中，结果未列示

第五章

企业知识竞争力保护和提升的对策建议

研究企业知识竞争力评价问题的目的就在于，能够为企业培育和提升企业竞争力提供一定的决策参考。由本研究的结论可知，企业间的竞争本质上是以知识为基础的竞争，相对知识水平（包括知识质量和知识数量）对企业知识竞争力起着决定性作用。目前，中国ICT上市公司不但整体上呈现比较严重的"强者愈强，弱者愈弱"两极分化现象，而且企业相对知识水平普遍较低，绝大多数企业均低于行业平均水平。因此，后发企业唯有不断提升自身的知识水平，进一步培育和提升企业竞争力水平，才可能赶超所在行业的主流和顶尖企业。

本研究第一、二、三章的研究为本章企业竞争力保护和提升的对策建议提供了理论依据。第一章对国内外相关研究及最新进展进行了综述，在现有研究基础上，首先对相关核心理论进行了界定，然后对现有竞争力评价研究进展进行了述评，指出现有研究的不足。第二章和第三章分别从理论上构建了企业知识竞争力理论模型，以及在此基础上设计了评价指标体系，选择了合适的评价方法，进一步确立了企业知识竞争力评价体系。此外，第四章是对前一部分所构建的评价体系进行了静态和动态实证评价分析，也为本章对策建议提供了有力支撑。

第一节　全面提升企业整体知识水平

一、战略重心应建立在知识基础上

由前面的研究结论可知，知识对企业再生产具有决定性作用，相对知识水平能够反映企业知识竞争力水平。企业知识含量越高，则竞争力越强。一个国家的知识型企业越多，则经济增长的质量越高。目前，不同行业企业知识水平整体上偏低，每一层次知识水平也参差不齐，注定无法实现长久可持续发展。

不断增加企业的知识要素供给，对于企业长久发展和经济持续增长具有越来越重要的意义。因此，企业应将战略发展的重心转移到提高知识水平上，为全面培育和提升中国企业知识竞争力提供有力保障。

（一）确立企业知识战略目标

企业应确立知识战略目标，将员工自身规划与企业目标、企业目标与国家目标实现有效地衔接。知识已经发展为企业最关键的战略资源，企业与企业之间的竞争也越来越体现为以知识为基础的竞争。企业知识战略目标就是企业对未来的使命和知识战略实现预期的量化，有助于企业长期竭尽全力投入开发和利用知识资源，更进一步推进企业知识战略能够清晰达成。

（二）制定企业发展计划

制定具体详细的企业发展计划，有助于企业战略目标的落地实施。企业知识战略目标只是企业在一定时期内经营活动方向和所要达成的状态水平，是经营战略的核心。要想顺利按期实现企业的知识战略，还需要分解成各个方面具体明确的、具有可行性的企业发展计划，这样企业才能实现长久发展。

（三）重视知识产权在企业发展中的重要地位

当前，我国经济正位于由发展的高强劲向高质量转型的黄金时刻，知识产权能极大地鼓励企业开展创新活动，是经济高质量发展的原动力。知识产权是企业一项极其关键的战略性竞争资源，充分体现了企业竞争力、区域竞争力以及国家竞争力。世界知识产权日的确立、《国家知识产权战略纲要》的颁布等一系列活动，也明确了企业创新主体地位，为企业高质量发展指明了方向。

二、加快构建企业发展的长效机制

企业不但要把战略发展建立在知识基础上，还要建立健全适应企业长久发展的体制机制，有利于全面提升企业整体知识水平。不断完善企业各项制度，为企业战略目标和发展计划提供有力的保障措施。近年来，中国提出"大众创业、万众创新"和"中国制造2025"，推动产业转型升级，就是为了企业创造一个适合长久发展的外部环境。

（一）推动教育与科技融合发展

促进教育与科技事业的全面开展，形成鼓励知识学习、应用和创新的政策环境与长效机制。为了全面提高全国各族人民的整体文化素质，国家自始至终都非常重视和推进教育文化事业，从普及九年义务教育，到实施211、985工程、"双一流"建设，以及各类科技创新计划，旨在为企业知识创新和高质量发展提供优质的人力资源供给。二十大报告明确提出要继续始终不动摇地推行和落实科教兴国，为企业长久可持续发展提供充足的智力知识资源。

（二）加大培训与研发经费投入力度

不断加大培训与研发经费投入，建立健全有助于加快知识再生产循环、提高知识再生产效率的企业运行机制。目前，企业运行机制存在较多的不合理性，技术创新与市场未能紧密地结合起来，知识创新活动与市场需求衔接的力度不够，难以确保知识创新成果尽快转化成为现实生产力。由于沟通、指挥、流转等工作机制，知识创造、更新等成长机制，考评、奖惩等约束机制难以有效发挥，导致大量知识创新成果出现闲置浪费等。

（三）构建完善的研发体制机制

构建系统完善的研发体系，打造完整的自主研发平台，用技术创新和管理创新驱动未来发展。通过对自主研发中心软硬件设施的建设，打造自身研发平台，从外部招聘或内部培养有潜力的高科技人才，是加快构建企业发展长效机制的有效手段。只有完善内部体制机制，掌握完全自主创新技术，才能尽快实现企业知识战略，站在全球知识创新的制高点。

第二节　培育和吸收通用性知识

一、完善人才培养体制机制

不断完善各梯队人才培养体制机制，着力优化社会整体人才知识结构。人是知识活化的发起者，人才队伍建设是国家和企业生存与发展的关键。现如今，任何行业、任何企业都务必要加强人才培养力度，全方位发挥不同人才优势，力争每个人都能施展各自才能并将其用到实处。华为任正非曾经也明确提出，人才培养是国家教育的根本目的，更是我国实现伟大中国梦的根基。过去知识青年上山下乡未能取得成功的原因，就在于青年人才都只是被当成普通劳动力，只能向知识更加贫乏的贫下中农"接受再教育"，与世界最新科技与管理知识绝缘，结果造成了国家整整一代人的"人才断层"，教训十分深刻。因此，应建立多元化的奖励激励措施和人才贡献评价机制，完善各类高层次创新型人才制度，通过供给多元化优质知识资源，来助力企业大力发展。

（一）加强与各类机构开展战略合作

重视与优秀企业和研究机构实现战略合作，不惜投入巨资引进外部优秀人才。大力推进"产业-教育"深度融合,打造一批具有行业领头的知识型企业,加强人才培养与梯队建设,最终建成多种类型的复合型人才队伍。华为早期就非常重视对外合作和自主研发,与优秀企业和研究机构实现战略合作,不惜投入巨资引进外部优秀人才。

（二）继续坚持和深入推进对外开放

要矢志不渝地坚持对外开放政策,鼓励本国企业"走出去"和外国企业"走进来",不断提高各类领域人才的知识水平。自从改革开放以来,我国创下了非常突出和伟大的业绩,得益于我们大量引入外资企业,为国内企业学习西方先进科学技术和企业管理理念创造了机会,逐步突破自身知识瓶颈,实现跨越式发展。

（三）完善中国"绿卡"政策,鼓励海外高层次人才回国或来华创新创业

目前,我国社会和经济取得了长足发展,需要大力吸引并留住各类海外高层次人才,有效应对全球化进程中关于高级人才的竞争需求。我国"绿卡"政策自引入至今,仍然存在一系列的突出问题,尚且需要进一步改进和完善。建立合理的高层次人才准入门槛,扩大适用范围,特别是针对来华人才普遍关心的问题。完善"绿卡"人才待遇,解决房屋限购政策以及落实子女教育问题等。建立健全来华人才永久居住制度,优化符合全球化的人才体制机制。

二、提高知识学习和吸收能力

企业应建立健全组织内外部的知识学习通道,不断优化企业的知识结构,进一步提升通用性知识整体水平。通用性知识整体上偏低,且知识结构也不尽合理。例如,中国 ICT 上市公司 2012—2019 年的通用性知识指数均值为 0.2458,其中,152 家样本企业在均值以下就有 131 家,占 86.18%,通用性知识均值大于 1 仅有 6 家,占 3.95%。因此,企业应不断改进方法,组织并建立学习型团队,开展"比学赶帮"活动,创设优越的学习氛围,更好地展现员工的创造性思维能力,全面提升知识学习和吸收能力。

（一）拓宽各类知识来源渠道,扩充和完善企业知识库

通过外部引入或内部晋升方式招募具有科研潜力的高端科技人才,组建科研人才团队和各类知识创新研发平台。以购买产权、兼并重组等方式,获取先进科技企业的关键技术和管理经验,进而提升科研人员自主创新能力。行业内外的通用性知识易于在企业间转移、被企业获取和吸收,是提升企业竞争力的

基本条件。只有通过拓宽多种知识获取途径，并结合企业战略需求有针对性地选取各类通用性知识，不断扩大和充实企业知识库，才能不断提升企业知识吸收能力，最终提升通用性知识水平。

（二）拓宽各类信息搜集渠道

注重搜集外部市场信息，积极参加行业研讨会，学会向市场和行业专家学习。外部市场渗透着行业内竞争对手产品销售信息、顾客对产品需求情况，而行业研讨会更加有助于企业精准获取行业市场信息，不断跟进最新市场动态。这些能够及时反映市场活动的相关信息，努力做到"知彼"，有利于企业制定精准有效的战略决策。

（三）提高知识消化与吸收能力

对获取的知识进行分类，选择合适的知识学习方法，鼓励员工勇于创新和学习新知，提高知识消化和吸收能力。外部信息非常复杂庞杂，包括产品、渠道、消费者、策略等，如果不对其进行分类取舍而只是一味获取，反而可能不利于企业发展。任何知识都要依附一定的载体，尤其是存储在人脑里的知识更加需要进行灵活使用，但每个人对知识的理解能力也存在差异，这就需要根据每个人特点选择合适的知识学习方法，进行合理的解码，提高知识吸收效率，充分发挥每个人的知识价值。

第三节　重视和创造专用性知识

一、强化知识产权保护意识

现如今，知识产权在快速发展的社会经济中发挥着越来越重要的作用，逐步成为经济发展的"助推器"。在知识经济时代，大力提高全社会知识产权保护意识，对于打造中国经济竞争力具有举足轻重的作用。《国家知识产权战略纲要》的出台表明了知识产权由企业层面上升为国家层面。因此，不断提高各行各业人民知识产权保护意识，不仅有助于企业踊跃申请专利、商标等知识产权，而且对于社会经济发展具有重大意义。

（一）树立知识产权保护的战略意识，有助于激发创新者创新动力

正确认识知识产权实际上就是要提高保护知识创新意识，维护知识产权拥有者权益，进一步调动知识创新者的创新动力。借助现有各类媒介，全面、准

确地推介知识产权及其保护的知识，强调知识产权对国家和企业发展的关键作用。定期开展与知识产权相关的主题活动，让人们通过参与活动，切身体验知识产权保护对创新者、使用者以及社会的利弊，能够增强人们对各类知识产权的保护意识。例如，每年世界知识产权日开展的一系列活动正是一个提高知识产权保护意识很好的宣传形式。

（二）懂得尊重知识、人才和创新，高度重视知识产权保护的重要性

知识是人类智慧的结晶，来源于创新者过去的学习和生活经历。知识因为有成本而变得有价值，甚至成了无价之宝。创新又是驱动人类社会前进的关键力量，对现代化社会建设产生强有力的支撑作用。要想鼓励人们大力开展科技创新，就需要我们掌握知识产权保护的相关措施。目前，市场上各类假冒伪劣现象频频出现，严重损害了创新者权益。保护知识产权不仅是保护创新者的利益，让全社会尊重知识本身，而且也能有效保护使用者权益。尤其是在市场利益和价格因素的驱动下，企业往往一味地追逐经济利益，而忽视了知识产权的重要性。

（三）全面提高人们的知识产权保护水平和能力

不断加大对人们普遍开展知识产权保护相关的培育工作，构建各类经济主体的知识产权保护体系。既要利用专利申请和技术秘密管理，将新知识保护起来，培育企业核心竞争力；同时，又要善于维护自身和他人合理合法的知识学习与利用权利，防止知识产权拥有者对权利的滥用。

二、不断提升自主创新能力

知识产权能够反映企业的创新能力，对形成具有竞争力的产品具有决定性作用，最终也将决定企业的竞争力。企业竞争力关键就在于依靠知识创新，力争把企业发展的立足点转移到依靠专用性知识上。因而，唯有持续提升知识创新能力，才能确保企业生产出具有新鲜别致且创新性的产品或服务，进而不断提升企业竞争力水平。

（一）增强技术研发和自主创新力度

企业通过不断加大技术研发的投资力度，广泛吸收多种优质资源，逐步提升企业自主创新能力，有利于抢先占领"互联网+、物联网、大数据"的技术蓝海市场。

（二）确立企业知识产权战略，加大企业技术创新力度

企业知识战略包括专利、商标、商业秘密等方面，每一种类型战略背后都

需要企业自主创新能力作为先决条件。然而，技术创新能力又与专利、商标、技术秘密等知识产权密切相关，是企业在市场上获利和竞争力提升的根源。重视利用知识产权战略，积极开展技术创新活动，加强技术创新与知识产权战略的协调发展，通过知识产权战略不断提升企业的自主创新能力。

（三）不断突破核心技术，培育科技型创新产业

要持续关注并力争冲破关键核心技术，不断完善产业政策和市场环境，抢先占领产业发展最高点。多方面鼓励企业开展各类关键领域的原始性创新，加快研发具有核心竞争力的产品或服务，培育和提升关键性科技领域的自主创新能力。现如今，企业竞争力提升的核心因素在于对关键技术领域知识产权的掌握和控制，谁掌握了关键核心技术，谁就能够改善和提升其市场竞争地位，有效赶超竞争对手而取得持续经营和长足发展。

三、完善知识产权保护机制

企业不仅要正确认识知识产权保护的重要性，而且还应不断完善知识产权保护措施，为实现知识产权的有效保护提供必要的制度保障。然而，建立和完善知识产权体制机制并不是一蹴而就的工作，而是一个长期性、系统性的工作。当今，我国正在位于一个由发展的高速度向高质量转变的重要经济时期。知识产权保护要有强硬有力的法制保障，既要适用于国内知识产权发展的需求，又要加强同各国知识产权领域的交流和合作。

（一）完善知识创新的体制机制

不断完善激发知识创新的体制机制，健全知识产权保护的法制体系，创造有利于自主创新的社会环境和科研环境。进一步完善以企业为主体的产学研创新体系，健全支持企业自主创新的财税政策和报酬制度，不断提高企业自主创新的意识和动力。建立健全企业知识产权管理制度与激励机制，提高员工自主创新的积极性，鼓励和激发原始性发明创造。

（二）建立健全知识产权多维协同机制

强化和健全知识产权的多维协同保护机制，全方位释放和激发企业知识创新活力。知识产权制度的不断完善，特别是与科技、产业等政策的有效衔接，对技术进步与创新、产业快速发展具有重要促进作用。不断完善知识产权保护由单一化向多样化路径发展，建立健全创造者知识产权合法权益维护机制。尤其是针对有损他人知识产权权益的行为，还应建立并完善有效的惩罚制度。这些将有助于从多方面建立知识产权协同保护机制，强化对知识产权的保护。

（三）不断加大对企业知识产权的保护力度，着力保护创新者和后发者权益

要建立健全完善知识产权保护的体制机制，形成有助于平衡知识产权人和知识使用者双方利益的长效机制，更好地促进企业升级发展。不但要保护创新者的利益，还要保护后发者的学习权益。要综合运用多种审查途径，形成一个高效率、强有力的知识产权保护体系，营造一个健康的市场环境。然而，知识的螺旋再生产模型表明，对知识产权保护的最佳状态，不应是完全垄断的绝对保护，而应是适度的保护，鼓励知识创新者将收益向公众外溢，以最大限度地兼顾二者的需求。

第四节　保护和积淀专有性知识

一、加强知识型企业保护力度

随着市场竞争得越来越严重，企业在市场上竞争形式也产生了重大变化。有些企业选择非法的方式方法，招揽同行竞争企业掌握着核心秘密的关键技术人员，进而通过商业秘密谋取不正当的经济利益和竞争优势，由此导致企业商机机密遭到泄漏的现象频频发生。还有一些中国创新型龙头企业，在全球化市场上遭到国外竞争对手企业和国外政府的恶意排挤和打压的现象也时有发生。

（一）与员工签订保密协议，加强核心技术保护

商业秘密是企业核心竞争力的主要构成，对企业能否在行业中立足以及取得长久发展具有决定性作用。一方面，对于知识（技术）密集型企业，要避免员工离职后可能会向竞争对手透露技术秘密，不仅要与职工订立劳动合同，还要缔结一定限期的隐秘契约。另一方面，借助特定的管理学知识和方法，加强对企业核心技术的保护，防止被竞争对手仿制，提高企业核心竞争力，进而使企业在所在行业占据领先地位。

（二）建立健全法律保护制度，保障经济利益不受侵害

竞业限制法律制度是一种对商业秘密保护非常重要的约束机制，能够帮助企业较好地维持和保护核心竞争力，确保企业获取应有的经济利润。为了防止竞争对手恶意的不正当竞争，不断完善反不正当竞争法，不仅能够确保企业经营者的利益不受侵害，而且还能维护购买者的利益，最终还可以最大化整个社

会福利。

（三）努力营造一个公平的国际竞争环境

从理论上说，进入寡占性竞争阶段的企业在市场竞争中处于有利地位，但在国际市场上往往也会受到不公平对待，甚至恶意打压。我国政府应借助自身在国际上的影响力，努力为其营造公平的竞争环境，必要时使用国家力量为其保驾护航。

二、不断完善知识成果转化机制

由知识竞争力作用机理可知，知识只有转化成为市场占有份额和产品品质，最终才能体现企业竞争力。二十大报告明确提出，要不断强化国家科技力量，逐渐提升科技转化成为实际生产力的能力。因而，企业知识竞争力提升的关键在于知识成果能否得到有效转化。目前，西方国家的科技成果转化率显著高于我国的，大约在60%~70%左右，而我国最高也只有30%左右①。由此可见，随着科技成果不断增多，知识成果转化问题便日趋严峻，如何持续优化知识成果转化机制是当下极其关键的环节。

（一）不断完善知识成果转化渠道，全面提升知识成果转化效率

唯有将企业知识成果转化成为满足市场需求的产品或服务，知识成果才能落地创造价值，进而为企业赢得经济收益。目前，知识成果转化领域也在不断深入扩大和完善，部分甚至也出现了质的飞跃，但仍然需要逐步完善创新支持政策，进一步推动科技成果转化和产业化。拓宽知识成果转化渠道，加强与企业、科研院校等知识创新主体之间实现深度合作，将知识成果应用于企业再生产活动，逐步将知识物化为创新性科技产品。搭建有效的知识成果（如专利）转化服务技术平台，提高科研人员知识成果转化速度和效率，尤其助推科技型企业科技创新发展，为企业快速发展提供有力支撑。

（二）推进和落实自主创新成果转化的政策措施，加强政策调节机制

目前，虽然从中央到地方，出台了大量的相关科技成果转化政策，但如何普及政策并形成有效的运行机制仍普遍还没能做到位。现有科技成果转化政策在落实过程中也存在诸多障碍，包括在不同企业机构、职能部门之间存在沟通协调困难，动力不强、落实不到位等问题。科技成果转化政策的检测与评估机制仍存在较大缺失，无法产生政策落实信息渠道，就难以清晰掌握政策实施

---

① 李毅中. 中国科技成果转化率仅为30% 发达国家达60-70% ［EB/OL］. （2020-12-05）. https://finance.ifeng.com/c/81wvbWRMdt1.

效果。

（三）建立健全有利于企业知识产权成果转化的利益保障和实现机制

只有把自主研发与市场需求有机结合起来，引入企业项目数、知识成果转化数、技术转化率等指标，建立健全符合知识创新者业绩的考评机制，才能有助于知识产权成果有效转化，保证产学研创新体系顺利落地实施。鼓励引导企业联合构筑专业联盟，增加科技创新成果的奖励力度，开展知识产权机制创新，构建快捷有效的知识产权评价体系。

三、建立健全品牌积累与积淀机制

不同行业企业的品牌市场规模均存在较严重的两极分化现象。例如，中国ICT 上市公司的中国联通 2012—2019 年专有性知识均值是行业平均的 41 倍，远远高于行业平均水平。重视产品品质提升，加强企业品牌建设，提高企业品牌软实力，助推企业高质量发展。

（一）不断强化自主创新能力，建立健全知识积累积淀机制

重视企业产品或服务品质的提升，不断强化企业的品牌建设。充分学习并借鉴发达国家企业成功的经验和商业模式，持续提升企业自主创新能力。不断完善知识的积累与积淀机制，为企业赢得较高市场份额与品牌知名度，成功完成产品品牌演化与积淀提供有力支撑。

（二）拓宽企业品牌形象宣传渠道，完成企业的品牌积淀过程

通过设计精准的品牌形象，对内能够赢得内部客户的认可并愿意完成组织目标，提升企业团结协作的向心力，对外提高顾客对企业产生良好的整体感知，有助于实现资源整合。积极开展有效的品牌传播活动，发展产品品牌加盟商，打造品牌连锁化的商业模式，不断提高企业品牌在关键市场、（新）媒体平台（如淘宝、微信、抖音）等方面的整体影响力。

（三）加强品牌经营管理，增强产品和服务品牌的聚客力、影响力

实际上，品牌就是企业与顾客的关系，品牌形成容易但维持很难，这就需要企业不断加强品牌经营管理。通过不断培育品牌感知差异，利用成本、技术和品质等构建品牌进入壁垒，提高品牌与顾客相互依存度，实现品牌的长期维护。不仅能提升顾客忠诚度和美誉度，而且还有助于提高产品品牌占有率，提升企业专有性知识水平。

第六章

结论与展望

第一节　研究结论

在如今知识经济时代，知识已经成为一种越来越重要的内生性生产投入要素，其他生产要素都要依靠知识才能得以更新和提高。把知识作为最重要的生产投入要素也是一种被普遍接受并用以提升经济竞争力的管理理念，即知识是经济主体竞争力的决定性要素。企业作为非常重要的经济主体，当然也不例外。但知识到底如何作用于企业再生产过程，知识与企业具有何种内在关系，或者企业知识竞争力的决定机制问题，一直是管理学家和经济学家们所关注的焦点问题。与此同时，不难发现，企业知识竞争力评价仍然备受关注，如何科学地测度与评价知识竞争力，也越来越引起人们的关注。但是，从现有研究来看，有些指标较为简明，但指标主观性较强；有些指标具有较强的客观性，但指标量太大，评价体系复杂，可操作性不强。它们的共同缺陷在于评价指标体系背后的理论基础较为薄弱。

有鉴于此，本研究首先对企业知识、企业竞争力等相关理论进行了总结回顾，进而对企业知识竞争力的演化规律、概念界定、内涵，以及知识对企业竞争力作用机制等相关研究进行了详细阐述。其次，对国内外关于企业知识竞争力评价，包括企业竞争力评价、企业知识竞争力评价及企业知识竞争力动态评价等相关研究进展进行了全面梳理，以便于进一步明确企业知识竞争力评价研究的学术价值和实践意义。再次，在企业生产过程和知识价值链相关研究成果回顾的基础上，构建了企业的知识再生产模型，并在此基础上揭示了决定企业转型升级的知识进化机制，据此进一步建立了企业知识竞争力理论模型。然后，基于现有与知识竞争力有关的评价指标体系的对比与分析，由企业知识竞争力理论模型导出了相应评价指标体系，并对其进行了详细阐释，进一步选择合适的静动态评价方法。最后,分别采用"熵值法"和时间序列法,对2012—2019年中国ICT上市公司进行了静态和动态评价分析,同时设定计量模型对企业知识竞争力与企业竞争力关系进行回归分析。文章最后部分提出了企业知识竞争力保护和提升的对策建议。

据此,本研究得到的主要研究结论如下:

(1)从知识与企业再生产过程的关系出发,探究了企业的知识再生产过程和基于知识进化的企业动态演化机制,构建了"企业的知识再生产模型",并在此基础上揭示了决定企业转型升级的"知识进化机制"。企业的再生产过程包括物质再生产和人力再生产两条主线,知识通过物化或活化过程将二者结合起来,是二者的黏合剂。企业的知识再生产过程,包括知识的"获取—吸收""应用—创新""积累—积淀"三大环节,分别输入通用性知识、输出专用性知识、凝结专有性知识。每一次生产循环的知识输出,都通过知识的物化或活化过程,转化成物质要素和人力要素,进入企业的新一轮生产过程中,使得再生产过程不断进化,呈现出螺旋式上升的趋势。知识对企业再生产具有决定性作用,每一次生产过程的知识输出又会进入下一轮生产过程中,不断循环往复,推动企业的转型升级。

企业的知识再生产循环推动企业的知识进化和转型升级,依次经历模仿性竞争(知识结构以通用性知识为主)、差异性竞争(知识结构以专用性知识为主)和寡占性竞争(知识结构以专有性知识为主)三个阶段。实际上,任何企业的成长,都要经历"模仿"(以获取通用性知识为主)、"创新"(以创造专用性知识为主)、"寡占"(以享受专有性知识为主)三个知识发展阶段。能够完成这一知识进化过程的企业,最终成为所在行业的龙头企业,占据食物链的顶端。

(2)基于"通用性知识—专用性知识—专有性知识"三层次知识,采用"熵值法"和时间序列法分别对中国2012—2019年152家中国ICT上市公司进行了静态和动态评价分析。实证研究表明:

①静态评价:从横向维度来看,由中国ICT上市公司2012—2019年企业知识竞争力得分均值可知,中国ICT上市公司的企业知识竞争力水平处于较为严重的"强者愈强、弱者愈弱"两极分化现象。由此可见,中国ICT上市公司的企业知识竞争力水平的数据鸿沟进一步加剧,"马太效应"更加凸显。中国ICT上市公司的知识竞争力水平分布的不平衡性十分明显,即便是得分前十位的企业也存在相当大的差异性。从纵向维度来看,由均值可知,样本期间,中国ICT上市公司企业知识竞争力总体趋于横向的均值水平,发展较为平稳,且出现整

体趋好的态势。由标准差可知，样本期间中国 ICT 上市公司各个样本企业的知识竞争力差异性在逐步缩小，企业间差距在减少，上下波动逐年变小，这也说明中国 ICT 上市公司整体水平呈逐年向好走势。

②动态评价：中国 ICT 上市公司的企业知识竞争力处于较为严重的"马太效应"，样本 ICT 上市公司企业知识竞争力差距仍然非常大。部分企业当前综合知识竞争力排在了较高位次，但因其他层次知识处于较低水平，如专用性知识，未来可能会出现发展后劲不足的情况，表现较低发展潜力。另外，还有些企业虽然短期内企业知识竞争力水平较低，但由于其专用性知识指数当前处于较高位次，未来终将转化成为显性竞争力而变成今后发展的潜力股，也必定成为最具成长性的后起之秀，是投资者未来投资的主要方向。

（3）基于样本信息特征，分别从上市板块、所属区域和成立年限等方面对中国 ICT 上市公司企业知识竞争力进行了异质性分析，以及对企业知识竞争力与企业竞争力关系进行了回归分析。

①异质性分析表明，在样本期间，主板上市的 ICT 公司企业知识竞争力水平高于中小板和创业板的，而中小板和创业板上市的 ICT 公司变化程度较小且表现出较高的成长性；中国 ICT 上市公司主要集聚在环渤海湾、长江三角洲和珠江三角洲等沿海城市区域，其中，环渤海湾京津地区 ICT 上市公司的企业知识竞争力整体高于样本企业的平均水平，长江三角洲和部分中西部地区 ICT 公司的变化程度较小，发展态势良好，具有较高成长性；2002 年之前成立的 ICT 上市公司企业知识竞争力整体水平显著高于 2002 年之后成立的，而 2002 年之后成立的 ICT 上市公司变化程度较小且表现出较高的成长性。

②企业知识竞争力与企业竞争力关系的回归分析表明，企业知识竞争力（即相对知识水平）与企业竞争力呈显著正向关系，并且在考虑了内生性问题，且通过改变被解释变量和补充控制变量以后的实证检验的回归结果依然是稳健和可信的。进一步分析表明，知识对企业竞争力具有滞后效应，各个层次知识与企业竞争力之间均呈现正相关关系。另外，根据样本信息特征可知，相比于主板和中小板，创业板上市的 ICT 上市公司的企业知识竞争力对企业竞争力的影响效应更强；不同集聚区域的 ICT 上市公司的企业知识竞争力对企业竞争力的影响效应存在差异，主要集中在环渤海湾、长江三角以及珠江三角等沿海城市区域。2002 年之后成立的 ICT 上市公司的企业知识竞争力对企业竞争力的正向影响效应更强，对企业竞争力具有更大的正向促进效应。

第二节 研究展望

本研究深入分析了企业的本质及知识分类，对企业知识竞争力概念进行了梳理，剖析了企业知识竞争力的理论模型，据此构建了评价指标体系，这对于企业知识竞争力评价具有一定的理论价值和实践价值。尽管如此，在实证研究部分，本研究尚且还存在一定的不足和未来需要改进的地方，具体包括以下方面：

（一）评价方法方面

本研究的评价方法选取了"熵值法"，进而建立评价模型。尽管该方法主要从实际数据本身出发，计算得到各个指标的权重，能够避免主观赋权的人为因素影响，属于一种客观评价方法，但是评价方法较单一，并未采用其他评价方法进行实证评价。未来可以进一步考虑采用其他客观评价方法，或主客观相结合法对企业知识竞争力进行评价分析，并将结果与现有评价结果进行对比分析，从而进一步验证本研究所导出的企业知识竞争力评价体系更加客观性、科学性与合理性。

（二）实证研究方面

首先，在样本的行业选取方面。本研究选取的是中国 ICT 上市公司，属于制造业的信息产业和通信产业，未涉及其他子行业，也未对其他行业进行评价研究及对比分析。未来研究不但可以进一步考虑选取制造业其他子行业，或者非制造业样本企业，而且还可以选取不同行业的评价结果与其进行对比分析，进一步验证和完善本研究所建立的评价理论，确保本研究的结论能够更加准确地反映企业实际情况。其次，在样本周期的选择方面。由于研究数据的局限，本研究方样本只有 8 年，年份跨度较短。未来可以考虑进一步增加样本周期，如 10 年或更长时间，以便更好地反映企业知识竞争力的动态变化趋势。最后，在数据来源方面，本研究的样本主要来自上市公司，未考虑其他非上市公司样本，或中小型企业。未来研究可以进一步拓展至非上市公司，如将华为公司纳入研究样本之中，进而验证本评价体系的科学性、合理性和普适性。

附　录

1. 时间权向量的 Matlab 实现程序如下：

```
%%
q = 8; lambda=0. 3;
A=linspace （q-1, 0, q） / （q-1）;
cvx_ begin
    variable v （q）
    maximize （ sum （entr （v） ） ）
    subject to
        A ∗ v = = lambda
        sum （v） = = 1
cvx_ end
%%
```

2. 静态评价结果

表附 1　中国 ICT 上市公司 2012—2019 年企业知识竞争力指数表

年份 简称	2012	2013	2014	2015	2016	2017	2018	2019
深科技	1.9423	1.6604	1.7450	1.6683	2.0943	1.5205	1.4526	1.8696
中兴通讯	51.1994	44.0347	40.7382	38.3155	34.7212	32.7326	29.8813	28.5158
中国长城	7.0684	6.4656	5.9357	5.1787	4.3510	1.0552	1.0394	4.4889
特发信息	0.2864	0.2955	0.3050	0.3641	0.4871	0.5251	0.4962	0.3603
TCL 科技	6.7583	7.6442	8.0239	7.7260	7.1102	7.1316	6.9161	5.6420
神州信息	0.2466	0.8607	0.7234	0.7202	0.8306	0.8361	0.8092	1.0016
烽火电子	0.2641	0.2739	0.2859	0.3025	0.3127	0.3182	0.3125	0.3033
汇源通信	0.1273	0.1340	0.1289	0.1105	0.1132	0.1139	0.1114	0.1423
京东方 A	5.6893	7.9255	10.4210	13.1606	15.7022	18.8376	20.0279	17.5281
创维数字	0.7135	0.7382	0.8716	0.8682	1.0431	1.0687	1.0781	0.9956
富通鑫茂	0.1544	0.1501	0.1365	0.1525	0.1576	0.1793	0.2061	0.1484
中信国安	0.5955	0.6583	0.7094	0.7317	0.7620	0.7970	0.8799	0.8371
中嘉博创	0.2412	0.2406	0.2175	0.4735	0.3386	0.3323	0.4654	0.3281
紫光股份	0.5511	0.6356	0.7400	0.7946	1.6095	1.9945	2.2082	0.8626
南天信息	0.3573	0.3658	0.3255	0.3215	0.3231	0.3274	0.3575	0.4281
浪潮信息	1.6319	1.9040	2.4351	2.8520	2.9696	3.1991	3.7531	2.1053
华工科技	0.3829	0.3765	0.4003	0.3747	0.4030	0.4701	0.4866	0.3979
东信和平	0.3251	0.3595	0.3498	0.3446	0.3317	0.3170	0.2882	0.3153
联创电子	0.1940	0.1848	0.1917	0.3705	0.4345	0.5313	0.5891	0.4710
远光软件	0.2491	0.3147	0.3369	0.3388	0.3298	0.3404	0.3516	0.4118
东华软件	0.4331	0.5264	0.5708	0.5918	0.6180	0.6363	0.6358	0.7877
国脉科技	0.1728	0.1442	0.1411	0.1278	0.1657	0.1963	0.1394	0.1276
生意宝	0.0927	0.0999	0.0973	0.0884	0.1074	0.1123	0.1100	0.1094
恒宝股份	0.1825	0.2055	0.2161	0.2528	0.2364	0.2649	0.2744	0.2932
三维通信	0.3956	0.3606	0.3659	0.3335	0.2982	0.3043	0.3804	0.3398
北纬科技	0.0971	0.1020	0.0964	0.0767	0.0981	0.1058	0.0911	0.0913
远望谷	0.2868	0.2674	0.2658	0.2407	0.2311	0.2394	0.2362	0.2253

年份 简称	2012	2013	2014	2015	2016	2017	2018	2019
武汉凡谷	0.5278	0.5026	0.5362	0.5665	0.4657	0.3663	0.3065	0.3403
二三四五	0.1245	0.1261	0.1708	0.2063	0.2132	0.2151	0.2389	0.2291
科大讯飞	0.3326	0.4444	0.5265	0.5941	0.7307	0.9145	1.1312	1.3877
奥维通信	0.2225	0.2142	0.1846	0.1612	0.1614	0.1560	0.1386	0.1432
启明信息	0.2533	0.2336	0.2163	0.1993	0.2046	0.2123	0.1957	0.2115
川大智胜	0.1957	0.1980	0.1884	0.1898	0.1852	0.1785	0.1781	0.1801
拓维信息	0.2335	0.2211	0.1874	0.2408	0.2759	0.2590	0.2491	0.2593
卫士通	0.1796	0.2216	0.3001	0.3262	0.3382	0.3395	0.3223	0.3502
久其软件	0.1310	0.1265	0.1292	0.1580	0.2077	0.2289	0.2593	0.3217
光迅科技	0.5808	0.5463	0.5427	0.5752	0.6445	0.6867	0.7239	0.7054
辉煌科技	0.1954	0.1973	0.1964	0.1916	0.1930	0.1989	0.1984	0.1892
日海智能	0.6541	0.6801	0.6816	0.6244	0.5234	0.5011	0.5374	0.5445
焦点科技	0.2049	0.2234	0.2215	0.2363	0.2665	0.2892	0.2858	0.2963
亚联发展	0.1233	0.1215	0.1119	0.1194	0.1150	0.1540	0.2570	0.3304
皖通科技	0.1167	0.1605	0.1575	0.1596	0.1645	0.1740	0.1927	0.2176
漫步者	0.2334	0.2167	0.1914	0.1758	0.1774	0.1851	0.1677	0.2009
汉王科技	1.0287	0.9111	0.8108	0.7103	0.6551	0.6281	0.6063	0.5622
太极股份	0.3395	0.3935	0.4264	0.4298	0.4324	0.4339	0.4345	0.5733
卓翼科技	0.2968	0.3173	0.4648	0.4936	0.4013	0.4119	0.4297	0.7366
千方科技	0.1791	0.1543	0.2043	0.2159	0.2450	0.2561	0.5410	0.7452
新北洋	0.5771	0.5819	0.5892	0.5854	0.6112	0.6855	0.8128	0.7949
合众思壮	0.1618	0.1708	0.1332	0.1587	0.2218	0.2632	0.2708	0.1978
新亚制程	0.1051	0.1183	0.1164	0.1142	0.1329	0.1290	0.1391	0.1336
星网锐捷	1.8718	1.8757	1.8060	1.7807	1.6596	1.6619	1.6145	1.3783
中远海科	0.0914	0.0957	0.1004	0.1060	0.1124	0.1319	0.1378	0.1642
四维图新	0.3695	0.4230	0.4223	0.4548	0.4608	0.4875	0.4707	0.5090
广联达	0.2837	0.3647	0.3911	0.3745	0.3878	0.4035	0.4523	0.5687
雷科防务	0.3033	0.3188	0.3343	0.2090	0.1692	0.1926	0.2059	0.2325

续表

年份 简称	2012	2013	2014	2015	2016	2017	2018	2019
深南股份	0.1900	0.1848	0.1211	0.0902	0.0886	0.0748	0.0807	0.1100
达实智能	0.1966	0.1996	0.2327	0.2792	0.2995	0.3520	0.3313	0.3410
启明星辰	0.4054	0.3927	0.3979	0.4091	0.4281	0.4389	0.4328	0.4987
盛路通信	0.1556	0.1416	0.1815	0.2033	0.2335	0.2431	0.2692	0.2696
海格通信	0.2862	0.3359	0.4746	0.5502	0.6717	0.6545	0.6251	0.5690
二六三	0.1361	0.1467	0.1373	0.1364	0.1548	0.1469	0.1485	0.1471
榕基软件	0.1318	0.1480	0.1394	0.1327	0.1447	0.1496	0.1530	0.1608
通鼎互联	0.4950	0.4937	0.4919	0.4676	0.4864	0.5049	0.5057	0.5161
杰赛科技	0.6061	0.6562	0.7282	0.8330	0.8663	1.1105	1.1179	0.9600
三七互娱	0.0971	0.0878	0.1670	0.3556	0.3407	0.3907	0.4053	0.8012
巨人网络	0.1086	0.1118	0.1215	0.1176	0.2046	0.2999	0.2667	0.2502
雷柏科技	0.2041	0.2375	0.2651	0.2748	0.2577	0.2407	0.2282	0.2074
海能达	0.3979	0.5251	0.5682	0.6574	0.7937	0.9612	1.0374	0.8697
宁通信 B	0.3816	0.3446	0.3169	0.2620	0.2453	0.2480	0.2309	0.2805
神州泰岳	0.5240	0.5738	0.5989	0.5895	0.5782	0.5613	0.5425	0.5286
网宿科技	0.1971	0.2520	0.3160	0.4069	0.5114	0.6362	0.7644	0.6326
银江股份	0.2075	0.2472	0.2913	0.2618	0.2545	0.2750	0.2854	0.3085
华星创业	0.1603	0.2000	0.2137	0.2356	0.2269	0.2301	0.2720	0.2067
超图软件	0.1318	0.1312	0.1308	0.1425	0.2122	0.2431	0.2639	0.2868
数知科技	0.1086	0.1161	0.1140	0.1187	0.1306	0.2356	0.3157	0.4224
朗科科技	0.3707	0.3125	0.2746	0.2591	0.2528	0.2599	0.2526	0.2057
天源迪科	0.2136	0.2363	0.2322	0.2818	0.3271	0.3664	0.3968	0.4896
世纪鼎利	0.1974	0.2144	0.2051	0.2210	0.2490	0.2606	0.2410	0.2103
三五互联	0.1523	0.1324	0.1283	0.1107	0.0909	0.1056	0.0970	0.1003
中青宝	0.1420	0.1654	0.1416	0.1111	0.1087	0.1074	0.1031	0.1108
华平股份	0.2056	0.1977	0.1875	0.1672	0.1623	0.1653	0.1572	0.1524
数字政通	0.0657	0.0786	0.0893	0.1058	0.3310	0.3441	0.3493	0.3517
思创医惠	0.1052	0.1296	0.1258	0.1534	0.1755	0.1894	0.2068	0.1906

续表

简称＼年份	2012	2013	2014	2015	2016	2017	2018	2019
数码科技	0.2056	0.2000	0.2300	0.2639	0.3004	0.2902	0.2794	0.2337
银之杰	0.0940	0.1001	0.1168	0.1374	0.1507	0.1558	0.1534	0.1806
易联众	0.0965	0.1113	0.1222	0.1267	0.1508	0.1770	0.1868	0.2276
振芯科技	0.1312	0.1681	0.1961	0.2081	0.2045	0.2151	0.1415	0.1345
顺网科技	0.1028	0.1125	0.1286	0.1536	0.1961	0.2001	0.2036	0.2153
大富科技	0.6520	0.6935	0.6694	0.6244	0.6067	0.5350	0.5295	0.6082
信维通信	0.0953	0.0984	0.1407	0.2237	0.3962	0.4886	0.6693	0.5642
东方国信	0.1016	0.1303	0.1444	0.2116	0.2743	0.3082	0.3577	0.3935
迪威迅	0.0758	0.0755	0.0872	0.0900	0.1140	0.1277	0.1193	0.1295
万达信息	0.2163	0.2563	0.3046	0.3485	0.3183	0.3704	0.3684	0.4034
汉得信息	0.1896	0.2022	0.2221	0.2645	0.3214	0.4211	0.4867	0.5192
中海达	0.1337	0.1530	0.1881	0.2185	0.2448	0.2716	0.2938	0.2964
东软载波	0.1148	0.1428	0.1642	0.1923	0.2213	0.2333	0.2395	0.2231
美亚柏科	0.2233	0.2663	0.2847	0.3030	0.3360	0.3983	0.4559	0.5351
天泽信息	0.1400	0.1408	0.1343	0.1586	0.1863	0.1983	0.1847	0.3947
亿通科技	0.0929	0.0923	0.0839	0.0878	0.0942	0.0958	0.0999	0.1068
易华录	0.1591	0.1770	0.3148	0.3136	0.3322	0.3771	0.3725	0.4552
佳讯飞鸿	0.3834	0.3469	0.3486	0.3291	0.3145	0.3050	0.2826	0.2993
拓尔思	0.1237	0.1233	0.1379	0.1450	0.1679	0.1936	0.1902	0.2054
银信科技	0.0766	0.0793	0.1184	0.1512	0.1829	0.1888	0.1970	0.2384
方直科技	0.0574	0.0589	0.0621	0.0618	0.0780	0.0835	0.0832	0.0862
天玑科技	0.1046	0.1026	0.1102	0.1082	0.1013	0.0991	0.1004	0.1092
新开普	0.1148	0.1210	0.1233	0.1491	0.1761	0.2064	0.2314	0.2544
初灵信息	0.1020	0.0973	0.0979	0.1041	0.1186	0.1253	0.1199	0.1296
金信诺	0.1626	0.1841	0.1954	0.2428	0.2695	0.3099	0.3532	0.3067
佳创视讯	0.1190	0.1146	0.1178	0.1116	0.1536	0.1594	0.1604	0.1534
华宇软件	0.1560	0.1746	0.1964	0.2318	0.2986	0.3468	0.3870	0.5016
海联讯	0.0838	0.0926	0.0853	0.0715	0.0737	0.0756	0.0747	0.0835

年份 简称	2012	2013	2014	2015	2016	2017	2018	2019
富春股份	0.1035	0.1172	0.1001	0.1074	0.1061	0.1119	0.1163	0.1062
中际旭创	0.1604	0.1593	0.1650	0.1591	0.1647	0.3123	0.4074	0.2603
宜通世纪	0.1893	0.1970	0.2706	0.3050	0.3505	0.4101	0.4263	0.3474
邦讯技术	0.1823	0.1614	0.1637	0.1446	0.1250	0.1086	0.0939	0.0932
硕贝德	0.1473	0.1705	0.2126	0.2064	0.2919	0.2706	0.2601	0.2464
东土科技	0.2242	0.2316	0.2615	0.3032	0.3580	0.4256	0.4471	0.4124
中国联通	26.4682	28.3924	26.3246	23.9754	22.4545	21.1585	20.7405	25.0029
浙江富润	0.3727	0.4608	0.4216	0.4233	0.4548	0.4894	0.4994	0.5255
同方股份	2.4480	2.4029	2.4581	2.3341	1.8184	1.6570	1.4897	1.8664
永鼎股份	0.3076	0.2609	0.3133	0.2837	0.3643	0.3911	0.3830	0.3509
波导股份	0.1946	0.1949	0.2006	0.1989	0.2482	0.1538	0.1084	0.1623
大唐电信	0.8279	0.8881	0.8466	0.8132	0.6603	0.4748	0.3441	0.5402
凯乐科技	0.3241	0.2759	0.2477	0.3233	0.5280	0.7649	0.7777	0.3356
航天信息	2.0634	2.2431	2.5162	2.6442	2.6141	2.6511	2.5515	2.2958
大恒科技	0.4436	0.3999	0.3332	0.2935	0.2835	0.2865	0.2949	0.3486
长江通信	0.1972	0.1926	0.1429	0.1225	0.1225	0.1104	0.1042	0.1559
精伦电子	0.1560	0.1514	0.1376	0.1193	0.1169	0.1216	0.1194	0.1220
华胜天成	0.6450	0.6077	0.5445	0.5291	0.4844	0.4906	0.4572	0.4900
金证股份	0.2156	0.2370	0.2639	0.3784	0.4423	0.4561	0.4765	0.5613
湘邮科技	0.0827	0.0755	0.0708	0.0701	0.0779	0.0841	0.0860	0.0903
亨通光电	1.2135	1.2398	1.3209	1.5214	1.8581	2.1135	2.3151	1.5322
烽火通信	1.7571	1.8247	1.9413	2.1055	2.2922	2.5071	2.6846	2.3386
中天科技	0.8513	0.8805	0.9986	1.4815	1.7014	1.9034	2.1455	1.2480
中国软件	0.5057	0.5312	0.5204	0.5601	0.5792	0.5469	0.5249	0.6665
恒生电子	0.2928	0.3149	0.3391	0.4060	0.4238	0.4435	0.4770	0.5488
信雅达	0.3014	0.3196	0.4138	0.3729	0.3331	0.4317	0.4139	0.3814
用友网络	1.2551	1.2631	1.2407	1.2139	1.2369	1.2623	1.3071	1.4325
方正科技	1.0873	1.0111	1.0844	0.9661	0.8737	0.7724	0.7133	0.7142

续表

简称＼年份	2012	2013	2014	2015	2016	2017	2018	2019
云赛智联	0.2043	0.1955	0.2212	0.3147	0.3573	0.3500	0.3506	0.4365
号百控股	0.2913	0.2742	0.2791	0.2985	0.2585	0.3967	0.3384	0.3735
东软集团	1.6423	1.6172	1.5234	1.4777	1.6195	1.6310	1.6655	1.7331
佳都科技	0.1817	0.2778	0.2852	0.2892	0.3104	0.3874	0.3966	0.5331
闻泰科技	0.2495	0.2994	0.2576	0.2735	0.8130	0.9024	0.9018	0.8870
浪潮软件	0.3590	0.3524	0.4910	0.6448	0.8039	0.8141	0.8057	0.8355
南京熊猫	0.9411	0.8964	0.9501	0.8866	0.8188	0.8101	0.7704	0.7500
东方通信	0.6421	0.6252	0.6347	0.6347	0.5640	0.5823	0.5595	0.6495
浙大网新	0.6596	0.6745	0.6352	0.6168	0.5315	0.5260	0.5218	0.5920
天津磁卡	0.1354	0.1469	0.1124	0.1046	0.1094	0.1267	0.1221	0.1178
鹏博士	1.3187	1.7973	2.1556	2.3169	1.8727	1.4045	1.1392	0.7929
宝信软件	0.8077	0.7986	0.7528	0.6835	0.6002	0.6332	0.6290	0.7613
华东电脑	0.5052	0.4870	0.4771	0.4583	0.3634	0.4301	0.4339	0.5636

表附2　中国 ICT 上市公司 2012—2019 年通用性知识指数表

简称＼年份	2012	2013	2014	2015	2016	2017	2018	2019
深科技	0.7636	0.6656	0.7416	0.7906	1.3271	0.8327	0.7462	0.9074
中兴通讯	3.4164	3.0394	3.1533	3.2248	2.9238	2.4986	2.2847	2.1250
中国长城	1.8520	1.7890	1.6544	1.4824	1.3103	0.4766	0.4782	0.4255
特发信息	0.0909	0.1014	0.1038	0.1436	0.1748	0.1803	0.1570	0.1263
TCL 科技	1.1628	1.3957	1.2442	1.1447	1.0663	1.1501	1.2766	0.3637
神州信息	0.0187	0.2071	0.1936	0.2143	0.3232	0.3494	0.3253	0.3258
烽火电子	0.1221	0.1298	0.1287	0.1271	0.1280	0.1202	0.1196	0.1057
汇源通信	0.0481	0.0628	0.0677	0.0559	0.0546	0.0568	0.0539	0.0599
京东方 A	1.0127	1.1943	1.4306	1.6401	1.7705	2.0909	2.2813	1.9720
创维数字	0.1343	0.1265	0.1310	0.1364	0.2360	0.2158	0.2157	0.2282
富通鑫茂	0.0702	0.0737	0.0685	0.0588	0.0560	0.0562	0.0651	0.0443
中信国安	0.4235	0.4918	0.5396	0.5550	0.5495	0.5786	0.6886	0.6077

续表

简称＼年份	2012	2013	2014	2015	2016	2017	2018	2019
中嘉博创	0.1070	0.1050	0.0934	0.3431	0.2304	0.2166	0.3235	0.1921
紫光股份	0.0438	0.0551	0.0706	0.0785	0.3975	0.4348	0.4698	0.4567
南天信息	0.1820	0.1835	0.1735	0.1632	0.1700	0.1725	0.1938	0.1978
浪潮信息	0.0811	0.1109	0.1372	0.1417	0.1606	0.1442	0.1763	0.1849
华工科技	0.2329	0.2295	0.2354	0.2090	0.2189	0.2500	0.2561	0.2240
东信和平	0.1010	0.1058	0.0977	0.1030	0.0957	0.0904	0.0712	0.0710
联创电子	0.0540	0.0482	0.0437	0.1669	0.1741	0.1928	0.2564	0.2561
远光软件	0.1350	0.1579	0.1744	0.1675	0.1548	0.1588	0.1619	0.1627
东华软件	0.1841	0.2439	0.2636	0.2854	0.3045	0.3054	0.2893	0.2910
国脉科技	0.1105	0.1062	0.0981	0.0777	0.0731	0.0839	0.0503	0.0442
生意宝	0.0605	0.0656	0.0645	0.0542	0.0514	0.0524	0.0487	0.0403
恒宝股份	0.0610	0.0758	0.0772	0.0792	0.0684	0.0589	0.0610	0.0594
三维通信	0.1364	0.1125	0.0941	0.0803	0.0557	0.0588	0.0591	0.0829
北纬科技	0.0410	0.0458	0.0494	0.0310	0.0350	0.0338	0.0323	0.0279
远望谷	0.0467	0.0447	0.0472	0.0414	0.0411	0.0451	0.0434	0.0407
武汉凡谷	0.2403	0.2414	0.2726	0.3229	0.2611	0.1724	0.1286	0.1164
二三四五	0.0795	0.0852	0.1177	0.1122	0.1025	0.0497	0.0525	0.0454
科大讯飞	0.0917	0.1191	0.1292	0.1325	0.2325	0.3085	0.3865	0.3349
奥维通信	0.0671	0.0580	0.0417	0.0344	0.0332	0.0290	0.0266	0.0229
启明信息	0.0894	0.0889	0.0858	0.0764	0.0879	0.0824	0.0761	0.0649
川大智胜	0.0438	0.0556	0.0557	0.0492	0.0408	0.0424	0.0451	0.0424
拓维信息	0.1581	0.1431	0.1078	0.1568	0.1758	0.1568	0.1487	0.1348
卫士通	0.0493	0.0507	0.0772	0.0817	0.0953	0.0915	0.0920	0.0832
久其软件	0.0788	0.0749	0.0782	0.0900	0.1095	0.1064	0.1181	0.1168
光迅科技	0.1884	0.1832	0.1809	0.1637	0.1612	0.1576	0.1693	0.1725
辉煌科技	0.0452	0.0455	0.0485	0.0460	0.0423	0.0461	0.0472	0.0432
日海智能	0.2294	0.2447	0.2473	0.1893	0.1214	0.1028	0.1166	0.1884
焦点科技	0.0927	0.0917	0.0838	0.0887	0.0906	0.0869	0.0886	0.0809

年份\简称	2012	2013	2014	2015	2016	2017	2018	2019
亚联发展	0.0358	0.0329	0.0306	0.0267	0.0272	0.0540	0.0630	0.0592
皖通科技	0.0534	0.0578	0.0601	0.0582	0.0549	0.0594	0.0685	0.0642
漫步者	0.1438	0.1360	0.1210	0.1102	0.1038	0.1055	0.0916	0.1129
汉王科技	0.0385	0.0648	0.0673	0.0584	0.0582	0.0664	0.0707	0.0718
太极股份	0.1059	0.1506	0.1537	0.1495	0.1590	0.1656	0.1608	0.1552
卓翼科技	0.1694	0.1689	0.2478	0.2772	0.2346	0.2378	0.2445	0.4691
千方科技	0.0489	0.0494	0.0583	0.0693	0.0687	0.0779	0.2010	0.2078
新北洋	0.0819	0.0926	0.1096	0.1115	0.1199	0.1242	0.1631	0.1619
合众思壮	0.0654	0.0707	0.0483	0.0624	0.0936	0.0939	0.1041	0.0851
新亚制程	0.0376	0.0376	0.0356	0.0336	0.0333	0.0318	0.0446	0.0436
星网锐捷	0.2678	0.2929	0.2926	0.3051	0.2952	0.3052	0.3074	0.3106
中远海科	0.0297	0.0339	0.0346	0.0370	0.0353	0.0435	0.0486	0.0470
四维图新	0.1260	0.1550	0.1625	0.1757	0.1723	0.1795	0.1638	0.1620
广联达	0.1759	0.1787	0.2007	0.1915	0.1846	0.1940	0.2295	0.2346
雷科防务	0.1629	0.1547	0.1544	0.0384	0.0566	0.0623	0.0661	0.0615
深南股份	0.1084	0.1130	0.0630	0.0353	0.0344	0.0253	0.0287	0.0237
达实智能	0.0521	0.0571	0.0772	0.0971	0.0803	0.0998	0.0917	0.0853
启明星辰	0.1128	0.1146	0.1313	0.1317	0.1393	0.1467	0.1501	0.1588
盛路通信	0.0546	0.0432	0.0759	0.0756	0.0854	0.0926	0.0940	0.1111
海格通信	0.1153	0.1331	0.1981	0.2330	0.3256	0.3314	0.2805	0.2698
二六三	0.0688	0.0632	0.0626	0.0635	0.0700	0.0584	0.0593	0.0520
榕基软件	0.0502	0.0553	0.0581	0.0533	0.0541	0.0557	0.0561	0.0522
通鼎互联	0.1325	0.1523	0.1585	0.1379	0.1484	0.1533	0.1453	0.1372
杰赛科技	0.1381	0.1520	0.1592	0.1549	0.1540	0.2460	0.2337	0.2134
三七互娱	0.0348	0.0336	0.0912	0.0929	0.0809	0.1100	0.0969	0.1049
巨人网络	0.0576	0.0589	0.0617	0.0634	0.0719	0.1502	0.0971	0.0817
雷柏科技	0.0685	0.0652	0.0641	0.0780	0.0619	0.0509	0.0476	0.0237
海能达	0.1206	0.1737	0.1741	0.2065	0.2594	0.3161	0.3004	0.2643

年份 简称	2012	2013	2014	2015	2016	2017	2018	2019
宁通信 B	0.0954	0.0964	0.0965	0.0804	0.0738	0.0682	0.0711	0.0596
神州泰岳	0.2164	0.2152	0.1983	0.1704	0.1661	0.1613	0.1408	0.1258
网宿科技	0.0573	0.0698	0.0895	0.1056	0.1219	0.1461	0.1592	0.1163
银江股份	0.0541	0.0604	0.0676	0.0515	0.0462	0.0503	0.0482	0.0422
华星创业	0.0889	0.1292	0.1287	0.1433	0.1347	0.1353	0.1825	0.1311
超图软件	0.0598	0.0601	0.0598	0.0651	0.1093	0.1236	0.1401	0.1257
数知科技	0.0374	0.0405	0.0417	0.0398	0.0361	0.0748	0.0696	0.0781
朗科科技	0.0274	0.0246	0.0271	0.0259	0.0263	0.0285	0.0299	0.0297
天源迪科	0.1152	0.1247	0.1207	0.1519	0.1633	0.1795	0.1852	0.1819
世纪鼎利	0.0974	0.0918	0.0826	0.0872	0.1180	0.1274	0.1017	0.0818
三五互联	0.0986	0.0804	0.0824	0.0669	0.0377	0.0503	0.0455	0.0393
中青宝	0.0727	0.0935	0.0685	0.0491	0.0403	0.0377	0.0344	0.0296
华平股份	0.0476	0.0554	0.0631	0.0460	0.0421	0.0413	0.0383	0.0354
数字政通	0.0445	0.0467	0.0474	0.0581	0.2655	0.2667	0.2713	0.2518
思创医惠	0.0570	0.0697	0.0733	0.0751	0.0745	0.0759	0.0866	0.0870
数码科技	0.0681	0.0748	0.0787	0.0786	0.0768	0.0671	0.0571	0.0456
银之杰	0.0401	0.0407	0.0529	0.0508	0.0499	0.0493	0.0459	0.0480
易联众	0.0588	0.0713	0.0751	0.0761	0.0773	0.0883	0.0911	0.0996
振芯科技	0.0500	0.0526	0.0512	0.0491	0.0472	0.0480	0.0486	0.0450
顺网科技	0.0428	0.0498	0.0544	0.0615	0.0711	0.0695	0.0718	0.0669
大富科技	0.2735	0.2988	0.2549	0.2608	0.2537	0.2125	0.2062	0.1799
信维通信	0.0442	0.0446	0.0522	0.0711	0.1297	0.1553	0.2445	0.2345
东方国信	0.0785	0.0984	0.0977	0.1503	0.1935	0.2202	0.2534	0.2411
迪威迅	0.0263	0.0281	0.0365	0.0298	0.0432	0.0515	0.0560	0.0478
万达信息	0.0997	0.1190	0.1637	0.1903	0.1501	0.1946	0.2072	0.2057
汉得信息	0.1098	0.1194	0.1383	0.1742	0.2080	0.2861	0.3391	0.3311
中海达	0.0618	0.0738	0.0836	0.0783	0.0805	0.0907	0.1005	0.1193
东软载波	0.0325	0.0393	0.0503	0.0535	0.0590	0.0620	0.0601	0.0502

续表

年份 简称	2012	2013	2014	2015	2016	2017	2018	2019
美亚柏科	0.0564	0.0629	0.0672	0.0781	0.0856	0.1002	0.1214	0.1200
天泽信息	0.0324	0.0318	0.0328	0.0552	0.0633	0.0639	0.0587	0.1060
亿通科技	0.0347	0.0357	0.0344	0.0307	0.0319	0.0290	0.0276	0.0281
易华录	0.0565	0.0651	0.0805	0.0754	0.0752	0.0810	0.0859	0.0716
佳讯飞鸿	0.0334	0.0306	0.0428	0.0423	0.0457	0.0481	0.0504	0.0476
拓尔思	0.0431	0.0466	0.0556	0.0580	0.0623	0.0792	0.0785	0.0725
银信科技	0.0312	0.0336	0.0366	0.0387	0.0368	0.0483	0.0525	0.0602
方直科技	0.0267	0.0282	0.0299	0.0278	0.0279	0.0301	0.0289	0.0255
天玑科技	0.0649	0.0642	0.0711	0.0695	0.0475	0.0444	0.0450	0.0415
新开普	0.0553	0.0651	0.0643	0.0822	0.0788	0.0883	0.0933	0.0930
初灵信息	0.0473	0.0400	0.0450	0.0431	0.0477	0.0505	0.0485	0.0446
金信诺	0.0694	0.0877	0.0806	0.1035	0.1030	0.1113	0.1294	0.1064
佳创视讯	0.0266	0.0268	0.0265	0.0267	0.0326	0.0326	0.0322	0.0278
华宇软件	0.0768	0.0943	0.1104	0.1246	0.1621	0.1894	0.2222	0.2409
海联讯	0.0400	0.0447	0.0412	0.0287	0.0284	0.0294	0.0301	0.0278
富春股份	0.0591	0.0719	0.0543	0.0549	0.0426	0.0439	0.0489	0.0467
中际旭创	0.0352	0.0356	0.0389	0.0347	0.0334	0.0933	0.0991	0.1212
宜通世纪	0.1113	0.1185	0.1888	0.2144	0.2303	0.2616	0.2831	0.2541
邦讯技术	0.0939	0.0942	0.0951	0.0771	0.0601	0.0459	0.0372	0.0262
硕贝德	0.0544	0.0646	0.0870	0.0815	0.1190	0.0775	0.0820	0.0790
东土科技	0.0330	0.0347	0.0373	0.0565	0.0659	0.0687	0.0754	0.0631
中国联通	9.4911	9.7462	9.4927	8.7824	9.0644	8.3691	8.1894	7.3429
浙江富润	0.1365	0.1408	0.1349	0.1228	0.1274	0.1187	0.1199	0.0928
同方股份	0.6544	0.7976	0.8343	0.7465	0.4947	0.4692	0.4459	0.4139
永鼎股份	0.0512	0.0515	0.0497	0.0514	0.1338	0.1586	0.1599	0.1612
波导股份	0.0667	0.0626	0.0657	0.0582	0.0620	0.0389	0.0340	0.0286
大唐电信	0.2279	0.2422	0.2396	0.2155	0.1708	0.1216	0.0850	0.0669
凯乐科技	0.0980	0.0966	0.0915	0.1010	0.1050	0.1028	0.1082	0.1204

续表

年份 简称	2012	2013	2014	2015	2016	2017	2018	2019
航天信息	0.6157	0.6353	0.7542	0.8305	0.8061	0.7124	0.7173	0.6623
大恒科技	0.1577	0.1518	0.1130	0.1117	0.1095	0.1045	0.1074	0.0938
长江通信	0.0809	0.0743	0.0414	0.0374	0.0298	0.0273	0.0271	0.0255
精伦电子	0.0411	0.0457	0.0447	0.0339	0.0390	0.0402	0.0409	0.0341
华胜天成	0.2336	0.2104	0.2085	0.1909	0.1691	0.1586	0.1521	0.1406
金证股份	0.0822	0.0900	0.1089	0.2088	0.2239	0.2204	0.2318	0.2415
湘邮科技	0.0332	0.0356	0.0351	0.0306	0.0284	0.0325	0.0337	0.0313
亨通光电	0.3419	0.3131	0.3085	0.3736	0.5652	0.5891	0.5937	0.5579
烽火通信	0.3849	0.4060	0.4074	0.4255	0.4659	0.4702	0.5206	0.4761
中天科技	0.2298	0.2227	0.2427	0.3154	0.3679	0.3668	0.4163	0.3780
中国软件	0.2539	0.2686	0.2531	0.2882	0.2831	0.2402	0.2434	0.2570
恒生电子	0.1522	0.1759	0.2034	0.2394	0.2615	0.2466	0.2585	0.2417
信雅达	0.1464	0.1568	0.2414	0.2120	0.1585	0.2575	0.2492	0.1982
用友网络	0.5856	0.5488	0.5231	0.5060	0.5247	0.5250	0.5554	0.5393
方正科技	0.2676	0.2413	0.3185	0.2927	0.2835	0.2842	0.2624	0.2361
云赛智联	0.0614	0.0616	0.0875	0.1021	0.1032	0.0997	0.0980	0.0888
号百控股	0.1454	0.1426	0.1292	0.1078	0.1031	0.1279	0.1232	0.1042
东软集团	0.9900	0.9319	0.8225	0.7422	0.6639	0.5754	0.5749	0.5195
佳都科技	0.0392	0.0495	0.0639	0.0628	0.0799	0.0941	0.0930	0.0899
闻泰科技	0.0899	0.0668	0.0613	0.1264	0.1512	0.1390	0.1798	0.6933
浪潮软件	0.0737	0.0851	0.0939	0.0935	0.0874	0.0880	0.0844	0.0775
南京熊猫	0.1623	0.1606	0.1893	0.1709	0.1537	0.1459	0.1359	0.1222
东方通信	0.1418	0.1489	0.1455	0.1335	0.1189	0.1113	0.1055	0.1113
浙大网新	0.2400	0.2694	0.2534	0.2337	0.1901	0.1878	0.1726	0.1656
天津磁卡	0.0330	0.0590	0.0336	0.0313	0.0327	0.0491	0.0472	0.0390
鹏博士	1.1303	1.4367	1.7496	1.8910	1.4559	1.0305	0.8389	0.6016
宝信软件	0.1740	0.2225	0.2013	0.1770	0.1333	0.1554	0.1527	0.1483
华东电脑	0.1294	0.1180	0.1087	0.0945	0.0315	0.0917	0.0953	0.0915

表附3　中国ICT上市公司2012—2019年专用性知识指数表

年份简称	2012	2013	2014	2015	2016	2017	2018	2019
深科技	0.1288	0.1068	0.1080	0.1115	0.1172	0.1131	0.1178	0.1193
中兴通讯	42.5277	36.6857	33.2850	30.2916	27.6397	26.0857	24.6275	22.2143
中国长城	0.2308	0.2109	0.1976	0.1855	0.1828	0.1733	0.1718	0.1935
特发信息	0.0679	0.0765	0.0714	0.0731	0.0928	0.1050	0.1101	0.1241
TCL科技	1.2410	1.3515	1.4423	1.5597	1.6597	1.7156	1.7038	1.0357
神州信息	0.2121	0.2012	0.1709	0.1696	0.1628	0.1577	0.1522	0.1566
烽火电子	0.0432	0.0567	0.0652	0.0795	0.0939	0.1057	0.1045	0.1086
汇源通信	0.0243	0.0195	0.0067	0.0029	0.0082	0.0092	0.0092	0.0264
京东方A	3.0514	4.7842	7.0341	9.1788	11.0966	13.1720	14.3867	14.2572
创维数字	0.4702	0.5091	0.5172	0.4953	0.5241	0.5359	0.5532	0.5538
富通鑫茂	0.0000	0.0083	0.0083	0.0087	0.0159	0.0338	0.0367	0.0413
中信国安	0.0122	0.0100	0.0053	0.0053	0.0141	0.0140	0.0150	0.0188
中嘉博创	0.0000	0.0000	0.0061	0.0062	0.0142	0.0146	0.0156	0.0191
紫光股份	0.0652	0.0593	0.0478	0.0422	0.0442	0.0430	0.0421	0.0448
南天信息	0.0176	0.0156	0.0109	0.0102	0.0183	0.0193	0.0203	0.0220
浪潮信息	1.3927	1.5302	1.8911	2.2034	2.2667	2.0643	1.9401	1.7846
华工科技	0.0190	0.0230	0.0173	0.0154	0.0224	0.0227	0.0224	0.0300
东信和平	0.1451	0.1715	0.1673	0.1543	0.1549	0.1601	0.1550	0.1647
联创电子	0.0581	0.0556	0.0694	0.0774	0.0809	0.0880	0.1088	0.1390
远光软件	0.0361	0.0739	0.0883	0.0952	0.0969	0.1022	0.1106	0.1380
东华软件	0.0103	0.0083	0.0121	0.0131	0.0232	0.0274	0.0275	0.0338
国脉科技	0.0070	0.0056	0.0067	0.0127	0.0274	0.0386	0.0378	0.0429
生意宝	0.0000	0.0000	0.0000	0.0000	0.0161	0.0181	0.0180	0.0233
恒宝股份	0.0417	0.0351	0.0333	0.0614	0.0862	0.1262	0.1266	0.1294
三维通信	0.1624	0.1731	0.1931	0.1794	0.1688	0.1661	0.1644	0.1695
北纬科技	0.0273	0.0243	0.0176	0.0176	0.0270	0.0289	0.0283	0.0327
远望谷	0.2006	0.1795	0.1710	0.1597	0.1534	0.1560	0.1586	0.1428
武汉凡谷	0.1953	0.1690	0.1412	0.1285	0.1045	0.1069	0.1034	0.1042

续表

年份 简称	2012	2013	2014	2015	2016	2017	2018	2019
二三四五	0.0140	0.0112	0.0102	0.0139	0.0281	0.0313	0.0427	0.0489
科大讯飞	0.1682	0.2293	0.2782	0.3152	0.3346	0.3706	0.4431	0.5279
奥维通信	0.1122	0.1174	0.0991	0.0860	0.0852	0.0831	0.0778	0.0735
启明信息	0.0594	0.0491	0.0366	0.0348	0.0416	0.0404	0.0395	0.0466
川大智胜	0.1170	0.1048	0.0967	0.1024	0.1047	0.0979	0.0924	0.0927
拓维信息	0.0300	0.0268	0.0242	0.0251	0.0347	0.0351	0.0341	0.0383
卫士通	0.0958	0.1290	0.1408	0.1493	0.1496	0.1458	0.1417	0.1413
久其软件	0.0220	0.0193	0.0165	0.0150	0.0244	0.0257	0.0257	0.0302
光迅科技	0.2417	0.2207	0.2118	0.2382	0.2930	0.3306	0.3585	0.3866
辉煌科技	0.1079	0.1050	0.0943	0.0912	0.1013	0.1023	0.1026	0.1019
日海智能	0.2906	0.3014	0.2897	0.2798	0.2717	0.2638	0.2469	0.2146
焦点科技	0.0473	0.0655	0.0726	0.0846	0.1078	0.1151	0.1255	0.1273
亚联发展	0.0330	0.0262	0.0263	0.0232	0.0291	0.0295	0.0276	0.0336
皖通科技	0.0186	0.0522	0.0496	0.0509	0.0591	0.0653	0.0686	0.0683
漫步者	0.0256	0.0231	0.0173	0.0152	0.0239	0.0240	0.0235	0.0324
汉王科技	0.9294	0.7951	0.6883	0.5968	0.5415	0.4990	0.4698	0.4344
太极股份	0.0138	0.0110	0.0081	0.0077	0.0197	0.0234	0.0227	0.0280
卓翼科技	0.0270	0.0217	0.0171	0.0231	0.0418	0.0532	0.0598	0.0735
千方科技	0.0796	0.0763	0.0643	0.0612	0.0674	0.0688	0.0756	0.0926
新北洋	0.4057	0.3982	0.3840	0.3716	0.3796	0.4446	0.5130	0.5465
合众思壮	0.0522	0.0455	0.0383	0.0379	0.0571	0.0581	0.0623	0.0671
新亚制程	0.0225	0.0374	0.0328	0.0313	0.0430	0.0416	0.0401	0.0439
星网锐捷	1.4054	1.3702	1.2949	1.2318	1.1028	1.0343	0.9623	0.8756
中远海科	0.0175	0.0164	0.0210	0.0209	0.0321	0.0338	0.0347	0.0374
四维图新	0.1808	0.2021	0.1869	0.1886	0.2039	0.2050	0.2114	0.2113
广联达	0.0154	0.0768	0.0669	0.0773	0.0871	0.0864	0.0895	0.1298
雷科防务	0.0242	0.0269	0.0334	0.0398	0.0558	0.0648	0.0689	0.0682
深南股份	0.0138	0.0110	0.0116	0.0114	0.0192	0.0223	0.0217	0.0252

续表

简称＼年份	2012	2013	2014	2015	2016	2017	2018	2019
达实智能	0.0730	0.0638	0.0667	0.0767	0.0941	0.1285	0.1257	0.1206
启明星辰	0.2234	0.1994	0.1779	0.1770	0.1818	0.1763	0.1658	0.1584
盛路通信	0.0557	0.0538	0.0502	0.0552	0.0709	0.0828	0.0945	0.1015
海格通信	0.0736	0.0842	0.0975	0.1105	0.1517	0.1683	0.1763	0.1882
二六三	0.0214	0.0198	0.0144	0.0131	0.0241	0.0287	0.0285	0.0332
榕基软件	0.0353	0.0460	0.0361	0.0342	0.0452	0.0477	0.0498	0.0536
通鼎互联	0.1684	0.1492	0.1379	0.1342	0.1443	0.1652	0.1809	0.1899
杰赛科技	0.3567	0.3836	0.4409	0.5416	0.5740	0.6089	0.6390	0.6213
三七互娱	0.0375	0.0324	0.0358	0.0311	0.0345	0.0338	0.0325	0.0315
巨人网络	0.0143	0.0143	0.0153	0.0136	0.0180	0.0184	0.0177	0.0199
雷柏科技	0.0979	0.1392	0.1615	0.1593	0.1573	0.1543	0.1466	0.1402
海能达	0.1735	0.2222	0.2572	0.2971	0.3576	0.4049	0.4610	0.4725
宁通信 B	0.0931	0.0819	0.0707	0.0606	0.0643	0.0616	0.0577	0.0572
神州泰岳	0.2054	0.2344	0.2497	0.2684	0.2725	0.3019	0.3100	0.2931
网宿科技	0.0671	0.0907	0.1020	0.1361	0.1818	0.2590	0.3593	0.3942
银江股份	0.0260	0.0461	0.0657	0.0805	0.1024	0.1116	0.1144	0.1255
华星创业	0.0233	0.0194	0.0174	0.0176	0.0238	0.0247	0.0252	0.0270
超图软件	0.0316	0.0286	0.0259	0.0277	0.0405	0.0425	0.0413	0.0462
数知科技	0.0330	0.0301	0.0251	0.0269	0.0377	0.0387	0.0400	0.0439
朗科科技	0.3065	0.2501	0.2104	0.1865	0.1740	0.1665	0.1591	0.1363
天源迪科	0.0293	0.0252	0.0198	0.0193	0.0324	0.0419	0.0489	0.0554
世纪鼎利	0.0735	0.0974	0.0921	0.0921	0.0911	0.0882	0.0928	0.0979
三五互联	0.0206	0.0178	0.0120	0.0113	0.0188	0.0198	0.0194	0.0230
中青宝	0.0429	0.0375	0.0300	0.0267	0.0352	0.0363	0.0348	0.0359
华平股份	0.1289	0.1101	0.0936	0.0848	0.0846	0.0836	0.0794	0.0698
数字政通	0.0000	0.0000	0.0029	0.0047	0.0128	0.0170	0.0178	0.0218
思创医惠	0.0090	0.0163	0.0059	0.0154	0.0331	0.0467	0.0501	0.0543
数码科技	0.0901	0.0873	0.1051	0.1175	0.1434	0.1506	0.1461	0.1389

续表

简称 \ 年份	2012	2013	2014	2015	2016	2017	2018	2019
银之杰	0.0402	0.0443	0.0434	0.0451	0.0492	0.0482	0.0470	0.0582
易联众	0.0148	0.0158	0.0173	0.0224	0.0408	0.0518	0.0563	0.0665
振芯科技	0.0612	0.0919	0.1131	0.1215	0.1262	0.1354	0.0616	0.0632
顺网科技	0.0338	0.0323	0.0279	0.0297	0.0407	0.0455	0.0462	0.0534
大富科技	0.2723	0.2729	0.2705	0.2485	0.2366	0.2354	0.2400	0.2870
信维通信	0.0321	0.0266	0.0375	0.0805	0.1566	0.1903	0.2491	0.2753
东方国信	0.0000	0.0000	0.0075	0.0085	0.0187	0.0195	0.0230	0.0334
迪威迅	0.0191	0.0175	0.0193	0.0236	0.0309	0.0319	0.0304	0.0321
万达信息	0.0340	0.0401	0.0305	0.0384	0.0520	0.0515	0.0520	0.0607
汉得信息	0.0140	0.0117	0.0066	0.0066	0.0171	0.0190	0.0206	0.0261
中海达	0.0408	0.0399	0.0581	0.0979	0.1198	0.1274	0.1331	0.1420
东软载波	0.0346	0.0536	0.0575	0.0755	0.0971	0.1103	0.1174	0.1214
美亚柏科	0.1304	0.1653	0.1685	0.1698	0.1897	0.2260	0.2573	0.2913
天泽信息	0.0847	0.0841	0.0750	0.0705	0.0735	0.0752	0.0728	0.0764
亿通科技	0.0188	0.0151	0.0105	0.0171	0.0232	0.0289	0.0359	0.0369
易华录	0.0571	0.0524	0.1377	0.1461	0.1487	0.1648	0.1661	0.1804
佳讯飞鸿	0.3077	0.2672	0.2397	0.2146	0.2010	0.1860	0.1632	0.2009
拓尔思	0.0342	0.0320	0.0322	0.0325	0.0411	0.0452	0.0442	0.0482
银信科技	0.0135	0.0116	0.0423	0.0651	0.0866	0.0870	0.0835	0.0832
方直科技	0.0000	0.0000	0.0000	0.0000	0.0161	0.0181	0.0185	0.0242
天玑科技	0.0147	0.0117	0.0090	0.0096	0.0251	0.0278	0.0276	0.0322
新开普	0.0336	0.0292	0.0268	0.0254	0.0511	0.0692	0.0886	0.0932
初灵信息	0.0255	0.0280	0.0216	0.0230	0.0309	0.0345	0.0329	0.0373
金信诺	0.0396	0.0381	0.0349	0.0475	0.0644	0.0907	0.1125	0.1413
佳创视讯	0.0614	0.0583	0.0607	0.0538	0.0864	0.0911	0.0899	0.0908
华宇软件	0.0305	0.0263	0.0213	0.0241	0.0424	0.0476	0.0496	0.0660
海联讯	0.0187	0.0195	0.0143	0.0130	0.0207	0.0217	0.0212	0.0248
富春股份	0.0180	0.0155	0.0132	0.0122	0.0216	0.0231	0.0227	0.0281

续表

年份\简称	2012	2013	2014	2015	2016	2017	2018	2019
中际旭创	0.0809	0.0815	0.0815	0.0791	0.0858	0.0885	0.0899	0.0946
宜通世纪	0.0214	0.0190	0.0133	0.0120	0.0226	0.0261	0.0292	0.0378
邦讯技术	0.0568	0.0474	0.0365	0.0353	0.0418	0.0410	0.0392	0.0411
硕贝德	0.0592	0.0649	0.0677	0.0728	0.0859	0.0967	0.0999	0.1070
东土科技	0.1661	0.1710	0.1942	0.2086	0.2451	0.3043	0.3165	0.3185
中国联通	1.0619	1.3590	1.6980	1.9924	2.1980	2.3763	2.5512	2.7016
浙江富润	0.1336	0.2219	0.1979	0.2227	0.2514	0.2564	0.2429	0.2389
同方股份	0.3809	0.2902	0.2340	0.2047	0.1861	0.1733	0.1595	0.1427
永鼎股份	0.1417	0.1146	0.1012	0.0924	0.0920	0.0893	0.0774	0.0997
波导股份	0.0260	0.0209	0.0144	0.0120	0.0178	0.0138	0.0135	0.0164
大唐电信	0.1816	0.1609	0.1526	0.1511	0.1567	0.1492	0.1387	0.1310
凯乐科技	0.0258	0.0243	0.0179	0.0206	0.0318	0.0408	0.0389	0.0457
航天信息	0.5159	0.6338	0.6844	0.7156	0.7306	0.7787	0.8403	0.8843
大恒科技	0.0281	0.0253	0.0222	0.0302	0.0395	0.0435	0.0457	0.0537
长江通信	0.0273	0.0349	0.0318	0.0319	0.0421	0.0452	0.0432	0.0492
精伦电子	0.0755	0.0648	0.0484	0.0403	0.0375	0.0404	0.0360	0.0409
华胜天成	0.0646	0.1008	0.0876	0.0847	0.0932	0.0987	0.0973	0.0964
金证股份	0.0000	0.0139	0.0119	0.0247	0.0475	0.0529	0.0531	0.0566
湘邮科技	0.0090	0.0072	0.0063	0.0076	0.0148	0.0164	0.0161	0.0192
亨通光电	0.3526	0.4035	0.4306	0.4654	0.4690	0.5048	0.5213	0.5138
烽火通信	0.8373	0.8729	0.9432	1.0079	1.0881	1.2087	1.3001	1.3031
中天科技	0.2260	0.2377	0.2671	0.3431	0.4361	0.4735	0.5272	0.5459
中国软件	0.0505	0.0579	0.0615	0.0616	0.0732	0.0803	0.0834	0.0850
恒生电子	0.0486	0.0402	0.0299	0.0282	0.0404	0.0613	0.0715	0.0827
信雅达	0.0812	0.0803	0.0834	0.0771	0.0847	0.0894	0.0875	0.0901
用友网络	0.3662	0.4257	0.4468	0.4534	0.4605	0.4530	0.4429	0.4321
方正科技	0.4624	0.4583	0.3911	0.3466	0.3027	0.2758	0.2348	0.2002
云赛智联	0.0366	0.0374	0.0348	0.0357	0.0523	0.0548	0.0627	0.0719

年份\简称	2012	2013	2014	2015	2016	2017	2018	2019
号百控股	0.0165	0.0150	0.0131	0.0163	0.0362	0.0420	0.0419	0.0462
东软集团	0.1894	0.2300	0.2598	0.3327	0.6057	0.7498	0.8081	0.8360
佳都科技	0.0865	0.0957	0.0888	0.0842	0.0979	0.1123	0.1240	0.1776
闻泰科技	0.0349	0.0574	0.0695	0.0700	0.0724	0.0799	0.0833	0.0842
浪潮软件	0.2001	0.1769	0.2984	0.4498	0.6173	0.6322	0.6348	0.6434
南京熊猫	0.5781	0.5455	0.5277	0.4924	0.4625	0.4529	0.4274	0.4061
东方通信	0.2644	0.2492	0.2617	0.2973	0.3293	0.3424	0.3347	0.3202
浙大网新	0.0920	0.0900	0.1147	0.1102	0.1520	0.1904	0.2017	0.2164
天津磁卡	0.0639	0.0475	0.0395	0.0343	0.0378	0.0374	0.0345	0.0371
鹏博士	0.0000	0.0000	0.0103	0.0165	0.0232	0.0308	0.0300	0.0314
宝信软件	0.3879	0.3514	0.3157	0.2953	0.2806	0.2709	0.2616	0.2499
华东电脑	0.0293	0.0252	0.0274	0.0345	0.0436	0.0461	0.0451	0.0483

表附4　中国 ICT 上市公司 2012—2019 年专有性知识指数表

年份\简称	2012	2013	2014	2015	2016	2017	2018	2019
深科技	1.0498	0.8880	0.8954	0.7662	0.6500	0.5747	0.5886	0.8429
中兴通讯	5.2552	4.3096	4.3000	4.7990	4.1577	4.1483	2.9691	4.1765
中国长城	4.9857	4.4658	4.0837	3.5109	2.8580	0.4054	0.3894	3.8699
特发信息	0.1276	0.1176	0.1298	0.1474	0.2195	0.2398	0.2291	0.1099
TCL 科技	4.3545	4.8970	5.3373	5.0216	4.3843	4.2659	3.9357	4.2426
神州信息	0.0158	0.4524	0.3589	0.3362	0.3445	0.3290	0.3318	0.5193
烽火电子	0.0987	0.0874	0.0921	0.0959	0.0908	0.0924	0.0885	0.0890
汇源通信	0.0550	0.0517	0.0545	0.0516	0.0504	0.0479	0.0483	0.0560
京东方 A	1.6252	1.9471	1.9562	2.3417	2.8352	3.5748	3.3598	1.2989
创维数字	0.1090	0.1026	0.2234	0.2365	0.2831	0.3170	0.3092	0.2136
富通鑫茂	0.0842	0.0681	0.0597	0.0850	0.0857	0.0893	0.1042	0.0628
中信国安	0.1598	0.1564	0.1645	0.1714	0.1983	0.2045	0.1762	0.2106
中嘉博创	0.1342	0.1356	0.1179	0.1242	0.0939	0.1011	0.1263	0.1169

续表

年份 简称	2012	2013	2014	2015	2016	2017	2018	2019
紫光股份	0.4420	0.5212	0.6216	0.6740	1.1677	1.5167	1.6963	0.3611
南天信息	0.1577	0.1667	0.1411	0.1480	0.1347	0.1355	0.1434	0.2083
浪潮信息	0.1580	0.2629	0.4068	0.5069	0.5423	0.9905	1.6367	0.1359
华工科技	0.1310	0.1240	0.1476	0.1503	0.1616	0.1974	0.2081	0.1438
东信和平	0.0789	0.0823	0.0848	0.0873	0.0810	0.0665	0.0619	0.0797
联创电子	0.0820	0.0810	0.0786	0.1261	0.1796	0.2506	0.2239	0.0758
远光软件	0.0780	0.0829	0.0742	0.0762	0.0780	0.0794	0.0791	0.1110
东华软件	0.2386	0.2743	0.2950	0.2933	0.2903	0.3034	0.3190	0.4630
国脉科技	0.0553	0.0324	0.0363	0.0374	0.0652	0.0738	0.0513	0.0404
生意宝	0.0322	0.0343	0.0328	0.0342	0.0400	0.0418	0.0433	0.0458
恒宝股份	0.0799	0.0946	0.1056	0.1123	0.0819	0.0799	0.0868	0.1044
三维通信	0.0969	0.0750	0.0787	0.0738	0.0738	0.0794	0.1570	0.0874
北纬科技	0.0288	0.0319	0.0294	0.0281	0.0362	0.0431	0.0304	0.0307
远望谷	0.0396	0.0431	0.0476	0.0396	0.0366	0.0383	0.0343	0.0418
武汉凡谷	0.0922	0.0922	0.1224	0.1151	0.1000	0.0870	0.0746	0.1197
二三四五	0.0310	0.0297	0.0430	0.0802	0.0826	0.1341	0.1437	0.1348
科大讯飞	0.0727	0.0960	0.1191	0.1464	0.1636	0.2354	0.3017	0.5249
奥维通信	0.0432	0.0388	0.0439	0.0409	0.0430	0.0439	0.0342	0.0468
启明信息	0.1045	0.0956	0.0939	0.0881	0.0751	0.0895	0.0801	0.1000
川大智胜	0.0349	0.0376	0.0360	0.0382	0.0397	0.0383	0.0405	0.0450
拓维信息	0.0454	0.0512	0.0554	0.0589	0.0653	0.0671	0.0663	0.0861
卫士通	0.0345	0.0419	0.0822	0.0951	0.0933	0.1023	0.0886	0.1256
久其软件	0.0302	0.0324	0.0345	0.0530	0.0739	0.0968	0.1156	0.1747
光迅科技	0.1508	0.1424	0.1500	0.1733	0.1903	0.1984	0.1961	0.1463
辉煌科技	0.0423	0.0468	0.0537	0.0544	0.0494	0.0505	0.0486	0.0441
日海智能	0.1341	0.1340	0.1445	0.1553	0.1302	0.1344	0.1739	0.1416
焦点科技	0.0649	0.0662	0.0651	0.0631	0.0681	0.0872	0.0717	0.0881
亚联发展	0.0545	0.0623	0.0550	0.0696	0.0587	0.0706	0.1664	0.2376

续表

简称 \ 年份	2012	2013	2014	2015	2016	2017	2018	2019
皖通科技	0.0447	0.0505	0.0479	0.0505	0.0504	0.0492	0.0556	0.0851
漫步者	0.0640	0.0576	0.0531	0.0504	0.0497	0.0556	0.0526	0.0557
汉王科技	0.0609	0.0512	0.0552	0.0551	0.0555	0.0626	0.0657	0.0560
太极股份	0.2198	0.2319	0.2646	0.2725	0.2537	0.2449	0.2510	0.3901
卓翼科技	0.1004	0.1267	0.1999	0.1934	0.1249	0.1209	0.1254	0.1940
千方科技	0.0506	0.0287	0.0817	0.0853	0.1088	0.1095	0.2644	0.4449
新北洋	0.0895	0.0911	0.0956	0.1023	0.1118	0.1167	0.1368	0.0866
合众思壮	0.0443	0.0547	0.0466	0.0583	0.0711	0.1113	0.1045	0.0456
新亚制程	0.0449	0.0433	0.0480	0.0494	0.0566	0.0556	0.0544	0.0462
星网锐捷	0.1987	0.2127	0.2185	0.2439	0.2616	0.3224	0.3449	0.1921
中远海科	0.0441	0.0454	0.0447	0.0481	0.0451	0.0545	0.0544	0.0799
四维图新	0.0627	0.0660	0.0729	0.0905	0.0846	0.1030	0.0955	0.1357
广联达	0.0925	0.1092	0.1235	0.1057	0.1161	0.1232	0.1333	0.2043
雷科防务	0.1162	0.1372	0.1464	0.1308	0.0568	0.0655	0.0710	0.1027
深南股份	0.0678	0.0607	0.0464	0.0434	0.0350	0.0272	0.0303	0.0610
达实智能	0.0715	0.0787	0.0888	0.1054	0.1251	0.1237	0.1138	0.1351
启明星辰	0.0692	0.0786	0.0887	0.1004	0.1069	0.1159	0.1169	0.1815
盛路通信	0.0453	0.0446	0.0554	0.0725	0.0772	0.0677	0.0806	0.0570
海格通信	0.0973	0.1186	0.1790	0.2067	0.1944	0.1548	0.1683	0.1109
二六三	0.0459	0.0637	0.0603	0.0598	0.0608	0.0598	0.0607	0.0619
榕基软件	0.0463	0.0466	0.0453	0.0451	0.0453	0.0463	0.0471	0.0550
通鼎互联	0.1942	0.1921	0.1955	0.1956	0.1937	0.1863	0.1795	0.1890
杰赛科技	0.1113	0.1205	0.1280	0.1365	0.1382	0.2556	0.2452	0.1253
三七互娱	0.0247	0.0217	0.0400	0.2316	0.2253	0.2469	0.2759	0.6647
巨人网络	0.0366	0.0385	0.0445	0.0407	0.1147	0.1313	0.1519	0.1486
雷柏科技	0.0378	0.0331	0.0395	0.0375	0.0385	0.0355	0.0339	0.0434
海能达	0.1037	0.1292	0.1369	0.1539	0.1767	0.2402	0.2760	0.1329
宁通信 B	0.1932	0.1663	0.1497	0.1209	0.1073	0.1183	0.1021	0.1637

续表

年份 简称	2012	2013	2014	2015	2016	2017	2018	2019
神州泰岳	0.1022	0.1242	0.1508	0.1507	0.1396	0.0981	0.0916	0.1096
网宿科技	0.0727	0.0914	0.1244	0.1651	0.2077	0.2311	0.2460	0.1221
银江股份	0.1274	0.1407	0.1580	0.1298	0.1059	0.1131	0.1228	0.1408
华星创业	0.0481	0.0513	0.0676	0.0747	0.0684	0.0700	0.0644	0.0486
超图软件	0.0405	0.0425	0.0451	0.0497	0.0624	0.0770	0.0825	0.1149
数知科技	0.0383	0.0455	0.0472	0.0520	0.0568	0.1221	0.2061	0.3004
朗科科技	0.0368	0.0379	0.0372	0.0467	0.0525	0.0649	0.0636	0.0398
天源迪科	0.0690	0.0864	0.0918	0.1106	0.1315	0.1450	0.1627	0.2523
世纪鼎利	0.0266	0.0253	0.0304	0.0417	0.0400	0.0450	0.0465	0.0306
三五互联	0.0332	0.0342	0.0338	0.0325	0.0345	0.0355	0.0321	0.0379
中青宝	0.0263	0.0343	0.0431	0.0352	0.0332	0.0334	0.0339	0.0453
华平股份	0.0290	0.0322	0.0308	0.0364	0.0357	0.0404	0.0394	0.0472
数字政通	0.0212	0.0319	0.0390	0.0430	0.0528	0.0603	0.0602	0.0781
思创医惠	0.0393	0.0436	0.0466	0.0629	0.0678	0.0669	0.0700	0.0494
数码科技	0.0474	0.0379	0.0461	0.0678	0.0801	0.0725	0.0761	0.0492
银之杰	0.0136	0.0151	0.0205	0.0415	0.0516	0.0583	0.0605	0.0744
易联众	0.0229	0.0242	0.0298	0.0281	0.0327	0.0369	0.0394	0.0615
振芯科技	0.0200	0.0237	0.0318	0.0375	0.0312	0.0316	0.0312	0.0263
顺网科技	0.0262	0.0303	0.0462	0.0623	0.0843	0.0851	0.0856	0.0951
大富科技	0.1062	0.1218	0.1440	0.1151	0.1164	0.0871	0.0833	0.1412
信维通信	0.0189	0.0271	0.0510	0.0721	0.1099	0.1430	0.1757	0.0545
东方国信	0.0231	0.0319	0.0392	0.0528	0.0620	0.0685	0.0812	0.1190
迪威迅	0.0304	0.0300	0.0314	0.0366	0.0399	0.0443	0.0330	0.0496
万达信息	0.0826	0.0972	0.1104	0.1198	0.1163	0.1244	0.1092	0.1370
汉得信息	0.0658	0.0711	0.0772	0.0837	0.0964	0.1160	0.1270	0.1620
中海达	0.0311	0.0394	0.0464	0.0424	0.0446	0.0535	0.0602	0.0351
东软载波	0.0478	0.0498	0.0564	0.0633	0.0652	0.0610	0.0620	0.0514
美亚柏科	0.0365	0.0381	0.0490	0.0552	0.0607	0.0720	0.0773	0.1238

简称＼年份	2012	2013	2014	2015	2016	2017	2018	2019
天泽信息	0.0230	0.0249	0.0265	0.0329	0.0496	0.0591	0.0531	0.2123
亿通科技	0.0394	0.0415	0.0390	0.0400	0.0391	0.0379	0.0365	0.0418
易华录	0.0455	0.0595	0.0966	0.0922	0.1083	0.1313	0.1205	0.2032
佳讯飞鸿	0.0423	0.0491	0.0662	0.0722	0.0678	0.0708	0.0689	0.0508
拓尔思	0.0464	0.0446	0.0501	0.0546	0.0645	0.0692	0.0675	0.0846
银信科技	0.0319	0.0341	0.0396	0.0474	0.0595	0.0535	0.0610	0.0951
方直科技	0.0307	0.0308	0.0322	0.0340	0.0341	0.0353	0.0358	0.0365
天玑科技	0.0250	0.0267	0.0301	0.0291	0.0287	0.0268	0.0277	0.0356
新开普	0.0260	0.0267	0.0322	0.0415	0.0462	0.0490	0.0496	0.0681
初灵信息	0.0293	0.0292	0.0313	0.0381	0.0401	0.0402	0.0384	0.0476
金信诺	0.0536	0.0583	0.0799	0.0917	0.1021	0.1079	0.1113	0.0589
佳创视讯	0.0310	0.0295	0.0305	0.0310	0.0346	0.0357	0.0383	0.0348
华宇软件	0.0487	0.0540	0.0647	0.0832	0.0942	0.1098	0.1152	0.1947
海联讯	0.0251	0.0285	0.0298	0.0297	0.0247	0.0245	0.0235	0.0309
富春股份	0.0263	0.0298	0.0326	0.0403	0.0419	0.0449	0.0447	0.0314
中际旭创	0.0443	0.0423	0.0446	0.0453	0.0456	0.1305	0.2183	0.0445
宜通世纪	0.0566	0.0595	0.0686	0.0786	0.0976	0.1224	0.1140	0.0554
邦讯技术	0.0316	0.0198	0.0321	0.0322	0.0231	0.0217	0.0175	0.0259
硕贝德	0.0337	0.0410	0.0578	0.0521	0.0870	0.0963	0.0782	0.0605
东土科技	0.0250	0.0258	0.0301	0.0380	0.0470	0.0526	0.0552	0.0308
中国联通	15.9151	17.2872	15.1338	13.2007	11.1921	10.4131	9.9999	14.9584
浙江富润	0.1026	0.0981	0.0888	0.0778	0.0760	0.1142	0.1365	0.1938
同方股份	1.4126	1.3151	1.3899	1.3829	1.1375	1.0144	0.8843	1.3098
永鼎股份	0.1146	0.0947	0.1624	0.1399	0.1384	0.1432	0.1456	0.0901
波导股份	0.1018	0.1113	0.1205	0.1287	0.1683	0.1010	0.0609	0.1173
大唐电信	0.4185	0.4850	0.4544	0.4467	0.3327	0.2040	0.1204	0.3424
凯乐科技	0.2003	0.1550	0.1383	0.2017	0.3912	0.6213	0.6306	0.1695
航天信息	0.9318	0.9739	1.0776	1.0981	1.0774	1.1599	0.9939	0.7493

续表

年份 简称	2012	2013	2014	2015	2016	2017	2018	2019
大恒科技	0.2577	0.2228	0.1980	0.1515	0.1344	0.1385	0.1418	0.2011
长江通信	0.0890	0.0834	0.0697	0.0532	0.0506	0.0378	0.0339	0.0811
精伦电子	0.0394	0.0409	0.0445	0.0452	0.0405	0.0411	0.0425	0.0470
华胜天成	0.3468	0.2966	0.2483	0.2536	0.2221	0.2333	0.2078	0.2530
金证股份	0.1334	0.1331	0.1431	0.1449	0.1709	0.1828	0.1916	0.2633
湘邮科技	0.0405	0.0327	0.0294	0.0320	0.0348	0.0352	0.0363	0.0397
亨通光电	0.5189	0.5232	0.5819	0.6824	0.8239	1.0196	1.2001	0.4605
烽火通信	0.5350	0.5458	0.5907	0.6720	0.7383	0.8282	0.8638	0.5594
中天科技	0.3955	0.4201	0.4888	0.8231	0.8974	1.0631	1.2021	0.3242
中国软件	0.2014	0.2047	0.2058	0.2104	0.2229	0.2264	0.1981	0.3245
恒生电子	0.0920	0.0988	0.1058	0.1384	0.1218	0.1355	0.1471	0.2244
信雅达	0.0738	0.0826	0.0890	0.0838	0.0899	0.0848	0.0772	0.0931
用友网络	0.3033	0.2885	0.2708	0.2545	0.2516	0.2843	0.3088	0.4611
方正科技	0.3573	0.3115	0.3748	0.3268	0.2875	0.2124	0.2161	0.2779
云赛智联	0.1062	0.0965	0.0989	0.1768	0.2018	0.1954	0.1899	0.2758
号百控股	0.1295	0.1166	0.1368	0.1744	0.1192	0.2267	0.1734	0.2231
东软集团	0.4629	0.4552	0.4411	0.4028	0.3499	0.3057	0.2825	0.3776
佳都科技	0.0560	0.1326	0.1325	0.1422	0.1327	0.1811	0.1796	0.2655
闻泰科技	0.1246	0.1752	0.1268	0.0770	0.5895	0.6835	0.6387	0.1095
浪潮软件	0.0852	0.0904	0.0987	0.1014	0.0993	0.0940	0.0865	0.1146
南京熊猫	0.2007	0.1904	0.2331	0.2233	0.2026	0.2114	0.2071	0.2218
东方通信	0.2359	0.2271	0.2274	0.2039	0.1158	0.1285	0.1193	0.2180
浙大网新	0.3275	0.3152	0.2671	0.2728	0.1895	0.1477	0.1475	0.2100
天津磁卡	0.0386	0.0404	0.0394	0.0390	0.0389	0.0402	0.0403	0.0417
鹏博士	0.1883	0.3606	0.3958	0.4093	0.3936	0.3433	0.2703	0.1599
宝信软件	0.2459	0.2247	0.2358	0.2112	0.1863	0.2069	0.2147	0.3632
华东电脑	0.3466	0.3439	0.3410	0.3293	0.2884	0.2922	0.2935	0.4238

参考文献

一、中文文献

（一）国内著作类

［1］白玉．知识价值链模型研究［M］．武汉大学、美国詹姆斯麦迪逊大学、美国科研出版社，2010．

［2］高鸿业．西方经济学（微观部分·第五版）［M］．北京：中国人民大学出版社，2011．

［3］郭亚军．综合评价理论、方法及应用［M］．北京：科学出版社，2007．

［4］胡大立．企业竞争力论［M］．北京：经济管理出版社，2001．

［5］江玉国．企业低碳竞争力评价研究——基于减排碳无形资产的视角［M］．北京：社会科学文献出版社，2019．

［6］金碚．中国企业竞争力报告［M］．北京：社会科学文献出版社，2013．

［7］经济合作与发展组织．以知识为基础的经济［M］．北京：机械工业出版社，1997．

［8］郎诵真，王曰芬等编著．竞争情报与企业竞争力［M］．北京：华夏出版社，2001．

［9］陆雄文．管理学大辞典［M］．上海：上海辞书出版社，2013．

［10］芮明杰，陈晓静，王国荣．公司核心竞争力培育［M］．上海：格致出版社，2008．

［11］杨瑞龙．企业理论：现代观点［M］．北京：中国人民大学出版社，2005．

（二）国外译著类

［1］［古希腊］柏拉图．柏拉图全集（第二卷）［M］．王晓朝，译．北京：人民出版社，2018．

［2］［美］鲁迪·拉各斯，丹·霍尔特休斯．知识优势：新经济时代市场制

胜之道［M］.吕巍和吴韵华，译.北京：机械工业出版社，2002.

　　［3］［美］迈克尔·希勒，［美］杜安·爱尔兰，［美］罗伯特·霍斯基森.战略管理：竞争与全球化（概念）（原书第12版）［M］.焦豪等，译.北京：机械工业出版社，2019.

　　［4］［德］马克思.资本论（第1卷）［M］.编译局，译.北京：人民出版社，1975.

　　［5］［美］彼得·德鲁克.知识管理［M］.杨开峰，译.北京：中国人民大学出版社，1999.

　　［6］［英］培根.培根论说文集［M］.北京：商务印书馆，2024.

　　［7］［美］维娜·艾莉.知识的进化［M］.刘民慧等，译.珠海：珠海出版社，1998.

　　［8］［美］约翰·杜威.民主主义与教育［M］.王承绪，译.北京：人民教育出版社，2011.

（三）学术期刊类

　　［1］鲍新中，张建斌，刘澄.基于粗糙集条件信息熵的权重确定方法［J］.中国管理科学，2009，17（3）.

　　［2］才国伟，邵志浩，徐信忠.企业和媒体存在合谋行为吗？——来自中国上市公司媒体报道的间接证据［J］.管理世界，2015（7）.

　　［3］蔡万刚，王艺霖，郑建国."互联网+"环境下考虑知识价值链的企业服务创新研究［J］.上海对外经贸大学学报，2016，23（2）.

　　［4］蔡跃洲，牛新星.中国信息通信技术产业的国际竞争力分析——基于贸易增加值核算的比较优势及技术含量测算［J］.改革，2021（4）.

　　［5］蔡跃洲，张钧南.信息通信技术对中国经济增长的替代效应与渗透效应［J］.经济研究，2015，50（12）.

　　［6］曹兴，杨威，彭耿等.企业知识状态属性与企业技术核心能力关系的实证研究［J］.中国软科学，2009（3）.

　　［7］岑瑜，郭洪晶，于丽英.企业知识竞争力的内涵及评价［J］.经济论坛，2008（3）.

　　［8］陈海秋.企业竞争力的评价方法与指标体系研究述评［J］.学海，2004（1）.

　　［9］陈建校，方静.企业知识竞争力的演进路径与价值链管理模型［J］.中国科技论坛，2009（10）.

　　［10］陈双双，赵永乐，王芳.江苏省环境竞争力时空演变研究——基于静

态和动态双重评价分析 [J]. 华东经济管理, 2017, 31 (9).

[11] 陈伟, 潘莉颖, 林超然. 基于典型相关分析法的知识密集型制造业竞争力研究 [J]. 学习与探索, 2021 (3).

[12] 陈啸. 对专利授权的重新审视——基于经济学视角的分析 [J]. 知识产权, 2016 (11).

[13] 陈志斌, 王诗雨. 产品市场竞争对企业现金流风险影响研究——基于行业竞争程度和企业竞争地位的双重考量 [J]. 中国工业经济, 2015 (3).

[14] 程翔, 张瑞, 张峰. 科技金融政策是否提升了企业竞争力? ——来自高新技术上市公司的证据 [J]. 经济与管理研究, 2020, 41 (8).

[15] 董会忠, 张峰, 宋晓娜. 基于正态云模型的科技创新与区域竞争力动态关联评价 [J]. 科技进步与对策, 2015, 32 (15).

[16] 董小英. 知识优势的理论基础与战略选择 [J]. 北京大学学报 (哲学社会科学版), 2004, 41 (4).

[17] 杜小武, 黄希. 新疆石油天然气产业竞争力的动态评价——基于 Markov 链分析法 [J]. 统计与信息论坛, 2010, 25 (7).

[18] 方福前, 祝灵敏. 人口结构、人力资本结构与经济增长 [J]. 经济理论与经济管理, 2013 (8).

[19] 傅超, 王靖懿, 傅代国. 从无到有, 并购商誉是否夸大其实? ——基于 A 股上市公司的经验证据 [J]. 中国经济问题, 2016 (6).

[20] 傅晓霞, 吴利学. 技术差距、创新路径与经济赶超——基于后发国家的内生技术进步模型 [J]. 经济研究, 2013, 48 (6).

[21] 高武, 罗宇岑. 基于模糊层次法的房地产企业知识竞争力评价 [J]. 湖南城市学院学报, 2013, 34 (5).

[22] 高新亚, 邹珊刚. 知识测度的思考 [J]. 自然辩证法研究, 2000, 16 (2).

[23] 顾乃康. 现代企业理论的新发展: 企业知识理论 [J]. 经济学动态, 1997 (11).

[24] 郭兵, 罗守贵. 基于效率视角的亚太地区知识竞争力研究——来自亚太 33 个地区的实证分析 [J]. 科技管理研究, 2015, 35 (22).

[25] 郭淑娟, 辛安娜. 企业竞争力研究进展述评 [J]. 科技管理研究, 2011, 31 (5).

[26] 郭熙保, 罗知. 外资特征对中国经济增长的影响 [J]. 经济研究, 2009, 44 (5).

[27] 郭亚军，姚远，易平涛. 一种动态综合评价方法及应用 [J]. 系统工程理论与实践，2007（10）.

[28] 韩东林，胡姗姗，方明英. 基于灰色关联的区域知识竞争力实证研究——以安徽省为例 [J]. 中国科技论坛，2012（10）.

[29] 何玮. 我国大中型工业企业研究与开发费用支出对产出的影响——1990—2000 年大中型工业企业数据的实证分析 [J]. 经济科学，2003（3）.

[30] 何玉梅，罗巧，朱筱薇. 环境规制、生态创新与企业竞争力——基于矿产资源企业数据的分析 [J]. 商业研究，2018（3）.

[31] 侯经川，钱文荣，黄祖辉. 比较利益的分配法则——经济竞争力的决定机制研究 [J]. 经济研究，2007，42（10）.

[32] 侯经川，周露. 基于"贸易-投资-货币"三维视角的国家竞争力测度与提升策略研究 [J]. 中国软科学，2016（1）.

[33] 胡永宏. 对统计综合评价中几个问题的认识与探讨 [J]. 统计研究，2012，29（1）.

[34] 黄凯南，乔元波. 产业技术与制度的共同演化分析——基于多主体的学习过程 [J]. 经济研究，2018，53（12）.

[35] 黄蔚，汤湘希. 商誉后续计量方法改进是否应该重新考虑引入摊销？——基于合并商誉本质的实证分析 [J]. 经济问题探索，2018（8）.

[36] 霍彬，徐茸茸. 新疆农业产业化龙头企业知识竞争力评价 [J]. 北方园艺，2014（16）.

[37] 贾俊生，伦晓波，林树. 金融发展、微观企业创新产出与经济增长——基于上市公司专利视角的实证分析 [J]. 金融研究，2017（1）.

[38] 贾生华，邬爱其. 企业成长的知识结构模型及其启示 [J]. 科研管理，2003（2）.

[39] 江玉国，淳伟德. 一种动态评价法在钢铁企业低碳竞争力评价中的应用 [J]. 运筹与管理，2018，27（12）.

[40] 蒋廉雄，冯睿，朱辉煌等. 利用产品塑造品牌：品牌的产品意义及其理论发展 [J]. 管理世界，2012（5）.

[41] 金碚. 论企业竞争力的性质 [J]. 中国工业经济，2001（10）.

[42] 金碚. 企业竞争力测评的理论与方法 [J]. 中国工业经济，2003（3）.

[43] 金亮，郑本荣，胡浔. 专利授权合同设计与生产外包——基于企业社会责任的视角 [J]. 南开管理评论，2019，22（3）.

[44] 李海超，陈雪静，袁文蓉．我国 ICT 产业成长的影响因素分析 [J]．经济体制改革，2014（1）．

[45] 李剑鸣．自律的学术共同体与合理的学术评价 [J]．清华大学学报（哲学社会科学版），2014，29（4）．

[46] 李健，赵澄谋．知识价值链研究现状分析 [J]．情报杂志，2012，31（2）．

[47] 李久平，顾新，王维成．知识链管理与知识优势的形成 [J]．情报杂志，2008（3）．

[48] 李琳，王足．我国区域制造业绿色竞争力评价及动态比较 [J]．经济问题探索，2017（1）．

[49] 李民，姚建明，吴阳．基于"资源—能力—市场"框架的煤电联营模式下煤炭企业竞争力评价研究 [J]．工业技术经济，2018，37（10）．

[50] 李其玮，顾新，赵长轶．产业创新生态系统知识优势的内涵、来源与形成 [J]．科学管理研究，2016，34（5）．

[51] 李其玮，顾新，赵长轶．影响因素、知识优势与创新绩效——基于产业创新生态系统视角 [J]．中国科技论坛，2018（7）．

[52] 李伟．基于演化视角的竞争力形成过程特征分析 [J]．经济师，2006（9）．

[53] 李文博，郝云宏．企业知识竞争力的关键影响因素：浙江情境下的实证研究 [J]．软科学，2009，23（6）．

[54] 李旭辉，彭勃，程刚．长江经济带人工智能产业发展动态评价及系统协调度研究 [J]．统计与信息论坛，2020，35（1）．

[55] 李艳艳，谢阳群，朱晓铭．知识管理与企业核心竞争力研究 [J]．情报理论与实践，2012，35（6）．

[56] 李长玲．知识价值链模型及其分析 [J]．现代情报，2005（7）．

[57] 梁莱歆，张焕凤．高科技上市公司 R&D 投入绩效的实证研究 [J]．中南大学学报（社会科学版），2005，11（2）．

[58] 林善浪，王健．区域知识竞争力及其评价指标体系研究 [J]．科技进步与对策，2008（2）．

[59] 林寿富．泛珠三角区域经济竞争力动态评价比较研究 [J]．东南学术，2015（2）．

[60] 刘汉民，齐宇，解晓晴．股权和控制权配置：从对等到非对等的逻辑——基于央属混合所有制上市公司的实证研究 [J]．经济研究，2018，53

(5).

　　[61] 刘恒军，熊秉群，常胜毅等. 中国 ICT 产业发展策略分析 [J]. 移动通信，2006 (8).

　　[62] 刘晋飞. 制造业跨境电商企业竞争力的指标体系构建与评估 [J]. 改革，2018 (5).

　　[63] 柳卸林，高雨辰，丁雪辰. 寻找创新驱动发展的新理论思维——基于新熊彼特增长理论的思考 [J]. 管理世界，2017 (12).

　　[64] 罗德明. "干中学" 理论评述 [J]. 科研管理，1997 (1).

　　[65] 马春光. 跨国公司产业价值链转型对我国制造企业的启示 [J]. 管理世界，2004 (12).

　　[66] 马璐. 基于知识结构竞争优势的企业成长 [J]. 中国流通经济，2004 (10).

　　[67] 马淑文. 企业知识结构与知识创新关系研究 [J]. 科技进步与对策，2007 (12).

　　[68] 潘雄锋，刘清，彭晓雪. 基于全局熵值法模型的我国区域创新能力动态评价与分析 [J]. 运筹与管理，2015，24 (4).

　　[69] 齐昕，张军，金莉娜. 组织双元性学习与企业竞争优势——基于多项式回归与响应面分析 [J]. 软科学，2018，32 (6).

　　[70] 秦辉. 民营企业竞争力演化的主导能力实证研究 [J]. 统计研究，2005 (2).

　　[71] 芮明杰，李鑫，任红波. 高技术企业知识创新模式研究——对野中郁次郎知识创造模型的修正与扩展 [J]. 外国经济与管理，2004 (5).

　　[72] 盛小平. 面向企业核心竞争力的知识价值链研究 [J]. 图书情报工作，2007 (7).

　　[73] 石宝峰，何继欣，胡振等. 中国上市券商竞争力评价——基于时序动态组合赋权评价模型 [J]. 金融论坛，2018，23 (2).

　　[74] 石磊，马士国. 专利保护期限设置的技术经济分析 [J]. 数量经济技术经济研究，2005 (12).

　　[75] 宋曼祺，徐一旻，吕伟等. 政用产学研战略联盟知识价值链的研究 [J]. 软科学，2018，32 (2).

　　[76] 唐剑，杨汉兵. 演化博弈视角下的企业竞争力发展机制及路径研究 [J]. 云南财经大学学报，2012，28 (1).

　　[77] 陶锐. 基于知识增值过程的企业知识价值链研究 [J]. 科学决策，

2009 (5).

[78] 王国华，陈敬贤，梁樑. 基于协商均衡的企业竞争力系统评价研究 [J]. 现代管理科学，2014 (7).

[79] 王宏伟. 信息产业与中国经济增长的实证分析 [J]. 中国工业经济，2009 (11).

[80] 王江. 企业动态知识竞争力及其识别系统 [J]. 科学学研究，2008 (2).

[81] 王昆，宋海洲. 三种客观权重赋权法的比较分析 [J]. 技术经济与管理研究，2003 (6).

[82] 王启超，刘旭俐，刘敏榕. 基于组合评价的高校专利竞争力研究——以福建省本科高校为例 [J]. 情报科学，2020, 38 (1).

[83] 王树祥，张明玉，王杰群. 生产要素的知识属性与知识价值链研究 [J]. 中国软科学，2014 (4).

[84] 王文军，袁翀. 社会科学学术论文生产力评价的新视角——C～(100) 指数的理念、构建方法及其初步测试 [J]. 山东社会科学，2015 (2).

[85] 王洋，于君. 区域数字经济竞争力评价体系研究 [J]. 竞争情报，2020, 16 (5).

[86] 魏国伟，狄浩林. 新零售企业竞争力评价指标体系研究 [J]. 经济问题，2018 (6).

[87] 魏瑞斌，武夷山. 国内知识测度研究的文献计量分析 [J]. 情报杂志，2012, 31 (7).

[88] 吴翔，臧良运. 中小企业竞争力评价指标体系与评价方法的选择 [J]. 东北电力大学学报，2006, 26 (4).

[89] 肖曙光，周勃. 基于进化生物学启示的企业知识创新探究 [J]. 软科学，2007 (1).

[90] 谢德仁，郑登津，崔宸瑜. 控股股东股权质押是潜在的"地雷"吗？——基于股价崩盘风险视角的研究 [J]. 管理世界，2016 (5).

[91] 徐莉萍，辛宇，陈工孟. 股权集中度和股权制衡及其对公司经营绩效的影响 [J]. 经济研究，2006 (1).

[92] 徐一萍. 长三角地区高新技术产业竞争力的动态评价——基于2004—2010年面板数据的实证分析 [J]. 科技与经济，2012, 25 (2).

[93] 徐勇. 企业知识优势的丧失过程与维持机理分析 [J]. 学术研究，2004 (5).

[94] 许方球，马辉. 基于 FAHP 的企业知识竞争力综合评价 [J]. 学术交流，2010 (4).

[95] 许崴. 试论知识生产的构成要素与特点 [J]. 南方经济，2005 (12).

[96] 许照成，侯经川. 创新投入、竞争战略与企业绩效水平——基于中国制造业上市公司的实证分析 [J]. 现代财经（天津财经大学学报），2019，39 (9).

[97] 许照成，侯经川. 知识优势对企业竞争力的作用机理研究 [J]. 科技管理研究，2020，40 (21).

[98] 许照成，侯经川. 知识与企业竞争力的定量关系研究 [J]. 工业技术经济，2020，39 (12).

[99] 许照成，侯经川. 企业知识竞争力评价的理论、方法与实证研究 [J]. 工业技术经济，2022，41 (08).

[100] 薛捷，张振刚. 外部知识整合能力对绿色企业竞争力的影响 [J]. 科学学与科学技术管理，2016，37 (4).

[101] 闫世刚. 基于层次分析-模糊综合评价的北京市新能源产业竞争力研究 [J]. 科技管理研究，2017，37 (7).

[102] 杨雷，漆国怀. 基于 ELECTRE-Ⅲ 和区间直觉模糊集的制造企业竞争力评价 [J]. 科技管理研究，2016，36 (22).

[103] 杨林，段牡钰，刘娟等. 高管团队海外经验、研发投入强度与企业创新绩效 [J]. 科研管理，2018，39 (6).

[104] 杨小凯. 企业理论的新发展 [J]. 经济研究，1994 (7).

[105] 杨仲山，屈超. 对信息经济测度中"知识测度"方法的思考 [J]. 统计研究，2009，26 (2).

[106] 姚国琴. 知识竞争力与世界知识经济格局 [J]. 学习论坛，2002 (6).

[107] 姚艳虹，欧阳雪，周惠平. 开放式创新、知识动态能力与企业竞争力的关系研究——伙伴机会主义的调节作用 [J]. 软科学，2017，31 (7).

[108] 易平涛，周义，郭亚军等. 一种体现发展趋势的动态综合评价方法 [J]. 运筹与管理，2016，25 (6).

[109] 应力，钱省三. 企业知识体系分析 [J]. 研究与发展管理，2001 (5).

[110] 余鹏，马珩，周福礼. 基于级差最大化组合赋权 TOPSIS 灰关联投影法的区域碳效率动态评价 [J]. 运筹与管理，2019，28 (12).

[111] 余维新，熊文明．创新网络非正式治理对知识优势形成的影响研究——知识活性视角 [J]．软科学，2021，35（2）．

[112] 余祖德．基于价值链分析的我国制造企业知识竞争力的比较研究 [J]．企业经济，2010（10）．

[113] 余祖德．基于知识转化 SECI 模型的制造企业竞争力的提升及其实证研究 [J]．软科学，2011，25（8）．

[114] 喻登科，邓群钊．DEA 方法应用的若干思考 [J]．现代管理科学，2012（10）．

[115] 岳立柱，许可，施光磊．指标无量纲化的性质分析与方法选择 [J]．统计与信息论坛，2020，35（6）．

[116] 詹敏，廖志高，徐玖平．线性无量纲化方法比较研究 [J]．统计与信息论坛，2016，31（12）．

[117] 张川蕾．中国区域知识竞争力的综合评价及对策建议 [J]．国际经济合作，2008（4）．

[118] 张峰，黄玖立，王睿．政府管制、非正规部门与企业创新：来自制造业的实证依据 [J]．管理世界，2016（2）．

[119] 张怀富，陶永宏，盛永祥．造船企业竞争力评价指数——基于范数灰关联度确定权重与动态功效系数法 [J]．科技管理研究，2019，39（3）．

[120] 张继良．基于可比价格的长三角城市综合经济动态竞争力评价 [J]．产业经济研究，2009，41（4）．

[121] 张江甫，顾新．基于动态能力的企业知识流动：理论模型与实证研究 [J]．情报科学，2016，34（4）．

[122] 张进财，左小德．企业竞争力评价指标体系的构建 [J]．管理世界，2013（10）．

[123] 张军，许庆瑞．企业知识积累与创新能力演化间动态关系研究——基于系统动力学仿真方法 [J]．科学学与科学技术管理，2015，36（1）．

[124] 张省，顾新，张江甫．基于动态能力的知识链知识优势形成：理论构建与实证研究 [J]．情报理论与实践，2012，35（11）．

[125] 张卫华，赵铭军．指标无量纲化方法对综合评价结果可靠性的影响及其实证分析 [J]．统计与信息论坛，2005，20（3）．

[126] 张璇，刘贝贝，汪婷等．信贷寻租、融资约束与企业创新 [J]．经济研究，2017，52（5）．

[127] 赵付春，冯臻．社交媒体对企业知识竞争力的影响——基于小米公

司的案例研究 [J]. 科学学与科学技术管理, 2016, 37 (6).

[128] 赵子夜, 杨庆, 陈坚波. 通才还是专才: CEO 的能力结构和公司创新 [J]. 管理世界, 2018, 34 (2).

[129] 郑景丽. 知识管理过程提升企业竞争力的作用机制研究 [J]. 现代管理科学, 2011 (7).

[130] 郑军. 企业边界与企业能力的共同演化模型 [J]. 统计与决策, 2008 (22).

[131] 周建, 方刚, 刘小元. 制度环境、公司治理对企业竞争优势的影响研究——基于中国上市公司的经验证据 [J]. 南开管理评论, 2009, 12 (5).

[132] 周五七. 长三角城市制造业竞争力动态评价研究 [J]. 经济问题探索, 2018 (4).

[133] 周霞, 李坤泽, 吴虹霞. 论中国地区知识竞争力评价指标体系的构建 [J]. 科技管理研究, 2008, 28 (11).

[134] 邹樵, 肖世妹. 基于 AHP 的文化创意产业竞争力评价指标体系设计 [J]. 统计与决策, 2017 (24).

（四）学位论文

[1] 蔡维睿. 基于 E-Topsis 的汽车整车制造业上市公司竞争力评价 [D]. 南昌. 南昌大学, 2016.

[2] 曹如中. 城市知识竞争力决定因素评价的理论与方法研究 [D]. 上海. 东华大学, 2008.

[3] 曾尹. 基于汽车企业碳无形资产识别、测度、演化的低碳竞争力动态评价 [D]. 成都. 西南交通大学, 2018.

[4] 范诗婕. 我国 ICT 产业国际竞争力测度及影响因素研究 [D]. 哈尔滨. 哈尔滨工程大学, 2013.

[5] 何真. 区域碳生产率测度及影响因素研究 [D]. 广州. 华南理工大学, 2018.

[6] 姜辉. 基于知识价值链的高新技术企业核心竞争力评价研究 [D]. 哈尔滨. 哈尔滨工程大学, 2012.

[7] 具惠善. 技术创新对贸易绩效的影响 [D]. 北京. 对外经济贸易大学, 2018.

[8] 李淑娟. 基于知识价值链的装备制造企业知识管理模式研究 [D]. 哈尔滨. 哈尔滨理工大学, 2015.

[9] 刘永团. 地勘企业竞争能力评价研究 [D]. 北京. 中国地质大学（北

京），2020.

［10］申皓然. ICT 产业全球价值链地位测度及攀升机制探究［D］. 大连.
东北财经大学，2019.

［11］汤岳利. 基于知识价值链的中国微车行业专利战略研究［D］. 武汉.
武汉理工大学，2013.

［12］杨刚. 基于因子分析的徽商银行竞争力实证［D］. 南京. 南京邮电大
学，2020.

［13］赵婷婷. 中国产业集群对区域创新能力的影响研究［D］. 长春. 吉林
大学，2020.

［14］赵志伟. 中小企业成长性评价理论方法及其应用研究［D］. 天津财经
大学，2018.

二、英文文献

（一）著作类

［1］Adizes I K. *Corporate Lifecycles：How and Why Corporations Grow and Die and What to Do About It*［M］. New Jersey：Prentice Hall，1989.

［2］Bain J S. *Barriers to new competition*［M］. Cambridge，MA：Harvard University Press，1956.

［3］Barney J B，Hesterly W S. *Strategic Management and Competitive Advantage：Concepts and Cases*（*6th Edition*）［M］. New Jersey：Pearson Education Inc，2018.

［4］Becker G S. *Human capital*［M］. New York：Columbia University Press，1964.

［5］Chamberlin E H. *The Theory of Monopolistic Competition*［M］. Cambridge：Harvard University Press，1933.

［6］Chamberlin E H. *The theory of monopolistic competition：a re-orientation of the theory of value*［M］. Cambridge：Harvard University Press，1933.

［7］Cyert R M，March J G. *A behavioral theory of the firm*［M］. Englewood Cliffs，N. J.：Prentice-Hall，1963.

［8］Gardner H. *Frames of Mind：The Theory of Multiple Intelligences*［M］. New York：Basic Books，1983.

［9］Hamel G，Heene A. *Competence-based competition*［M］. New York：John Wiley & Sons Ltd.，1994.

［10］Hofer C W，Schendel D. *Strategy formulation：analytical concepts*［M］.

Saint Paul（Conn.）：West publishing co.，1978.

[11] Holsapple C，Jones K，Singh M. *Linking Knowledge to Competitiveness*：*Knowledge Chain Evidence and Extensions* [M]. Hershey：Idea Group Publishing，2006.

[12] Leonard–Barton D. *Wellsprings of knowledge*：*building and sustaining the sources of innovation* [M]. Boston：Harvard Business School Press，1995.

[13] Machlup F. *Knowledge*：*Its Creation*，*Distribution*，*and Economic Significance*，*Vol.*1 [M]. New Jersey：Princeton University Press，1980.

[14] Marshall A. *Principles of economics* [M]. London：Macmillan，1890.

[15] Metcalfe S. *Science*，*Technology and Innovation Policy in Ganeshan Wignaraja*，*Competitiveness Analysis and Strategy*，*Competitiveness Strategy in Developing Countries* [M]. henley media group ltd，in association with the Commonwealth Secretariat，2003.

[16] Nelson R R，Winter S. *An evolutionary theory of economic change* [M]. Massachusetts Cambridge：Harvard University Press，1982.

[17] Penrose E T. *The theory of the growth of the firm* [M]. Oxford：Oxford University Press，1959.

[18] Penrose E T. *The theory of the growth of the firm* [M]. Oxford：Oxford University Press，1995.

[19] Polanyi M. *Personal knowledge*：*towards a post–critical philosophy* [M]. Chicago，IL：University of Chicago Press，1958.

[20] Polanyi M. *The Tacit Dimension* [M]. London：Doubleday & Company，Inc.，1966.

[21] Porter M E. *Competitive advantage* [M]. New York：Free Press，1985.

[22] Porter M E. *The Competitive Advantage of Nations* [M]. New York：The Free Press，1990.

[23] Porter M E. *Competitive Strategy* [M]. New York：Free Press，1980.

[24] Ricardo D. *The principal of political economy and taxation* [M]. London：Guernsey Press，1817.

[25] Say J B. *A treatise on political economy* [M]. Philadelphia：Lippincott，Grambo & Co，1803.

[26] Schumpeter J A. *The theory of economic development* [M]. Cambridge Mass：Harvard University Press，1912.

[27] Selznick P. *Leadership in Administration*: *A Sociological Interpretation* [M]. Berkeley: University of California Press, 1957.

[28] Simpson J A, Weiner E S C. *Oxford English Dictionary* [M]. Oxford: Claredon Press, 1989.

[29] Smith A. *The Wealth of Nations* [M]. London: W. Strahan and T. Cadell, 1776.

[30] Spence A M, Hazard H A. *International Competitiveness* [M]. U S: Ballinger Publishing Company, 2002.

[31] Spender J – C. *Industry Recipes*: *The Nature and Sources of Managerial Judgment* [M]. Oxford: Blackwell, 1989.

[32] Warren K. *Competitive Strategy Dynamics* [M]. Wiley Chichester, 2002.

[33] Weggeman M. *Kennis management*: *inrichting en besturing van kennis intensieve organisaties* [M]. Schiedam: Scriptum, 1997.

（二）学术期刊类

[1] Agarwal R, Audretsch D, Sarkar M B. Knowledge Spillovers and Strategic Entrepreneurship [J]. *Strategic Entrepreneurship Journal*, 2010, 4 (4).

[2] Agarwal R, Hoetker G. A Faustian bargain? The growth of management and its relationship with related disciplines [J]. *Academy of Management Journal*, 2007, 50 (6).

[3] Aghion P, Howitt P. A model of growth through creative destruction [J]. *Econometrica*, 1992, 60 (2).

[4] Ahuja G, Katila R. Where Do Resources Come From? The Role of Idiosyncratic Situations [J]. *Strategic Management Journal*, 2004, 25 (8/9).

[5] *Aiginger K. A framework for evaluating the dynamic competitiveness of countries* [J]. Structural Change and Economic Dynamics, 1998, 9 (2).

[6] *Alchian A A, Demsetz H. Production, information costs, and economic organization* [J]. American Economic Review, 1972, 62 (2).

[7] *Allard S, Holsapple C W. Knowledge management as a key for e – business competitiveness*: *From the Knowledge Chain to KM audits* [J]. Journal of Computer Information Systems, 2002, 42 (5).

[8] *Andreeva T, Kianto A. Does knowledge management really matter? Linking knowledge management practices, competitiveness and economic performance* [J]. Journal of Knowledge Management, 2012, 16 (4).

[9] Arrow K J. The economic implications of learning by doing [J]. *The Review of Economic Studies*, 1962, 29 (3).

[10] *Arrow K J, Chenery H B, Minhas B S et al. Capital-Labor Substitution and Economic Efficiency* [J]. The Review of Economics and Statistics, 1961, 43 (3).

[11] *Audretsch D B. The Entrepreneurial Society* [J]. Journal of Technology Transfer, 2009, 34 (3).

[12] *Audretsch D B, Thurik A R. What's New About the New Economy? Sources of Growth in the Managed and Entrepreneurial Economies* [J]. Journal of Industrial and Corporate Change, 2001, 10 (1).

[13] Barney J B. Firm resources and sustained competitive advantage [J]. *Journal of Management*, 1991, 17 (1).

[14] *Barney J B. Organizational Culture: Can It Be a Source of Sustained Competitive Advantage?* [J]. Academy of Management Review, 1986, 11 (3).

[15] Bertels T, Savage C M. A research agenda for the knowledge era: the tough questions [J]. *Knowledge and Process Management*, 1999, 6 (4).

[16] Bloodgood J M. Knowledge acquisition and firm competitiveness: the role of complements and knowledge source [J]. *Journal of Knowledge Management*, 2019, 23 (1).

[17] *Caiazza R, Richardson A, Audretsch D. Knowledge effects on competitiveness: from firms to regional advantage* [J]. Journal of Technology Transfer, 2015, 40 (6).

[18] *Cao Y H, You J X, Shi Y J et al. Evaluation of Automobile Manufacturing Enterprise Competitiveness from Social Responsibility Perspective* [J]. Problemy Ekorozwoju, 2016, 11 (2).

[19] Carayannis E, Grigoroudis E. Linking innovation, productivity, and competitiveness: Implications for policy and practice [J]. *The Journal of Technology Transfer*, 2014, 39 (2).

[20] Carlucci D, Marr B, Schiuma G. The knowledge value chain: how intellectual capital impacts on business performance [J]. *International Journal of Technology Management*, 2004, 27 (6-7).

[21] Chueng N S. The contractural nature of the firm [J]. *Journal of Law and Economics*, 1983, 26 (1).

[22] Coase R H. The nature of the firm [J]. *Prentice Hall*, 1937 (4).

[23] Cobb C W, Douglas P H. A Theory of Production [J]. *American*

Economic Review, 1928, 18 (Supplement).

[24] Collis D J, Montgomery C A. Competing on resources: strategy in the 1990s [J]. *Harvard Business Review*, 1995, 73 (4).

[25] Conner K R. A historical comparison of resource – based theory and five schools of thought within industrial organization economics: do we have a new theory of the firm? [J]. *Journal of Management*, 1991, 17 (1).

[26] Cowan R, Jonard N. Network structure and the diffusion of knowledge [J]. *Journal of Economic Dynamics & Control*, 2004, 28 (8).

[27] Demsetz H. Theory of the firm revisited [J]. *Journal of Law, Economics, and Organization*, 1988, 4 (1).

[28] Dierickx I, Cool K. Asset stock accumulation and sustainability of competitive advantage [J]. *Management Science*, 1989, 35 (12).

[29] Drucker P F. The coming of the new organization [J]. *Harvard Business Review*, 1988, 66 (1).

[30] Ermine J L. A Knowledge Value Chain for Knowledge Management [J]. *Journal of Knowledge & Communication Management*, 2013, 3 (3).

[31] Flannery M J, Rangan K P. Partial adjustment toward target capital structures [J]. *Journal of Financial Economics*, 2006, 79 (3).

[32] Francis A. The Process of National Industrial Regeneration and Competitiveness [J]. *Strategic Management Journal*, 1992, 13 (S2).

[33] Georghiou L G, Metcalfe J S. Evaluation of the Impact of European Community Research Programs Upon Industrial Competitiveness [J]. *R & D Management*, 1993, 23 (2).

[34] Goncalves J M, Ferreira F A F, Ferreira J J M et al. A multiple criteria group decision-making approach for the assessment of small and medium-sized enterprise competitiveness [J]. *Management Decision*, 2019, 57 (2).

[35] Gorodnichenko Y, Schnitzer M. Financial Constrains and Innovation: Why Poor Countries Don't Catch Up [J]. *Journal of the European Economic Association*, 2013, 11 (5).

[36] Grant R M. Toward a knowledge-based theory of the firm [J]. *Strategic Management Journal*, 1996, 17 (Winter Special Issue).

[37] Gregory A J, Jackson M C. Evaluation Methodologies: A System for Use [J]. *Journal of the Operational Research Society*, 1992, 43 (1).

［38］ Greunz L. Geographically and technologically mediated knowledge spillovers between european regions ［J］. *The Annals of Regional Science*, 2003, 37 (4).

［39］ Griliches Z. Issues in assessing the contribution of research and development to productivity growth ［J］. *The Bell Journal of Economics*, 1979, 10 (1).

［40］ Grossman S J, Hart O D. The costs and benefits of ownership: A theory of vertical and lateral integration ［J］. *Journal of Political Economy*, 1986, 94 (4).

［41］ Guan F, Liu C, Xie F et al. Evaluation of the Competitiveness of China's Commercial Banks Based on the G-CAMELS Evaluation System ［J］. *Sustainability*, 2019, 11 (6).

［42］ Gustavsson P, Hansson P, Lundberg L. Technology, resource endowments and international competitiveness ［J］. *European Economic Review*, 1999, 43 (8).

［43］ Halilem N, Bertrand C, Cloutier J S et al. The knowledge value chain as an SME innovation policy instrument framework: an analytical exploration of SMEs public innovation support in OECD countries ［J］. *International Journal of Technology Management*, 2012, 58 (3-4).

［44］ Hart O, Moore J. Property rights and the nature of the firm ［J］. *Journal of Political Economy*, 1990, 98 (6).

［45］ Hayek F A. Economics and knowledge ［J］. *Economica IV (new ser)*, 1937, 4 (13).

［46］ Hedlund G. A Model of Knowledge Management and the N - Form Corporation ［J］. *Strategic Management Journal*, 1994, 15 (Special Issue).

［47］ Henderson R, Cockburn I. Measuring Competence? Exploring Firm Effects in Pharmaceutical Research ［J］. *Strategic Management Journal*, 1994, 15 (Supplement S1).

［48］ Holsapple C, Jones K. Exploring secondary activities of the knowledge chain ［J］. *Knowledge and Process Management*, 2005, 12 (1).

［49］ Holsapple C W, Joshi K D. Knowledge manipulation activities: results of a Delphi study ［J］. *Information & Management*, 2002, 39 (6).

［50］ Holsapple C W, Singh M. The knowledge chain model: activities for competitiveness ［J］. *Expert Systems with Applications*, 2001, 20 (1).

［51］ Hough J R. Business segment performance redux: A multilevel approach ［J］. *Strategic Management Journal*, 2006, 27 (1).

［52］ Ivanova M, Varyanichenko O, Sannikova S et al. Assessment of the competitiveness of enterprises [J]. *Economic Annals-Xxi*, 2018, 173 (9-10).

[53] Jaffe A B. Real effects of academic research [J]. *The American Economic Review*, 1989, 79 (5).

[54] Jiang X, Bao Y C, Xie Y et al. Partner trustworthiness, knowledge flow in strategic alliances, and firm competitiveness: A contingency perspective [J]. *Journal of Business Research*, 2016, 69 (2).

[55] Jiang Y G, Zhang J, Asante D et al. Dynamic evaluation of low-carbon competitiveness (LCC) based on improved Technique for Order Preference by similarity to an Ideal Solution (TOPSIS) method: A case study of Chinese steelworks [J]. *Journal of Cleaner Production*, 2019, 217 (4).

[56] Kaplan R S, Norton D P. The Balanced Scorecard - Measures That Drive Performance [J]. *Harvard Business Review*, 1992, 70 (1).

[57] Keller K L. Brand synthesis: the multidimensionality of brand knowledge [J]. *Journal of Consumer Research*, 2003, 29 (4).

[58] Kim J K, Lee B S. The Impact of Knowledge Management and Localization Activity on Global Competitiveness [J]. *Journal of Korea Trade*, 2015, 19 (3).

[59] Kogut B, Zander U. Knowledge of the Firm, Combinative Capabilities, and the Replication of Technology [J]. *Organization Science*, 1992, 3 (3).

[60] Lane P J, Koka B. A thematic analysis and critical assessment of absorptive capacity research [J]. *Academy of Management Proccedings*, 2002, 1 (8).

[61] Laureiro-Martinez D, Brusoni S, Canessa N et al. Understanding the exploration-exploitation dilemma: An fMRI study of attention control and decision - making performance [J]. *Strategic Management Journal*, 2015, 36 (3).

[62] Lee C C, Yang J. Knowledge value chain [J]. *Journal of Management Development*, 2000, 19 (9).

[63] Lee M, Son B, Lee H. Measuring R&D Effectiveness in Korean Companies [J]. *Research-Technology Management*, 1996, 39 (6).

[64] Leonard-Barton D. Core capabilities and core rigidities: a paradox in managing new product development [J]. *Strategic Management Journal*, 1992, 13 (Summer 1).

[65] Leontief W W. Quantitative input and output relations in the economic system of the United States [J]. *The Review of Economic and Statistics*, 1936, 18

(3).

[66] Li H T, Wang F F. Research on Dynamic Evaluation of Competitiveness of Listed Companies Based on Econometric Model [J]. *Journal of Chongqing University of Technology (Natural Science)*, 2016, 30 (12).

[67] Li L X. An Analysis of Sources of Competitiveness and Performance of Chinese Manufacturers [J]. *International Journal of Operations & Production Management*, 2000, 20 (3).

[68] Li W, Wang Y. Dynamic evaluation of logistics enterprise competitiveness based on machine learning and improved neural network [J]. *Journal of Ambient Intelligence and Humanized Computing*, 2021.

[69] Liebeskind J P. Knowledge, strategy, and the theory of the firm [J]. *Strategic Management Journal*, 1996, 17 (Winter Special Issue).

[70] Lucas R E. On the mechanics of economic development [J]. *Journal of Monetary Economics*, 1988, 22 (1).

[71] Ma F M, Guo Y J. Density – Induced Ordered Weighted Averaging Operators [J]. *International Journal of Intelligent Systems*, 2011, 26 (9).

[72] Mahdi O R, Nassar I A, Almsafir M K. Knowledge management processes and sustainable competitive advantage: An empirical examination in private universities [J]. *Journal of Business Research*, 2019, 94 (Jan.).

[73] Malecki E J. Knowledge and Regional Competitiveness [J]. *Erdkunde*, 2000, 54 (4).

[74] Maqsood T, Walker D, Finegan A. Extending the 'knowledge advantage': creating learning chains [J]. *The learning organization*, 2007, 14 (2).

[75] Marrocu E, Paci R, Usai S. Proximity, networking and knowledge production in Europe: what lessons for innovation policy [J]. *Technological Forecasting and Social Change*, 2013, 80 (8).

[76] Mason E S. Price and production policies of large–scale enterprise [J]. *American Economic Review*, 1939, 29 (1).

[77] Moustaghfir K. The dynamics of knowledge assets and their link with firm performance [J]. *Measuring Business Excellence*, 2008, 12 (2).

[78] Mun S–B, Nadiri M. Information Technology Externalities: Empirical Evidence from 42 U. S. Industries [J]. *NBER Working Papers*, No 9272, 2002.

[79] Nonaka L. A Dynamic Theory of Organizational Knowledge Creation [J].

Organization Science, 1994, 5 (1).

[80] Nonaka L. The knowledge – creating company [J]. *Harvard Business Review*, 1991, 69 (6).

[81] Nowacki R, Bachnik K. Innovations within knowledge management [J]. *Journal of Business Research*, 2016, 69 (5).

[82] Oliver C. Sustainable competitive advantage: Combining institutional and resource-based views [J]. *Strategic Management Journal*, 1997, 18 (9).

[83] Oral M,? zkan A O. An Empirical Study on Measuring Industrial Competitiveness [J]. *Journal of the Operational Research Society*, 1986, 37 (4).

[84] Peteraf M A. The cornerstones of competitive advantage: a resource-based view [J]. *Strategic Management Journal*, 1993, 14 (3).

[85] Peters B. Persistence of Innovation: Stylised Facts and Panel Data Evidence [J]. *The Journal of Technology Transfer*, 2009, 34 (2).

[86] Phelps C, Heidl R, Wadhwa A. Knowledge, Networks, and Knowledge Networks: A Review and Research Agenda [J]. *Journal of Management*, 2012, 38 (4).

[87] Porter M E. The Competitive Advantage of Nations [J]. *Harvard Business Review*, 1990, 68 (2).

[88] Porter M E. Towards a Dynamic Theory of Strategy [J]. *Strategic Management Journal*, 1991, 12 (S2).

[89] Posen H E, Yi S, Lee J. A contingency perspective on imitation strategies: when is 'benchmarking' ineffective? [J]. *Strategic Management Journal*, 2020, 41 (2).

[90] Prahalad C K, Hamel G. The core competency of the corporation [J]. *Harvard Business Review*, 1990, 68 (3).

[91] Prasetyo A H. What Drives International Competitiveness? An Empirical Test in Emerging Indonesian Market [J]. *Journal of Competitiveness*, 2016, 8 (4).

[92] Rakhmanova M S, Krukov V V. Trade Enterprise Competitiveness Estimation Model by Key Success Factor Determination [J]. *Amazonia Investiga*, 2019, 8 (21).

[93] Ramani S V, Mhamed A E, Carrère M. On estimation a knowledge production function at the firm and sector level using patent statistic [J]. *Research Policy*, 2008, 37 (9).

[94] Ranjan J. Study of sharing knowledge resources in business schools [J].

Learning Organization, 2011, 18 (2).

[95] Rodriguez-Montes J A. Knowledge identification and management in a surgery department [J]. *Cirugía Espaola*, 2006, 80 (2).

[96] Romer P M. Endogenous technological change [J]. *Journal of Political Economy*, 1990, 98 (5).

[97] Romer P M. Increasing returns and long-run growth [J]. *Journal of Political Economy*, 1986, 94 (5).

[98] Rosenbaum P R, Rubin D B. The central role of the propensity score in observational studies for causal effects [J]. *Biometrika*, 1983, 70 (1).

[99] Ross S A. The economic theory of agency: the principal's problem [J]. *American Economic Review*, 1973, 63 (2).

[100] Rumelt R P. Diversification strategy and profitability [J]. *Strategic Management Journal*, 1982, 3 (4).

[101] Saarenketo S, Puumalainen K, Kuivalainen O et al. A knowledge-based view of growth in new ventures [J]. *European Business Review*, 2009, 21 (6).

[102] Shcherbakova N S, Nazarova Y A, Kirichenko O S et al. Evaluation of Gas Industry Competitiveness in the Foreign Market [J]. *International Journal of Energy Economics and Policy*, 2020, 10 (6).

[103] Siren C A, Kohtamaki M, Kuckertz A. Exploration and exploitation strategies, profit performance, and the mediating role of strategic learning: Escaping the exploitation trap [J]. *Strategic Entrepreneurship Journal*, 2012, 6 (1).

[104] Sirikrai S, Tang J. Industrial competitiveness analysis: Using the analytic hierarchy process [J]. *The Journal of High Technology Management Research*, 2006, 17 (1).

[105] Sokolova L V, Veriasova G M, Sokolov O E. Enterprise Competitiveness Evaluation: Theory and Graphic Support [J]. *Actual Problems of Economics*, 2011 (126).

[106] Sorensen J B, Stuart T E. Aging, obsolescence, and organizational innovation [J]. *Administrative Science Quarterly*, 2000, 45 (1).

[107] Spender J-C. Making knowledge the basis of a dynamic theory of the firm [J]. *Strategic Management Journal*, 1996, 17 (Special Issue).

[108] Srikanth K, Puranam P. The Firm as a Coordination System: Evidence from Software Services Offshoring [J]. *Organization Science*, 2014, 25 (4).

［109］ Stankov P. Banking Crises and Reversals in Financial Reforms ［J］. *Finance a Uver-Czech Journal of Economics and Finance*, 2018, 68 (5).

［110］ Szerb L. A magyar mikro-, kis és k? zépvállalatok versenyképességének mérése és vizsgálata ［J］. *Vezetéstudomány*, 2010, 41 (12).

［111］ Teece D J, Pisano G, Shuen A. Dynamic capabilities and strategic management ［J］. *Strategic Management Journal*, 1997, 18 (7).

［112］ Valimaki H, Niskanen A, Tervonen K et al. Indicators of innovativeness and enterprise competitiveness in the wood products industry in Finland ［J］. *Scandinavian Journal of Forest Research*, 2004, 19 (5).

［113］ Wang C L, Ahmed P K. The knowledge value chain: a pragmatic knowledge implementation network ［J］. *Handbook of Business Strategy*, 2005, 6 (1).

［114］ Wang H L, Zhao S, Chen G L. Firm-Specific Knowledge Assets and Employment Arrangements: Evidence from Ceo Compensation Design and Ceo Dismissal ［J］. *Strategic Management Journal*, 2017, 38 (9).

［115］ Wang H L, Zhao S, He J Y. Increase in Takeover Protection and Firm Knowledge Accumulation Strategy ［J］. *Strategic Management Journal*, 2016, 37 (12).

［116］ Wang X F, Yang X M, Wang X L et al. Evaluating the competitiveness of enterprise's technology based on LDA topic model ［J］. *Technology Analysis & Strategic Management*, 2020, 32 (2).

［117］ Wernerfelt B. A resource-based view of the firm ［J］. *Strategic Management Journal*, 1984, 5 (2).

［118］ Wilkinson I F, Mattsson L G, Easton G. International competitiveness and trade promotion policy from a network perspective ［J］. *Journal of World Business*, 2000, 35 (3).

［119］ Wink R. Restructuring European aeronautics SMEs: the role of formal examination knowledge ［J］. *International Journal of Technology Management*, 2010, 50 (3-4).

［120］ Wright T. Factors Affecting the cost of Airplanes ［J］. *Journal of the Aeronautical Sciences*, 1936, 3 (4).

［121］ Wu J F, Shanley M T. Knowledge stock, exploration, and innovation: Research on the United States electromedical device industry ［J］. *Journal of Business Research*, 2009, 62 (4).

［122］Yang D J, Chiu J Z. Apply knowledge management value chain perspective in new product development performance：a conceptual framework ［J］. *The Journal of International Management Studies*, 2010, 2（8）.

［123］Youssef M A, Haak‐Saheem W, Youssef E M. A structural equation model of knowledge sharing behavior in an emerging economy ［J］. *Journal of Knowledge Management*, 2017, 21（4）.

［124］Zadorozhnyi Z M, Sudyn Y, Muravskyi V. Goodwill Assessment in Enterprise Management：Innovative Approaches Using Computer and Communication Technologies ［J］. *Marketing and Management of Innovations*, 2018（4）.

［125］Zahra S A, George G. Absorptive capacity：a review, reconceptualization, and extension ［J］. *The Academy of Management Review*, 2002, 27（2）.

［126］Zhou K Z, Li C B. How knowledge affects radical innovation：Knowledge base, market knowledge acquisition, and internal knowledge sharing ［J］. *Strategic Management Journal*, 2012, 33（9）.

（三）研究报告类

［1］Competitiveness P S C o I. Global Competition：the New's Reality ［R］. Washington D C, U S：Government Printing Office, 1999.

［2］IMD. World Competitiveness Yearbook ［R］. Lausanne：Switzerland, 2020.

［3］OECD. Industrial competitiveness：benchmarking business environments in the global economy ［R］. Paris：OECD Industry Committee, 1996.

［4］RHA. The World Knowledge Competitiveness Index 2002 ［R］. Pontypridd：Robert Huggins Associates, 2002.

［5］WEF. The Global Competitiveness Report 2019 ［R］. Cambridge：Harvard University Press, 2019.

（四）其他文献类

［1］András R. Role of Core Competencies and Competitive Advantages in Evaluation of Competitiveness of Small and Medium Sized Enterprises：Empirical Study based on Competitiveness Data of Hungarian Firms ［C］. proceedings of the Challenges in economic and technological development, Conference Proceedings, University of Miskolc, F, 2015：158-171.

［2］Bhuiyan M A. Measuring revealed competitiveness：applications to world vegetable trade ［D］. Gainesville. University of Florida, 1993.

［3］Chen Y L, Yang T C, Lin Z S. A Study on the Modeling of Knowledge Value Chain [C]. proceedings of the SPE Asia Pacific Conference on Integrated Modelling for Asset Management, F, 2004.

[4] Gu X, Li J, Wang W. Knowledge Chain, Knowledge Chain Management and Knowledge Advantage [C]. proceedings of the IEEE Proceedings of 2005 International Conference on Service Systems and Service Management (ICSSSM'05), F, 2005: 892-897.

[5] Hymer S H. The international operations of national firms: a study of direct foreign investment [D]. Cambridge. The MIT Press, 1976.

[6] Joshi K D, Brooks J. Knowledge flows: knowledge transfer, sharing and exchange in organizations [C]. proceedings of the Nathan Johnson Proceedings of the 37th Annual Hawaii International Conference on System Sciences, Big Island: IEEE, F, 2004: 8024-8024.

[7] Khanna V K. Improving World Competitiveness through Knowledge Management [C]. proceedings of the PICMET 2009 Proceedings, Portland, Oregon USA, F, 2009: 346-354.

[8] Krajnovic S. Knowledge Transfer and Competitiveness of Research and Development Centers within ICT Industry [C]. proceedings of the International Conference on Telecommunications, F, 2007: 95-102.

[9] Laursen K, Mahnke V, Vejruphansen P. Firm Growth from a Knowledge Structure Perspective [C]. proceedings of the DRUID's Summer Conference on National Innovation, Industrial Dynamics and Innovation Policy, F, 1999.

[10] Li G, Feng N. Realization Mechanisms Based on Space for Inter-organizational Knowledge Flow under Networked Circumstances [C]. proceedings of the International Conference on Information Management, Innovation Management and Industrial Engineering (ICIII 2010), Kunming: IEEE, F, 2011: 506-510.

[11] Powell T. The Knowledge Value Chain (KVC): How to Fix It When It Breaks [C]. proceedings of the 22nd National Online Meeting, New York, NY, USA, F, 2001 Information Today, Inc Information Today: 301-312.

[12] Schultze U. Investigating the contradictions in knowledge management [C]. proceedings of the En IFIP Working Groups 82 and 86 Joint Workng Conference on Information Systerms: Current Issues and Future Changes, Helsinki, Finland, F, 1998.

[13] Visaggio G. Knowledge Base and Experience Factory for Empowering Competitiveness [C]. proceedings of the Software Engineering, International Summer Schools, ISSSE 2006 – 2008, Salerno, Italy, Revised Tutorial Lectures, F, 2009: 223–256.